Oliver Paesler

Technische Indikatoren

TITEL DER SIMPLIFIED-BUCHREIHE

Matthias von Arnim
Erfolgreich mit Aktien – simplified

Herbert Autengruber
Aktienfonds für jedes Anlageziel – simplified

Holger Bengs, Mike Bayer
Investieren in Biotechnologie – simplified

Lawrence A. Cunningham
Value Investing – simplified

Pierre M. Daeubner
Alles was Sie über Technische Analyse wissen müssen – simplified

Ed Downs
Die besten Chartmuster – simplified

Christian Eck/Marcel Langer/Matthias Riechert
Eurex – simplified

Heinrich Eibl
ETFs – simplified

Horst Fugger
Börsen-Lexikon – simplified

Horst Fugger
Derivate-Lexikon – simplified

Markus Gunter
Erfolgreich mit Investmentfonds – simplified

Walter Hubel
Mehr Geld im Alter – simplified

Markus Jordan
Zertifikate – simplified

Jay Kaeppel
Die 4 größten Fehler beim Handel mit Optionen – simplified

Dennis Metz
Devisenhandel – simplified

Markus Miller
Abgeltungssteuer – nein danke! – simplified

David Morgan
Insiderwissen: Silber – simplified

John J. Murphy
Charttechnik leicht gemacht – simplified

Oliver Paesler
Technische Indikatoren – simplified

Melvin Pasternak
Die 21 wichtigsten Candlestick-Formationen – simplified

Richard Pfadenhauer
Alles, was Sie über Derivate wissen müssen – simplified

Michael J. Plos
Daytrading – simplified

Georg Pröbstl
Die besten Dividendenstrategien – simplified

Michael Proffe
Die besten Trendfolgestrategien – simplified

Udo Rettberg
Rohstoffe – simplified

Stefan Riße
CFDs – simplified

Raimund Schriek
Besser mit Behavioral Finance – simplified

Holger Scholze
Hebelprodukte – simplified

Antonio Sommese
Die richtige Finanzplanung – simplified

Daniel Wilhelmi
Emerging Markets – simplified

www.simplified.de

Oliver Paesler

TECHNISCHE INDIKATOREN

Das ideale Instrument für jeden erfolgsorientierten Anleger

Methoden, Strategien, Umsetzung

FinanzBuch Verlag

simplified

Gesamtbearbeitung: Druckerei Joh. Walch
Lektorat: Dr. Renate Oettinger
Druck: Konrad Triltsch GmbH, Ochsenfurt

3., unveränderte Auflage 2010

Nymphenburger Straße 86
80636 München
Tel. 089 651285-0
Fax 089 652096
info@finanzbuchverlag.de

Den Autor erreichen Sie unter:
paesler@finanzbuchverlag.de

Bibliografische Information der Deutschen Bibliothek: Die Deutsche Bibliothek verzeichnet diese Publikation in der Deutschen Nationalbibliografie; detaillierte bibliografische Daten sind im Internet über **http://dnb.ddb.de** abrufbar.

ISBN 978-3-89879-248-6

simplified

Inhalt

Eingetragene Markenzeichen

Bei den Worten DAX, VDAX, VDAX-New, Xetra handelt es sich um eingetragene Markenzeichen der Deutschen Börse AG.

Das Wort animusX ist ein eingetragenes Markenzeichen von Thomas Theuerzeit.

simplified

DIE SIMPLIFIED-BUCHREIHE

WWW.SIMPLIFIED.DE

EINE ZUSAMMENARBEIT VON FINANZBUCH VERLAG UND INVESTOR VERLAG

simplified

Vorwort

Seit mehr als 20 Jahren beschäftige ich mich nun sehr intensiv mit der Börse und habe viele Analysemethoden ausprobiert. Doch nur wenige ließen sich auch erfolgreich in die Praxis umsetzen. Dazu gehören die Technische Analyse und speziell die Technischen Indikatoren.

Damals musste ich feststellen, dass Technische Analyse ohne die geeignete Software ein sehr mühsames Geschäft ist. Und im Jahre 1985 gab es leider keine (bezahlbare) Börsensoftware. So fing ich an, meine Programmierkenntnisse zu nutzen, indem ich das entwickelte, was mir fehlte. Erst war diese Software nur für den eigenen Bedarf gedacht, doch nach fünf Jahren war sie so gewachsen, dass ich mich 1990 zur Vermarktung entschloss. Das war die Geburtsstunde von »MXM Chart« (MXM sind die römischen Zahlen für 1990). Seitdem habe ich noch einige weitere Softwareprodukte für Börsianer entwickelt, wie den »Money Maker«, den »Aktien-Manager«, den »Profit-Maker« oder mein neuestes Projekt: den »Captimizer«. Es freut mich, dass mittlerweile weit mehr als 150.000 von mir entwickelte Programme verkauft wurden. Auch heute noch nutze ich die von mir entwickelte Software, um mein eigenes Vermögen gewinnbringend anzulegen.

Ich habe natürlich auch sehr viele Anregungen und Ideen von den Anwendern meiner Software erhalten und möchte mich an dieser Stelle dafür bedanken.

Die vielen Fragen von Anwendern waren es auch, die mich zum Schreiben dieses Buches bewogen haben. Damit möchte ich mein Wissen weitergeben und Ihnen zeigen, wie Technische Indikatoren erfolgreich eingesetzt werden können. Ich habe mittlerweile mehrere hundert Indikatoren programmiert. Dafür musste ich sehr tief in die Materie einsteigen, um zu begreifen, welche Ideen, aber auch welche mathematischen Formeln dahinterstehen.

Auch wenn Technische Indikatoren untrennbar mit Mathematik und Statistik verknüpft sind, habe ich in diesem Buch die Idee in den Vordergrund gestellt. So wird das Thema auch für Nicht-Mathematiker verständlich. Alle Formeln sind für den mathematisch interessierten Leser in einer Formelsammlung am Ende des Buches zusammengefasst.

Es würde mich sehr freuen, wenn dieses Buch Sie systematisch zu dauerhaftem Börsenerfolg führt.

Danksagungen

An dieser Stelle möchte ich mich für die vielen Anregungen der Anwender »meiner« Börsensoftware und bei den Teilnehmern meiner Seminare bedanken. Die vielen neuen Impulse, die ich dadurch gewinnen konnte, haben mir sehr geholfen.

Ein ganz besonderer Dank gebührt dem Ehepaar Schwindt. Die Dipl.-Pädagogin Gabriele Marschall-Schwindt unterstützte mich sehr in dem Bemühen, einen schwer verdaulichen Sachverhalt möglichst einfach und verständlich zu gestalten. Der Dipl.-Mathematiker Rainer Schwindt hat mich bei inhaltlichen Fragen hervorragend beraten und auch unsere neue Software »Captimizer« intensiv getestet. Durch seine vielen Anregungen hat er beide Projekte maßgeblich nach vorn gebracht. Auf der Internetseite von Rainer Schwindt: www.DerBoersenmathematiker.de finden Sie viele innovative Informationen rund um das erfolgreiche Investieren an der Börse, und auch seine Seminare kann ich sehr empfehlen!

Ein Buch zu schreiben ist ein langer Weg, der viel Zeit von denen nimmt, die einem nahe stehen. Ohne das Verständnis und die Unterstützung meiner Frau Mira hätte sich die Fertigstellung dieses Buchs sicher noch viel weiter verzögert.

simplified

Einleitung

Das Buch gliedert sich in drei Teile. Im ersten Teil werden die Grundlagen zum Thema Technische Indikatoren gelegt und Begriffe erläutert, die für das Verständnis erforderlich sind.

Im zweiten und umfangreichsten Teil wird Ihnen eine Auswahl von Technischen Indikatoren vorgestellt. Es gibt sicher mehrere tausend Indikatoren. Daher war eine Auswahl unumgänglich. Die Indikatoren sind jeweils nach den Ideen und Konzepten, die sie verfolgen, in Kapiteln zusammengefasst. Das Konzept wird jeweils kurz erläutert, anschließend finden Sie Indikatoren, die diesem Konzept folgen. Die Zuordnung der Indikatoren ist leider nicht immer eindeutig, da viele Indikatoren Ideen aus mehreren Bereichen vereinen. Bei der Darstellung der einzelnen Indikatoren stehen die Ideen und Anwendungsmöglichkeiten des Indikatorentwicklers im Vordergrund. Natürlich wird auch auf alternative Einsatzmöglichkeiten hingewiesen, und es werden die jeweiligen Probleme herausgestellt.

Der dritte Teil befindet sich im Anhang und umfasst alle Formeln der Indikatoren, die in diesem Buch besprochen wurden. Damit sollen auch die Leser mit Interesse an Mathematik auf ihre Kosten kommen. Außerdem finden Sie dort Hinweise zu weiterführender Literatur und zu den Originalveröffentlichungen der Indikatorentwickler.

Bonusmaterial im Internet

Das Themengebiet der Technischen Indikatoren ist sehr umfangreich, und schnell wird der Rahmen eines Buches aus der Simplified-Reihe gesprengt. Daher habe ich mich entschieden, meinen Lesern auf der Internetseite www.Indikatoranalyse.de bis auf weiteres Bonusmaterial zu diesem Buch zur Verfügung zu stellen.

Was finden Sie dort?

Dort nehme ich anhand von Anwendungsbeispielen einige in diesem Buch vorgestellte Indikatoren heraus und »baue« mit ihnen eine Strategie zusammen. Diese Strategie wird noch um Aspekte wie Risiko- und Money-Management erweitert. Anschließend teste ich die Strategie auf verschiedenen Märkten und überlege, wie sie verbessert werden kann. Zu diesem Zweck setze ich eine von mir neu entwickelte Software, den »Captimizer«, ein. Auch wenn Sie nicht den Captimizer einsetzen, möchte ich Ihnen dort weitere Denkanstöße geben, wie Sie Ihr ganz persönliches Handelssystem entwickeln und profitabel einsetzen können. Dazu stehen auch einige Videoclips, die Ihnen die Vorgehensweise verdeutlichen sollen, für Sie bereit.

Außerdem finden Sie auf der Internetseite noch eine Reihe weiterer Artikel im pdf-Format, die sich mit Indikatoren beschäftigen, aber aus Platz- und Zeitgründen nicht mehr ins Buch »passten«. Abgerundet wird das Ganze durch Artikel des Autors, die sich mit der Technischen Analyse im Allgemeinen beschäftigen.

Wie kommen Sie an das Bonusmaterial?

Das Bonusmaterial befindet sich im geschlossenen Bereich der Website, damit nur Käufer dieses Buches darauf Zugriff haben. Für Sie als Leser dieses Buchs ist der Zugriff natürlich kostenlos. Wenn Sie in den geschlossenen Bereich der Website gelangen möchten, werden Sie nach einem Wort gefragt, das auf einer bestimmten Position und Seite dieses Buches steht. Sie sollten also dieses Buch griffbereit haben, wenn Sie das Bonusmaterial abrufen möchten.

simplified

1 Grundlagen

1.1 Definition von Technischen Indikatoren

Unter Technischen Indikatoren versteht man mathematische oder statistische Berechnungen auf der Basis von Kurs- und/oder Volumenzeitreihen. Da diese Verfahren meist umfangreiche Berechnungen erfordern, ist der Computer ein unverzichtbares Werkzeug. Erst die zunehmende Verbreitung des Personalcomputers in den 70er-Jahren brachte auch für die Technischen Indikatoren den Durchbruch. Seit Anfang der 80er-Jahre entwickelte sich unter dem Oberbegriff »Markttechnik« ein eigenständiger Bereich in der Technischen Analyse. Gab es anfangs nur wenige Indikatoren, so ist ihre Anzahl mittlerweile auf mehrere tausend angewachsen.

Ein besonderer Vorteil der Technischen Indikatoren liegt darin, dass es meist sehr einfache und klare Regeln für deren Interpretation gibt. Im Gegensatz zur klassischen Chartanalyse, wo beispielsweise Chartformationen reichlich Platz für subjektive Interpretationsspielräume lassen, geben die Indikatoren klare Kauf- und Verkaufssignale. Ob diese Signale profitabel in der Praxis einsetzbar sind, bedarf allerdings der Überprüfung.

Als Beispiel soll hier kurz der Stochastik-Indikator vorgestellt werden. Dieser Indikator stellt die relative Position des Schlusskurses zu dem Höchst- und Tiefstkurs einer bestimmten Periode dar. Der Stochastik-Indikator bewegt sich in einer Spanne zwischen 0 und 100, wobei Werte über 80 als »überkauft« und Werte unter 20 als »überverkauft« interpretiert werden. Es gibt noch eine Reihe weiterer Interpretationsmöglichkeiten und auch abgewandelte Berechnungsmethoden, die ich Ihnen in diesem Buch vorstellen werde. Es ist sicher ein interessanter Aspekt zu wissen, ob eine Aktie überkauft oder eher überverkauft ist, doch allein aus der Tatsache, dass die Aktie sich in der Nähe ihres Tiefststandes der letzten 20 Tage befindet, einen Kauf abzuleiten, ist sicher zu kurz gegriffen.

Der Anleger sollte vielmehr die Indikatoren dazu verwenden, um weitere Informationen zu gewinnen. Denn wie ein Arzt die Temperatur, den Blutdruck und den Puls des Patienten misst, kann der Anleger die Indikatoren dazu verwenden, den Zustand des Marktes zu messen. Indikatoren, die die Volatilität, also die Schwankungsintensität des Marktes, messen, können tiefer gehende Informationen liefern, die nicht offensichtlich auch im Chart erkennbar sind. Auch Indikatoren, die die Kursentwicklung ins Verhältnis zur Handelsaktivität (Volumen) setzen, geben wichtige Hinweise.

Ein weiteres interessantes Instrument sind so genannte Marktbreite-Indikatoren, die auf der Basis einer Vielzahl von Aktien berechnet werden. Die Marktbreite-Indikatoren, wie beispielsweise die A/D-Linie, zeigen,

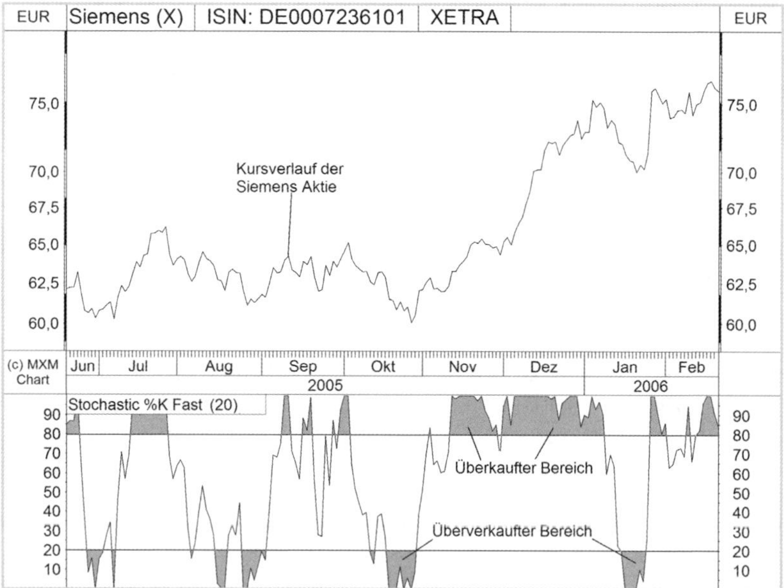

Abb. 1: Im oberen Bereich des Charts wird der Kursverlauf der Siemens-Aktie dargestellt und darunter der Stochastic-Indikator mit seinen überkauften und überverkauften Bereichen.

ob der Aufschwung beziehungsweise Abschwung nur von wenigen Werten dominiert oder von der Masse der Aktien getragen wird.

Die wohl am weitesten verbreitete Form der Indikatoren sind die so genannten Trendfolger, die die vorherrschende Trendrichtung ermitteln sollen. Der bekannteste Vertreter dieser Kategorie ist der gleitende Durchschnitt. Durchbricht der Kursverlauf seine gleitende Durchschnittslinie von unten nach oben, so deutet dies auf einen Trendwechsel hin. Der Aufwärtstrend ist intakt, solange der Kurs über seinen gleitenden Durchschnitt verläuft. Befindet sich der Kurs unterhalb der Durchschnittslinie, wird dadurch ein Abwärtstrend signalisiert.

Eine weitere Gruppe unter den Indikatoren bezieht sich auf das Momentum, also die Geschwindigkeit, die ein Kurs entwickelt. Hier sind zum Beispiel die Rate of Change (RoC) oder der Relative Strength Index (RSI) zu nennen. Der RoC stellt die prozentuale Kursveränderung zwischen

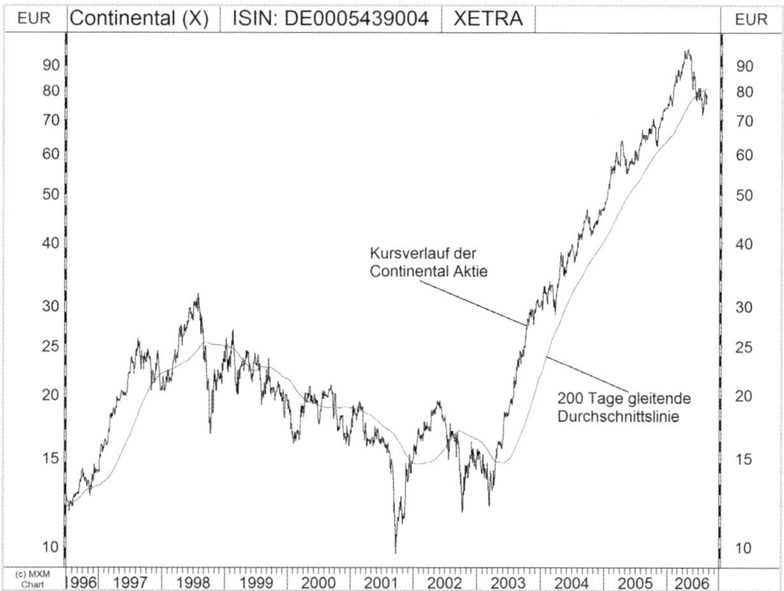

Abb. 2: Der Chart zeigt den Kursverlauf der Continental-Aktie mit dem 200-Tage gleitenden Durchschnitt als Indikator.

zwei Punkten dar. Dadurch hat dieser Indikator einen sehr flatterhaften Verlauf und weist auch kein festes Schwankungsintervall auf. Anders der RSI: Dieser zwischen 0 und 100 schwankende Indikator setzt die durchschnittlichen aufwärts gerichteten Kursänderungen mit den durchschnittlichen abwärts gerichteten Kursänderungen ins Verhältnis. Eine sehr interessante Erweiterung des RSI ist der Money Flow Index (MFI), der den RSI um eine Volumenkomponente erweitert. Anhand des MFI kann der Anleger erkennen, ob der Unterschied in der Handelsaktivität an positiven und negativen Tagen das Momentum des Trends bestätigt.

Wer bei seinen Analysen auf Technische Indikatoren zurückgreift, sollte sich im Vorfeld informieren, was diese Indikatoren eigentlich messen. Bei der Vielzahl an Indikatoren passiert es leider viel zu leicht, dass zwei Indikatoren mit wohlklingenden Namen fast das Gleiche messen, und so ist es dann auch nicht verwunderlich, wenn sich diese Indikatoren gegenseitig in ihren Signalen bestätigen.

1.2 Einsatzgebiete von Indikatoren

Technische Indikatoren können Sie bei Ihren Anlageentscheidungen auf vielfältige Art und Weise unterstützen.

Sie können einen Indikator einsetzen, um konkrete Handelssignale zu erzeugen. In diesem Fall signalisiert der Indikator Ihnen den genauen Einstiegs- und/oder Ausstiegszeitpunkt. Der Indikator kann alleinige Entscheidungsgrundlage sein, aber auch im Verbund mit anderen Analysemethoden, die nicht unbedingt aus der Technischen Analyse stammen müssen, eingesetzt werden. So können Sie beispielsweise einen fundamentalen Ansatz verfolgen und eine Aktie anhand der Umsatz- und Gewinnentwicklung auswählen; der genaue Einstiegszeitpunkt wird dann durch einen Indikator bestimmt. Der Indikator ist somit für das Timing innerhalb einer übergeordneten Anlagestrategie zuständig.

Indikatoren können natürlich nicht nur für die Bestimmung des Einstiegszeitpunkts, sondern auch für die Auswahl von Wertpapieren verwendet werden. Dabei wird ein Indikator für alle Wertpapiere einer vorher definierten Gruppe berechnet, und dann werden diejenigen Wertpapiere ausgewählt, die die besten Werte aufweisen. Ein Beispiel ist die Momentum-Strategie; dort werden diejenigen Wertpapiere ausgewählt, die sich in der Vergangenheit am besten entwickelt haben.

Bei der Kombination von Indikatoren fungiert ein Indikator als Signalgeber und ein zweiter Indikator als Filter. Der Filterindikator hat die Aufgabe, nur dann Signale des Signalgebers durchzulassen, wenn bestimmte Bedingungen erfüllt sind. Sind die Bedingungen nicht erfüllt, werden die Signale vom Filter blockiert und dürfen vom Anleger nicht umgesetzt werden. Es gibt eine Reihe von Indikatoren, die in Phasen ausgeprägter Trends gut funktionieren, aber viele Fehlsignale liefern, wenn sich der Markt seitwärts bewegt. Mit Hilfe eines zweiten Indikators, der die Trendintensität bestimmt und als Filter fungiert, wird nun versucht, den ersten Indikator nur dann zum Zuge kommen zu lassen, wenn die Aussicht auf Erfolg groß ist.

Es gibt natürlich viele weitere Möglichkeiten, Signalgeber und Filter zu kombinieren. Sie können zum Beispiel mehrere Indikatoren als Filter einsetzen, die gemeinsam oder alternativ die Zeit bestimmen, wann Signale eines signalgebenden Indikators umgesetzt werden. Aber Sie können auch mehrere signalgebende Indikatoren mit einem Filter verknüpfen. Da sind Ihrer Kreativität keine Grenzen gesetzt.

Aber Indikatoren können auch hilfreich sein, wenn die eigentliche Anlageentscheidung schon gefallen ist. Sie können beispielsweise bei der Bestimmung der Positionsgröße eingesetzt werden und die Frage nach dem »Wie viel« beantworten. Hier bieten sich besonders Indikatoren an, die die Beweglichkeit eines Wertpapiers messen. Die Beweglichkeit wird als Maß für das Risiko angesehen. Wird die Positionsgrößenberechnung über die Beweglichkeit des zu erwerbenden Wertpapiers gesteuert, kann das Risiko einheitlich über die einzelnen Positionen des Depots verteilt werden.

Auch bei der Bestimmung von Stoppmarken oder Kurszielen kann auf Indikatoren zurückgegriffen werden. Eine Stoppmarke kann beispielsweise in Abhängigkeit von der Beweglichkeit des Wertpapiers berechnet werden. Dadurch kann die Wahrscheinlichkeit reduziert werden, dass die Stoppmarke durch eine zufallsbedingte Schwankung vorzeitig ausgelöst wird. Durch die Anpassung an die aktuelle Schwankungsintensität kann der Stopp aber nah genug an den Einstandskurs gesetzt werden, um vor großen Verlusten zu schützen.

1.3 Vor- und Nachteile von Indikatoren

Im Gegensatz zu vielen Instrumenten der klassischen Chartanalyse, wie insbesondere bei Chartformationen, geben die Technischen Indikatoren eindeutige Signale und bieten keinerlei Interpretationsspielraum. Wenn zwei Analysten den gleichen Indikator mit den gleichen Einstellungen einsetzen, kommen sie auch zum gleichen Ergebnis. Die Signale sind somit nachvollziehbar und erlauben eine nachträgliche Fehleranalyse.

Die Berechnung der meisten Indikatoren setzt den Einsatz eines Computers mit geeigneter Software voraus. Der Anwender ist damit von der Validität der eingesetzten Software abhängig, egal ob er nun eine spezialisierte Börsensoftware, eine Tabellenkalkulation oder eine selbst programmierte Software einsetzt. Mit der zunehmenden Komplexität der Software steigt auch die Gefahr, dass Softwarefehler die Ergebnisse beeinträchtigen. Daher sind umfangreiche Tests zu empfehlen, bevor Sie eine Software einsetzen.

Aber der Computer bietet auch einen großen Vorteil, denn er ermöglicht es, die Indikatoren vor dem Einsatz zu testen. Solche Tests wären ohne Computerunterstützung aufgrund des immensen Zeitbedarfs kaum durchführbar. Technische Indikatoren sind leicht zu programmieren, weil sie eindeutig definierbar sind. Deshalb eignen sie sich gut für den Einsatz in mechanischen Handelssystemen.

Aber gerade die einfache Testbarkeit birgt auch eine große Gefahr. Viele Nutzer von Indikatoren tappen in die Optimierungsfalle, da Indikatoren sich mit Hilfe der geballten Rechenpower von Computern sehr einfach für einen bestimmten Markt und einen begrenzten Zeitraum optimieren lassen. Dabei rechnet der Computer die beste Parametereinstellung für den Indikator aus, und diese Parameter zeigen dann eine fantastische Performance für den Optimierungszeitraum. Doch leider versagen diese Parameter meist beim realen Einsatz.

Es ist viel wichtiger, eine robuste Einstellung zu suchen, die auch künftig Aussicht auf Erfolg verspricht, als die optimalen Parameter für die Vergangenheit zu finden. Die optimalen Parameter sind perfekt auf die Vergangenheit zugeschnitten, aber es ist eben sehr unwahrscheinlich, dass sie genauso gut für die Zukunft passen. Die Zukunft verläuft vielleicht ähnlich wie die Vergangenheit, aber eben nicht genauso.

Man kann die Sache mit einem Fingerhandschuh vergleichen: Der Fingerhandschuh ist genau auf eine Handgröße angepasst und umschließt jedes Detail. Ein Fausthandschuh ist allerdings meist die bessere Lösung: Da er nicht jeden Finger umschließt, passt er auf mehrere unterschiedliche Hände. So ist es auch mit der optimalen Parametereinstellung, die dann auf eine leicht veränderte Zukunft nicht mehr passt.

1.4 Darstellung und Handelssignale von Indikatoren

Bei Technischen Indikatoren handelt es sich um mathematische Berechnungen, die Zusammenhänge darstellen sollen. Diese Berechnungen werden meist über einen längeren Zeitraum berechnet und als Liniengrafik dargestellt. Der größte Teil der Indikatoren wird in einem separaten Bereich des Charts angezeigt. Dabei erfolgt eine zeitgleiche Darstellung mit dem Kursverlauf des analysierten Wertpapiers oder Index. Eine weitere Gruppe von Indikatoren wird direkt mit dem Kursverlauf überlagert. Die Überlagerung von Kursverlauf und Indikator macht besonders dann Sinn, wenn der Indikator in einem zum Kursverlauf passenden Wertbereich berechnet wird, wie es zum Beispiel bei gleitenden Durchschnitten oder Bändern wie den Bollinger Bands der Fall ist.

Um Handelssignale mit Technischen Indikatoren zu erzeugen, gibt es viele Möglichkeiten. Bei Indikatoren, die mit dem Kursverlauf überlagert dargestellt werden, bietet sich das Überkreuzen mit dem Kursverlauf an. Bei dieser Art der Auswertung wird der Position des Kurses gegenüber dem Wert des Indikators große Bedeutung beigemessen. Bei einem gleitenden Durchschnitt beispielsweise befinden wir uns im Aufwärtstrend, wenn der Kurs oberhalb des gleitenden Durchschnitts liegt. Befindet sich der Kurs unter seinem gleitenden Durchschnitt, herrscht ein Abwärts-

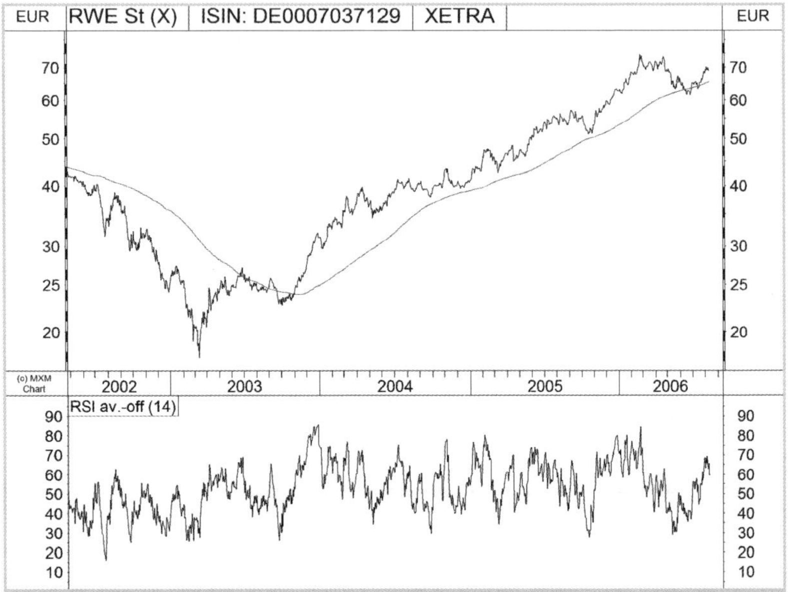

Abb. 3: 200-Tage-Durchschnitt als Beispiel für einen überlagerten Indikator und den Relative Strength Index (RSI) als Indikator in einem separaten Bereich.

trend vor. Ein Schnittpunkt von Kursverlauf und gleitendem Durchschnitt signalisiert eine Trendwende und wird als Kauf- beziehungsweise Verkaufssignal gewertet.

Analog verhält es sich, wenn der Indikator mit Hilfe eines gleitenden Durchschnitts ausgewertet wird. In diesem Fall wird ein Durchschnitt über die Werte des Indikators berechnet und anschließend mit dem Verlauf des Indikators überlagert. Auch hier sind die Schnittpunkte mit dem Durchschnitt als Handelssignale zu werten. Ein bekannter Indikator, der für gewöhnlich mit einem gleitenden Durchschnitt ausgewertet wird, ist der MACD.

Eine weitere Spielart sind Auswertungen von Indikatoren, die aus zwei oder mehr Zeitreihen bestehen. Hier sind zum Beispiel Anwendungen mit zwei gleitenden Durchschnitten zu nennen. In diesem Fall sorgt das gegenseitige Überkreuzen der beiden Indikatorverläufe für das Zustandekommen von Handelssignalen.

Für so genannte Oszillatoren – das sind Indikatoren, die um einen bestimmten Wert schwanken – kann der Darstellungsbereich des Indikators in mehrere Zonen unterteilt werden. Für Indikatoren, die um den Wert Null schwanken, wird der Darstellungsbereich gern in zwei Zonen unterteilt, wobei die Null als Grenze gewählt wird. Wenn Sie beispielsweise die Beschleunigung eines Trends messen, steigt die Geschwindigkeit oberhalb der Nulllinie und fällt, wenn der Indikator darunter liegt. Die Nulllinie stellt den Wendepunkt zwischen steigender und fallender Geschwindigkeit dar. Die Schnittpunkte mit der Nulllinie erzeugen hier die Signale. Die Nulllinie soll hier nur als Beispiel dienen, da es auch Indikatoren gibt, die um den Wert 1, 100 oder einen beliebigen anderen Wert oszillieren.

Der Darstellungsbereich eines Indikators lässt sich natürlich auch in drei Zonen unterteilen. Häufig wird dann die obere Zone als überkaufter, die mittlere Zone als neutraler und die untere Zone als überverkaufter Bereich angesehen. Je nach Definition des Indikators können die obere und die untere Zone auch die gegenteilige Bedeutung haben. Signale können hier sowohl beim Verlassen als auch beim Eintritt in die neutrale Zone erzeugt werden. Diese Art der Auswertung wird häufig eingesetzt, um Übertreibungen des Marktes zu signalisieren.

Auch Wendepunkte im Indikatorverlauf können zur Erzeugung von Handelssignalen herangezogen werden. So können ein Hochpunkt des Indikators als ein Verkaufssignal und ein Tiefpunkt als Kaufsignal gewertet werden. Auch hier kann die Bedeutung von Hoch- und Tiefpunkt von Indikator zu Indikator wechseln. Es ist also wichtig, sich zu informieren, was ein Indikator genau misst. Bei der Auswertung von Wendepunkten wird oft mit einem Schwellwert gearbeitet. Dann führt nicht jeder Richtungswechsel zu einem Signal, sondern das Signal wird erst erzeugt, wenn die Gegenbewegung stark genug war, auch den Schwellwert zu überschreiten.

Alle bisher vorgestellten Verfahren zur Generierung von Handelssignalen lassen sich exakt definieren und geben damit keinen Interpretationsspielraum. Das Signal liegt beispielsweise vor, wenn der Indikator die Nulllinie überschreitet. Das Signal ist eindeutig bestimmbar und lässt sich nicht wegdiskutieren, falls es sich als falsch erwiesen hat.

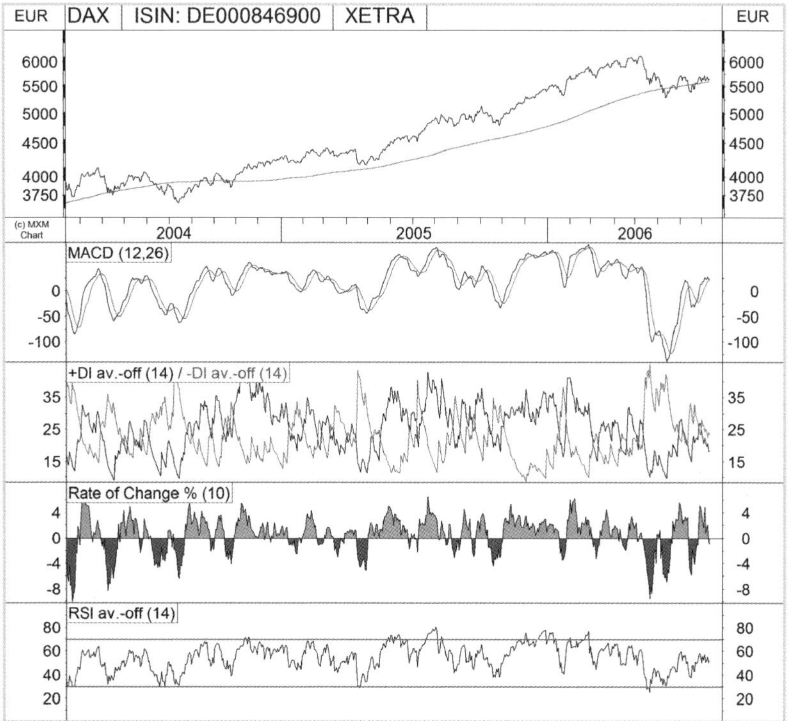

Abb. 4: Im Chart des Deutschen Aktienindex (DAX) sehen Sie fünf Indikatoren mit jeweils einer anderen Art der Signalauswertung.

Anders sieht es bei Divergenzen aus: Hier bleibt reichlich Platz für Interpretationen. Daher verzichte ich bei meinen eigenen Trading-Entscheidungen auch gänzlich auf die Divergenzanalyse. Bei der Divergenzanalyse werden die Hoch- und Tiefpunkte des Kursverlaufs mit den Hoch- und Tiefpunkten im Verlauf des Indikators verglichen. Eine negative Divergenz ist gegeben, wenn der Kursverlauf in einem Aufwärtstrend neue Hochpunkte ausbildet, die jeweils höher liegen als der vorherige Hochpunkt, und im Vergleich dazu der Indikator eine Reihe von Hochpunkten ausbildet, die tiefer liegen als der jeweilige Vorgänger. Eine derartige Konstellation deutet auf eine bevorstehende Trendwende nach unten hin. Eine positive Divergenz ist ein Anzeichen für eine Trendwende nach oben und ist gegeben, wenn der Kursverlauf eine Reihe von Tiefpunkten ausbildet, die

Abb. 5: Im Zeitraum Januar bis Mai 2005 ist eine negative Divergenz zwischen dem Kursverlauf des DAX und dem Relative Strength Index (RSI) zu erkennen.

tiefer als der jeweils vorherige liegen. Der Indikator bildet im Gegensatz dazu Tiefpunkte aus, die jeweils höher sind als der vorherige Tiefpunkt.

Im Nachhinein sind Divergenzen meist viel einfacher zu erkennen, da man rückwirkend leicht sieht, welche Hoch- und Tiefpunkte relevant waren. Leider treten die Wendepunkte im Kursverlauf und im Indikatorverlauf nur selten synchron auf, sodass die richtige Zuordnung oft schwer fällt. Auch gibt das Ausmaß der jeweiligen Gegenbewegung einen Interpretationsspielraum. Soll der kleine Haken nun als signifikanter Hochpunkt gewertet werden oder nicht? Die meisten Divergenzen treten natürlich in Verbindung mit zwei Hoch- beziehungsweise Tiefpunkten auf, aber es gibt Drei-, Vier- oder Fünffach-Divergenzen. Soll man dann jeden Wendepunkt handeln, der auseinander fällt?

Sie merken sicher, dass ich nicht gerade ein Fan von Divergenzen bin, dennoch werde ich bei Indikatoren, die besonders gern für diese Art der

Auswertung verwendet werden, darauf hinweisen. Denn Divergenzen sind recht beliebt, weil es damit gelingen kann, direkt zum Tiefstkurs einzusteigen und zum Höchstkurs auszusteigen. Einmal genau zum richtigen Zeitpunkt gehandelt zu haben ist vielen Anlegern wichtiger für ihr Ego, als dauerhaft Geld an der Börse zu verdienen.

Bei den bisherigen Überlegungen stand der Indikator als Signalgeber im Vordergrund. Im Folgenden möchte ich Ihnen verdeutlichen, wie Sie einen Indikator als Filter einsetzen. In diesem Fall benötigen Sie ja kein Signal, das zu einem bestimmten Zeitpunkt erzeugt wird, sondern Sie benötigen einen Zeitraum, in dem der Filter gültig ist. Der Filterindikator soll ja nur zu bestimmten Zeiten Signale eines anderen Indikators durchlassen. Ist der Zeitpunkt sehr kurz und tritt nur selten auf, ist es sehr unwahrscheinlich, dass das Signal überhaupt einmal den Filter passieren kann. Die oben beschriebenen Auswertungsmethoden zur Signalerzeugung lassen sich aber recht einfach zur Definition eines Filters übertragen.

Nehmen wir die erste beschriebene Methodik. Dort sorgten die Schnittpunkte des Kursverlaufs mit seinem gleitenden Durchschnitt für die Signale. Wollen wir nun einen Filter definieren, der nur im Aufwärtstrend die Signale eines anderen Indikators durchlässt, kann man nach einer einfachen Regel verfahren: Solange der Kurs oberhalb des Durchschnitts liegt, herrscht ein Aufwärtstrend, und der Filter ist somit durchlässig. Die Schnittpunkte, die wir vorher als Signale interpretiert haben, markieren jetzt den Anfang und das Ende des Filterzeitraums. Ganz analog können Sie die Auswertung mit mehreren Zonen für die Filterdefinition einsetzen. Hier gilt der Eintritt in eine bestimmte Zone als Start der durchlässigen Phase des Filters, und das Verlassen der Zone beendet diese Phase wieder.

1.5 Basiswissen

1.5.1 Trends

Im Allgemeinen versteht man unter einem Trend die Richtung des Marktes, in die er sich bewegt. In der Technischen Analyse wird der Identifikation von Trends große Bedeutung beigemessen. Die Annahme, dass

Kurse dazu neigen, sich in Trends zu bewegen, gehört zu den drei grundlegenden Prämissen der Technischen Analyse. Um einen Gewinn an der Börse zu erwirtschaften, benötigen Sie nach dem Einstieg einen Trend in die richtige Richtung, der größer ist als Ihre Transaktionskosten.

Es gibt zwei grundlegende Trendrichtungen und dazu noch Phasen, in denen sich der Markt in einer seitwärts gerichteten Konsolidierung befindet. Trends können also drei Richtungen aufweisen, nämlich aufwärts, abwärts und seitwärts. Auch wenn es eigentlich nicht korrekt ist, bezeichnet man den Seitwärtstrend oft auch als trendlose Phase.

Trends bewegen sich natürlich nicht geradlinig, sondern sind immer wieder von Gegenbewegungen gekennzeichnet. Daher zeigen Kursverläufe auch ein »zackiges« Erscheinungsbild. Der Trend gibt nur die grobe Richtung der Bewegung an. Trends spielen sich auch auf unterschiedlichen Zeitebenen ab und überlagern sich gegenseitig.

Im Zusammenhang mit Trends lassen sich zwei grundlegende Strategien ableiten: Entweder Sie folgen dem Trend, oder Sie stellen sich gegen den Trend. Bei so genannten Trendfolge-Strategien steigt der Anleger erst ein, wenn sich ein Trend erkennbar ausgebildet hat. Er steigt also in Richtung eines sich neu entwickelnden Trends ein und folgt diesem Trend.

Bei den gegen den Trend gerichteten Strategien, die auch als Kontratrend-Strategien bezeichnet werden können, möchte der Anleger eine Trendwende voraussehen. Häufig wird versucht, eine Übertreibung des Marktes zu erkennen und sich gegen den noch bestehenden Trend zu positionieren. Der Anleger steigt in der Endphase eines bestehenden Trends ein in der Hoffnung auf eine baldige Trendwende.

Trendfolge-Strategien sind in ausgeprägten Auf- und Abwärtstrends profitabler, verlieren aber Geld, wenn sich der Markt in einer Seitwärtsbewegung befindet. In Seitwärtstrends kommt es bei Trendfolge-Strategien zu vielen Fehlsignalen.

In volatilen Seitwärtstrends liefern Kontratrend-Strategien ihre besten Ergebnisse, diese versagen allerdings in ausgeprägten Auf- und Abwärtstrendphasen.

Es scheint logisch, in Trendphasen (bei Auf- oder Abwärtstrends) eine Trendfolge-Strategie einzusetzen und in trendlosen Phasen (eigentlich Seitwärtstrends) auf eine Kontratrend-Strategie umzuschalten. Zu diesem Zweck wurde eine Reihe von Technischen Indikatoren entwickelt, die die Trendintensität messen und Ihnen sagen sollen, ob wir eine Trendphase haben oder nicht. Das klingt im ersten Augenblick einfacher, als es in der Praxis ist, da auch diese Indikatoren keinen Trend vorhersehen können, sondern uns nur anzeigen, ob wir einen Trend hatten. Im Kapitel über die Trendbestimmungs-Indikatoren wird noch näher auf dieses Thema eingegangen.

1.5.2 Handelsrichtungen

Wenn Sie mit Technischen Indikatoren arbeiten, sollten Sie beachten, dass es zwei Handelsrichtungen gibt. Sie können auf steigende, aber auch auf fallende Kurse setzen. Wenn Sie bei einer Aktie auf steigende Kurse setzen möchten, kaufen Sie einfach eine bestimmte Anzahl von Aktien. Wenn Sie von fallenden Kursen profitieren möchten, verkaufen Sie Aktien leer. Das heißt, Sie verkaufen heute Aktien, die Sie noch gar nicht besitzen. Das war früher für Privatanleger nur schwer möglich. Doch in den vergangenen Jahren ist es mit Hilfe von Derivaten, wie Hebelzertifikaten und CFDs, auch für Privatanleger einfach möglich, von fallenden Kursen zu profitieren.

Wenn man auf steigende Kurse spekulieren möchte, so spricht man von einer Long-Position, oder man sagt auch, dass man long geht. Von einer Short-Position wird gesprochen, wenn von sinkenden Kursen profitiert werden soll.

1.5.3 Umkehrsysteme

Bei der klassischen Anwendung von Technischen Indikatoren wird immer wieder von einem so genannten Umkehrsystem gesprochen. Damit ist gemeint, dass ein Signal des Indikators auf steigende Kurse für den Aufbau einer Long-Position verwendet wird. Erhält man anschließend ein Signal auf fallende Kurse, wird die Long-Position geschlossen und gleichzeitig eine Short-Position aufgebaut. Man dreht bei einem entsprechenden Signal des Indikators also jeweils die Handelsrichtung, in die man spekuliert. Das reine Umkehrsystem ist immer im Markt engagiert, mal auf der Long- und mal auf der Short-Seite. Der Sprachgebrauch ist häufig nicht eindeutig, und es wird von Kauf- und Verkaufssignalen gesprochen, wobei ein Kaufsignal meist als ein Signal auf steigende Kurse und ein Verkaufssignal als Signal auf fallende Kurse aufgefasst wird. Bei einem Umkehrsystem wird bei einem Kaufsignal eine Short-Position geschlossen und eine Long-Position eingegangen. Bei einem Verkaufssignal wird die Long-Position aufgelöst und eine Short-Position aufgebaut.

Ein Umkehrsystem, das immer im Markt ist, setzt voraus, dass die Parameter des Indikators für den Long-Ausstieg und den Short-Einstieg sowie für den Short-Ausstieg und den Long-Einstieg identisch sind. Verwendet man unterschiedliche Parameter, erhält man eine neutrale Zone, wo das System nicht im Markt ist.

Auch wenn in der Literatur Technische Indikatoren recht häufig auf der Basis von Umkehrsystemen beschrieben und getestet werden, halte ich den Einsatz von Umkehrsystemen nur in Ausnahmefällen für sinnvoll. Viele Märkte weisen unterschiedliche Verhaltensweisen bei steigenden und fallenden Kursen auf, sodass unterschiedliche Parameter und auch unterschiedliche Indikatoren die jeweiligen Marktkonstellationen besser berücksichtigen können.

1.5.4 Asymmetrischer Kursverlauf am Aktienmarkt

Wer sich einen Chart eines Aktienindex wie den DAX genauer betrachtet, wird feststellen, dass die Kurse zwar starken Schwankungen unterworfen sind, jedoch einem sehr langfristigen Aufwärtstrend folgen. Weiter fällt auf, dass die Phasen steigender Kurse länger und flacher verlaufen als die Phasen mit sinkenden Kursen. Da Abwärtstrends steiler und kürzer sind, können sie nicht so einfach trendfolgend gehandelt werden. Am Aktienmarkt sind starke Abwärtsbewegungen meist durch eine Übertreibung am Ende gekennzeichnet, die jedoch mit einer starken Korrektur bereinigt werden. Daher sehen die unteren Wendepunkte häufig wie Spitzen aus. Das Ende einer Aufwärtsbewegung mündet dagegen relativ häufig in einer Seitwärtsbewegung. Erst nach einer Konsolidierung setzt dann die Abwärtsbewegung ein. Diese asymmetrischen Verhaltensmuster sind zum Teil darauf zurückzuführen, dass die Mehrzahl der Investoren nur auf der Long-Seite engagiert ist.

Abb. 6: Asymmetrischer Kursverlauf des Aktienmarkts am Beispiel des DAX.

Die Kursverläufe am Devisenmarkt bewegen sich in Aufwärts- und Abwärtsphasen wesentlich symmetrischer. Deshalb können hier auch eher Umkehrsysteme eingesetzt werden. Eigentlich können Sie den Kursverlauf auf den Kopf stellen und dann genauso analysieren. Nehmen wir als Beispiel das Verhältnis Euro zu US-Dollar. Im nachfolgenden Chart sehen Sie den Kursverlauf aus Sicht eines Europäers. Aus Sicht eines US-Bürgers ist der Kursverlauf genau spiegelbildlich, denn dort wird das Verhältnis eines US-Dollars zum Euro verwendet.

Abb. 7: Symmetrisches Kursverhalten in Aufwärts- und Abwärtsphasen am Devisenmarkt.

1.5.5 Systematischer Handelsansatz

Nach der Art der Entscheidungsfindung unterscheidet man zwei Ansätze, nämlich die diskretionäre und die systematische Vorgehensweise.

Der Begriff »diskretionär« ist etwas missverständlich, da er eingedeutscht wurde. »Discretionary« bedeutet so viel wie »beliebig« oder »nach eigenem Ermessen«. Bei der diskretionären Vorgehensweise gibt es keine festen Regeln für die Anlageentscheidung. Der Anwender handelt quasi aus dem Bauch. Viele Faktoren haben Einfluss auf die Anlageentscheidung, und es kann nicht genau definiert werden, warum eine bestimmte Entscheidung getroffen wurde. Der diskretionäre Ansatz hat eine hohe emotionale Komponente und ist sehr anfällig für psychologisch bedingte Anlagefehler.

Beim systematischen Ansatz erfolgen die Anlageentscheidungen hingegen nach festen Regeln. Alle Regeln werden vorab definiert und anhand von Vergangenheitsdaten getestet. Der Anwender setzt nur noch die »Anweisungen« des Systems um. Als Anwender hat man nur darüber zu entscheiden, ob man dem System weiterhin vertraut oder ob man das System stoppt. Die Vorteile der systematischen Vorgehensweise liegen in der Reduzierung der psychologisch bedingten Fehlerquellen, der einfachen Fehleranalyse, dem hohen Maß an Objektivität und Nachvollziehbarkeit sowie im geringeren Zeitbedarf. Der größte Vorteil ist jedoch die Testbarkeit. Sie können feststellen, ob Ihre Anlagestrategie Aussicht auf Erfolg hat, bevor Sie Ihr Geld entsprechend investieren.

Langfristiger Erfolg an der Börse ist das Ergebnis davon, dass Sie immer und immer wieder das Gleiche tun. Sie benötigen dazu eine Strategie, die profitabel, reproduzierbar und konsistent ist. Sie brauchen Wissen über Money-Management, das Ihnen erlaubt, bei Geschäften mit Gewinn mehr zu erwirtschaften, als bei Verlustgeschäften verloren wird.

Letztendlich benötigen Sie ein statistisches Modell, das die Elemente der Strategie mit dem Money-Management kombiniert und die Wahrscheinlichkeit des Erfolgs quantifiziert.

Die meisten Anleger wissen nicht, wie erfolgreich ihre Anlagestrategie ist. Das liegt daran, dass sie nicht immer einer bestimmten Strategie folgen. Der Anleger weiß, was er am Ende des Tages oder des Jahres verdient hat, aber er weiß nicht, ob es Glück war oder Können.

Verwechseln Sie Kapitalanlage nicht mit Glücksspiel. Spieler kaufen ein paar Positionen, halten diese eine Weile und hoffen, dass sie die richtigen Werte erwischt haben. Erfolgreiche Anleger haben eine Strategie, die sie immer wieder anwenden. Der dauerhafte Erfolg entsteht durch viele kleine Erträge der angemessenen Positionsgröße und mit häufiger Wiederholung.

Ein systematischer Handelsansatz wird meist mit Hilfe eines mechanischen Handelssystems in die Praxis umgesetzt. Ein mechanisches Handelssystem umfasst eine Reihe von Regeln, die die Bedingungen für Kauf- und Verkaufsentscheidungen unter Berücksichtigung von Risiko- und Money-Management-Aspekten definieren. Der Einsatz eines Computers ist nicht zwingend erforderlich, jedoch nimmt Ihnen eine geeignete Software wie der Captimizer alle Routinearbeiten ab und bietet Ihnen komfortable Möglichkeiten zum Testen Ihrer Anlagestrategie. Alle Regeln des Handelssystems lassen sich einfach und ohne Programmierkenntnisse definieren.

1.5.6 Money-Management für Privatanleger

Für den Erfolg an der Börse ist der richtige Ausstiegszeitpunkt mindestens genauso entscheidend wie der richtige Einstiegszeitpunkt. Und aus psychologischer Sicht ist der Ausstieg oft sehr viel schwerer als der Einstieg, denn wenn Sie schon im Markt sind, haben Sie oft eine emotionale Bindung zur gekauften Aktie aufgebaut. Und wenn die erwartete Kursentwicklung nicht eintritt, ist es sehr schwer, sich rechtzeitig einen Fehler einzugestehen. Viele Anleger ärgern sich nur vordergründig über das verlorene Geld einer Fehlinvestition. Es ist viel schwerer, sich einen Fehler einzugestehen, als Argumente zu suchen, warum die Aktie doch noch steigen wird. In der Behavioral Finance spricht man von »selektiver Wahrnehmung«. Das heißt, der Anleger nimmt unterbewusst verstärkt Informationen wahr, die seine Entscheidung bestätigen, und blendet Gegenargumente aus. Darum fällt es auch vielen Anlegern so schwer, eine Aktie mit Verlust zu verkaufen. Überlegen Sie einmal selbst, wenn Sie zwei Aktien im Depot haben, eine mit 50 Prozent Gewinn, die andere mit 50 Prozent Verlust, und Sie müssten aus irgendwelchen Gründen eine Position verkaufen. Welche Aktie wäre das wohl? Die Mehrheit würde sich mit hoher Wahrscheinlichkeit für den Verkauf des Gewinners entscheiden, einfach deshalb, weil so noch immer die Chance besteht, auch mit der zweiten Aktie Recht zu bekommen.

Um diese Schwierigkeiten beim Verkauf zu umgehen, sollten Sie schon vor dem Kauf einer Aktie einen Stoppkurs festlegen, bei dem Sie verkaufen, wenn die Aktie entgegen Ihrer Prognose fällt. Auf diesem Gebiet haben Sie als Privatanleger einen klaren Vorteil gegenüber den institutionellen Anlegern, wie zum Beispiel Fondsmanagern. Denn institutionelle Anleger können aufgrund ihrer Positionsgröße nicht einfach alle Aktien eines Unternehmens, die sie im Depot haben, auf einmal verkaufen. Das würde die Kurse schlagartig fallen lassen, und der Verkauf wäre nur zu schlechten Kursen möglich. Also nutzen Sie den Vorteil, den Sie als Privatanleger haben, und setzen Sie einen Stoppkurs. Besonders wichtig ist, dass Sie den Ausstieg schon von Anfang an festlegen, denn zu diesem Zeitpunkt brauchen Sie sich ja noch keinen Fehler einzugestehen. Wenn der Aktienkurs steigt, sollten Sie den Stoppkurs nachziehen und damit Gewinne sichern.

Sie sollten sich auch der Tatsache bewusst sein, dass es sehr schwer ist, eingetretene Verluste wieder auszugleichen. Während die Verluste arithmetisch ansteigen, nehmen die Gewinne, die man benötigt, um die Verluste auszugleichen, geometrisch zu. Wer beispielsweise die Deutsche Telekom für 100 Euro gekauft hat, benötigt bei einem Kurs um zehn Euro 900 Prozent Kursanstieg, um seinen Einstiegskurs wieder zu erreichen. Die nachstehende Tabelle zeigt, wie viel Gewinn erforderlich ist, um einen eingetretenen Verlust wieder auszugleichen:

Verlust	**Gewinn**
– 10 %	+ 11 %
– 20 %	+ 25 %
– 40 %	+ 67 %
– 50 %	+ 100 %
– 70 %	+ 233 %
– 90 %	+ 900 %

Die Frage »Wie viel Geld investiere ich in eine Aktie?« ist eine Frage, die viele Anleger aus dem Bauch heraus entscheiden. Mit Verfahren des so genannten Money-Managements können Sie diese Frage erheblich besser beantworten. Sie sollten sich überlegen, welches Risiko Sie tragen wollen. Mit dem »Ein-Prozent-Risiko-Ansatz« sind Sie bereit, ein Prozent Ihres Börsenkapitals bei jeder Position zu riskieren. Wenn Sie einen Stoppkurs setzen, lässt sich das Risiko als Differenz aus Einstandspreis und Stoppkurs ermitteln. Wenn Sie beispielsweise über 100.000 Euro Börsenkapital verfügen, so wären Sie nach dem Ein-Prozent-Risiko-Ansatz bereit, je Position 1.000 Euro zu riskieren. Nehmen wir an, die Aktie notiert bei 50 Euro, und Sie wollen Ihren Stoppkurs bei 44 Euro setzen, dann beträgt das Risiko pro Stück sechs Euro. Nun lässt sich auch die Anzahl der zu kaufenden Aktien einfach berechnen, indem man den Betrag, den Sie für die gesamte Position zu riskieren bereit sind, durch die Differenz aus Einstandspreis und Stoppkurs teilt. Die Anzahl beträgt in unserem Beispiel 1.000 Euro / (50 Euro – 44 Euro) = 166 Stück, was einem eingesetzten Kapital von 8.300 Euro entspricht.

Doch in der Realität wird es noch etwas komplizierter, denn bisher sind die Spesen und die so genannte Slippage unberücksichtigt geblieben. Slippage steht für einen schlechteren Ausführungskurs, da der effektive

Verkaufskurs meist unter dem Stoppkurs liegt. Wenn Sie Ihrer Bank eine Stopporder erteilen, wird die Aktie automatisch bestens verkauft, sobald ein Umsatz auf oder unter dem Niveau des Stoppkurses zustande kommt. In der Regel liegt also der Ausführungskurs unter dem Stoppkurs, und das müssen wir in unserer Rechnung berücksichtigen. Deshalb erweitern wir unser Beispiel um einen Spesensatz von 0,5 Prozent je Transaktion und gehen von einer Slippage von einem Prozent aus. Die Höhe der Slippage ist ein Schätzwert, den jeder Anleger aus seinen Erfahrungen ermitteln sollte. Wir müssen also noch 1,5 Prozent (ein Prozent Slippage und 0,5 Prozent Spesen) zum Kaufkurs addieren und den Stoppkurs um 1,5 Prozent vermindern. Anschließend setzen wir die wahrscheinlichen Kurse in die bisherige Formel ein. In unserem Beispiel ergeben sich ein wahrscheinlicher Kaufkurs von 50,75 Euro und ein wahrscheinlicher Ausführungskurs für den Stopp von 43,34 Euro. Unsere Berechnung lautet nun: 1.000 Euro / (50,75 Euro – 43,34 Euro) = 135 Stück. Ihr Gesamtrisiko, also das Risiko sämtlicher Positionen, verhält sich proportional zur Anzahl der Positionen. Wenn Sie beispielsweise über fünf Positionen mit jeweils einem Prozent Risiko verfügen, so haben Sie ein Gesamtrisiko von fünf Prozent Ihres Börsenkapitals. In unserem Beispiel sind dies 5.000 Euro. Mit Hilfe des Money-Managements können Sie Ihr Risiko für jede Position begrenzen und auch das Gesamtrisiko kontrollieren.

Seien Sie sich in jedem Fall darüber bewusst, dass ein verpasster Einstieg nur eine von vielen Gelegenheiten ist und Ihr Kapital dadurch keinen Schaden nimmt. Ein verpasster Ausstieg hingegen kann ihr Vermögen erheblich verringern. Weiterhin sollte jedem Anleger klar sein, dass auch noch so plausibel klingende Aussagen auf Basis der Technischen Analyse immer nur Wahrscheinlichkeitscharakter haben und stets das Risiko besteht, dass die erwartete Kursentwicklung nicht eintritt. Daher können geeignete Methoden zur Verlustbegrenzung und Risikokontrolle technisch-orientierten Anlegern nur dringend empfohlen werden.

1.6 Einteilung von Indikatoren

Die Vielzahl an Technischen Indikatoren lässt sich nach sehr unterschiedlichen Kriterien unterteilen. So bietet sich beispielsweise eine Unterteilung nach der Einsatzart in Trendfolge-, Kontratrend- und Trendbestimmungs-Indikatoren an. Auch wenn diese Einteilung sehr grob ist, gibt es viele Überschneidungen. Viele Indikatoren können sehr unterschiedlich eingesetzt werden und sind somit nur schwer zuzuordnen. Eine weitere Einteilung, die Erich Florek eingeführt hat, richtet sich nach der zeitlichen Herkunft. Er verwendet die Kategorien Oldies, Newcomer und Next Generation, um den Stand der Entwicklung zu verdeutlichen.[1]

Ebenfalls interessant ist die Unterteilung in nachlaufende und vorauslaufende Indikatoren. Gleitende Durchschnitte laufen aufgrund ihrer Berechnungsmethoden dem Kursverlauf hinterher, während Momentum-Oszillatoren die Steigung des Kursverlaufs anzeigen und somit häufig einen gewissen Vorlauf haben. Man spricht von einem Oszillator, wenn der Indikator, ähnlich wie die aus der Physik bekannte Sinuskurve, um eine Mittelpunktslinie schwankt. Hier wäre dann eine weitere Unterteilung interessant, nämlich ob es einen festen Wertebereich gibt oder nicht.

Bei der Zuordnung der Indikatoren auf einzelne Unterkapitel war mir in diesem Buch wichtig zu zeigen, welches Konzept und welche Idee hinter einem Indikator steht. Vergleichbare Indikatoren sollen in einem Zusammenhang dargestellt werden, und es sollen Ihnen Alternativen angeboten werden. Zum einen ist wichtig, was ein Indikator wirklich misst, und zum anderen, welche Besonderheiten er bietet. Leider lassen sich auch hier Überschneidungen nicht vermeiden.

1.7 Zeitliche Berechnungsbasis von Indikatoren

Der größte Teil der Technischen Indikatoren kann auf der Basis von Kursen aus verschiedenen Zeiträumen berechnet werden. Die wohl gebräuchlichste Unterteilung ist der Tag. Bei der Berechnung von Indikatoren auf Tagesbasis wird auf den Eröffnungs-, Höchst-, Tiefst- und Schlusskurs des jeweiligen Tages zurückgegriffen. Alle in diesem Buch

1) Erich Florek, Neue Trading-Dimensionen (FinanzBuch Verlag, München 2000).

vorgestellten Indikatoren und Strategien werden auf Tagesbasis berechnet. Die Unterteilung der Zeit in Tage hat einen logischen Hintergrund. Menschen sind es gewohnt, in diesem Rhythmus zu denken. Während der Handelszeit eines jeden Tages kann der Anleger kontinuierlich kaufen und verkaufen. Das Ende der Handelszeit sorgt für eine Unterbrechung und damit für den logischen Abschluss eines Zeitraums. Der Wechsel zwischen Handlungsfähigkeit und Handlungsunfähigkeit gibt den Eröffnungs- und den Schlusskursen eine ganz besondere Bedeutung.

Für Day-Trader ist die Verwendung von Tagesdaten zur Indikatorberechnung ungeeignet, da er Signale innerhalb eines Tages benötigt. Ein Day-Trader kann beispielsweise auf Tick-Daten zurückgreifen; dann wird jeder Kurs, der an der Börse entsteht, in die Berechnung einbezogen. Da Tick-Daten unregelmäßig und teilweise in sehr großer Menge auftreten, ist ihre Verwendung in herkömmlichen Indikatoren problematisch. Hier sind doch eher Speziallösungen erforderlich. Um herkömmliche Indikatoren zu verwenden, wird der Tag in gleiche Zeitbereiche unterteilt. So sind eine Minute, eine Viertelstunde oder eine Stunde gebräuchlich. Die Anfangs-, Höchst-, Tiefst- und Schlusskurse des Zeitbereichs können analog der Berechnung auf Tagesbasis eingesetzt werden. Beachten Sie bitte, dass die Unterteilung recht willkürlich ist, da am Ende des Zeitbereichs keine Handelsunterbrechung erfolgt.

Indikatoren können auch auf längere Zeitbereiche als einen Tag berechnet werden; hier sind Wochen und Monate gebräuchlich. Häufig werden Indikatoren auf Wochenbasis verwendet, um die Signale auf Tagesbasis zu bestätigen. Bei Berechnungen auf Wochenbasis tritt natürlich eine erhebliche Verzögerung bei der Signalerzeugung auf, da immer erst bis zum Ende der jeweiligen Woche gewartet werden muss. Als der Computer noch nicht so weit verbreitet war, führte die Verwendung von Wochen- oder Monatsdaten zu einer erheblichen Arbeitserleichterung bei langfristigen Indikatoreinstellungen. Heute können auch langfristige Einstellungen problemlos vom Computer berechnet werden. Wollen Sie ein kurzfristiges Signal durch eine längerfristige Perspektive bestätigen lassen, empfehle ich Ihnen, anstelle der Berechnung auf Wochenbasis eine entsprechend längere Einstellung auf Tagesbasis zu verwenden. Nehmen Sie beispielsweise bei einer Durchschnittsberechnung anstelle des jeweiligen Freitags-Kurses der letzten 26 Wochen lieber die Kurse der letzten

130 Börsentage. Die Glättung bildet das Marktgeschehen besser ab, weil mehr Kurse in die Berechnung eingegangen sind. Außerdem brauchen Sie nicht zu warten, bis die Woche abgeschlossen ist, und können somit frühzeitiger handeln.

1.8 Wie Sie mit Technischen Indikatoren systematisch erfolgreich werden

Jeder Anwender von Technischen Indikatoren wünscht sich den Super-Indikator, der eine hundertprozentige Trefferquote aufweist und Gewinne am laufenden Band verspricht. Dieser Wunsch trägt dem menschlichen Kontrollbedürfnis Rechnung. Wenn man den Einstieg kontrolliert, so hat man alles im Griff, und der Super-Indikator soll uns den optimalen Einstieg zeigen. Grundsätzlich ist es sicher zutreffend, dass ein Indikator, der uns ausschließlich gewinnbringende Einstiege anzeigt, all unsere Probleme löst. Doch leider gibt es diesen Super-Indikator nicht, und wenn es ihn geben sollte, wird ihn niemand verraten!

Wir müssen uns also damit anfreunden, dass wir den Einstieg nicht sicher kontrollieren können. Selbst wenn Sie einen Indikator gefunden haben, der bei Ihren Tests mit Daten der Vergangenheit die Eigenschaften eines Super-Indikators aufweist, können Sie nicht sicher sein, dass dies auch in Zukunft so sein wird.

Vergessen Sie nie, dass Sie die Börse nicht kontrollieren können. Sie können nur das Risiko kontrollieren, das Sie eingehen.

Technische Indikatoren messen bestimmte Marktzustände, und in Abhängigkeit von der jeweiligen Marktphase lassen sich aus diesen Messdaten profitable Signale erzeugen. Doch nicht jedes Signal ist ein Treffer. Viele Trendfolge-Strategien zum Beispiel weisen eine Trefferwahrscheinlichkeit von unter 50 Prozent auf und sind auf lange Sicht dennoch profitabel. Das liegt daran, dass sie bei einem Treffer im Durchschnitt wesentlich mehr Gewinn machen, als sie bei einem Fehlsignal einbüßen. Wenn Sie im Gewinnfall durchschnittlich 50 Prozent Ertrag erzielen, aber im Falle eines Verlusts nur zehn Prozent verlieren, können Sie bis zu fünfmal mehr Verlust- als Gewinngeschäfte verkraften, ohne auf lange

Sicht einen Verlust zu erwirtschaften. Wenn Sie nur viermal mehr Verluste als Gewinne einfahren, haben Sie einen statistischen Vorteil, den Sie nutzen können.

Verlustgeschäfte gehören dazu und sind quasi die Betriebsausgaben Ihres Unternehmens. Sie haben also keinen Fehler gemacht, den Sie sich eingestehen müssen. Begrenzen Sie die Verluste und warten Sie nicht auf eine Erholung, nur um Ihr Ego zu befriedigen. Ihr Ziel heißt: dauerhaft an der Börse Geld verdienen.

Halten Sie den Einsatz je Position klein genug, um auch eine Serie von Verlusten in Folge überstehen zu können. Nur wenn Ihnen auch nach mehreren Verlustgeschäften in Folge ein Großteil Ihres Kapitals erhalten bleibt, haben Sie eine Chance, langfristig vom statistischen Vorteil Ihrer Strategie zu profitieren. Der Erhalt Ihres Kapitals ist das oberste Ziel.

Technische Indikatoren eignen sich hervorragend, um sie als Signalgeber in einem mechanischen Handelssystem einzusetzen und mit Regeln aus dem Risiko- und Money-Management zu verknüpfen.

Bei meinem systematischen Handelsansatz nutze ich bevorzugt Technische Indikatoren innerhalb einer Strategie, die Regeln für den Einstieg, den Ausstieg und das Money-Management umfasst. Mit ihren klar definierten Signalen sind Indikatoren ein gutes Mittel, um einen aussichtsreichen Einstieg zu finden. Der Ausstieg lässt sich wiederum in vier Ausstiegsarten unterteilen. Der Logikausstieg kann ebenfalls durch einen Indikator vorgenommen werden und ist normalerweise ein Ausstieg zur Gewinnsicherung. Beim Logikausstieg werden verschiedene Marktkonstellationen definiert, bei denen man lieber nicht mehr im Markt sein möchte.

Der Sicherheitsausstieg kommt zum Tragen, wenn sich nicht die erwartete Kursentwicklung einstellt. Er sorgt für eine Begrenzung der Verluste und ist Teil des Risikomanagements. Beim Sicherheitsausstieg bevorzuge ich volatilitätsgesteuerte Verfahren zur Bestimmung des Stoppkurses. Auch der Sicherheitsausstieg kann zur Gewinnsicherung eingesetzt werden, indem ein nachgezogener Stopp verwendet wird. Der Sicherheitsausstieg ist zudem für die Positionsgrößenberechnung von Bedeutung,

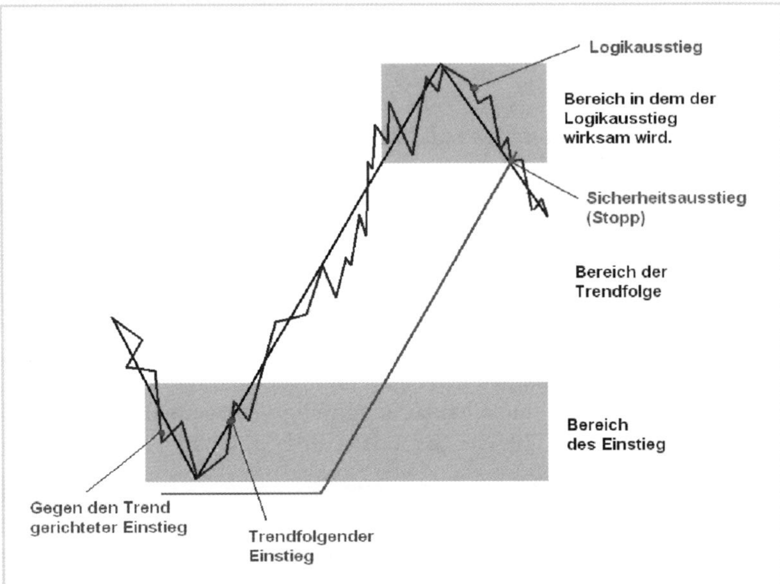

Abb. 8: Zusammenspiel von Einstieg, Logikausstieg und Sicherheitsausstieg.

wenn die Prozent-Risiko-Methode zur Berechnung der Positionsgröße eingesetzt wird.

Von untergeordneter Bedeutung sind für mich der Kursziel- und der Zeitziel-Ausstieg. Die Verwendung eines Kursziels widerspricht eigentlich dem Grundgedanken einer trendfolgenden Strategie, kann aber gute Dienste leisten, wenn Sie homogenere Transaktionen erreichen möchten. Auch schließt die Verwendung eines Kursziels aus, dass ihre Testergebnisse zu stark von wenigen, überdurchschnittlichen Transaktionen beeinflusst werden.

Für eine robuste Strategie sind homogene Einzelgeschäfte vorteilhaft, da es viel wahrscheinlicher ist, dass sich die Testergebnisse in ähnlicher Form auch im realen Einsatz wiederholen. Wenn Ihr Testergebnis von nur ein oder zwei extrem positiven Geschäften beeinflusst wird, sagt dieses Testergebnis wenig über den wirklichen Nutzen der Strategie aus.

Sie wissen ja nicht, ob und wann sich der positive »Ausreißer« in Zukunft wiederholt.[2]

Der Zeitzielausstieg begrenzt die Haltedauer einer Position und wird eingesetzt, um Positionen zu schließen, die nach einer bestimmten Zeit nicht im Gewinn sind. Oft zeigt sich, dass eine Position, die sich nach dem Einstieg nicht relativ schnell in die Gewinnzone bewegt, auch auf Dauer kein gutes Geschäft wird. Wenn Sie planen, Ihre Strategie mit einem Derivat mit festem Verfalldatum umzusetzen, so können Sie das Verfalldatum mit dem Zeitzielausstieg in Ihre Strategie einbauen und testen.

Da viele Märkte, insbesondere der Aktienmarkt, sich bei Aufwärts- und Abwärtstrends unterschiedlich verhalten, definiere und teste ich für jede Marktrichtung eine separate Strategie. Jede Strategie soll eine bestimmte Marktkonstellation ausnutzen, und diese Marktkonstellation lässt sich meist nicht einfach umdrehen, wenn man in die Gegenrichtung spekulieren möchte. Auch für den Ein- und den Ausstieg aus einer Position setze ich unterschiedliche Indikatoren und/oder Parameter ein.

Die klassischen Umkehrsysteme, wie sie bei vielen Indikatoren beschrieben werden, verwende ich nur in Ausnahmefällen, nämlich nur dann, wenn sich die Long- und die Short-Strategie in separaten Tests als robust und profitabel erwiesen haben.

Jede Strategie wird auf eine Gruppe von Märkten angewendet, die vergleichbare Verhaltensmuster zeigen. So kann eine Strategie beispielsweise auf eine Reihe von Aktienindizes wie DAX, Stoxx, Dow Jones Industrial und Nikkei 225 eingesetzt werden. Oder Sie wenden eine Strategie auf die Einzelaktien eines Aktienindex an. Die Erfahrung lehrt jedoch, dass sich Aktienindizes einfacher und mit weniger Risiko handeln lassen als Einzelaktien. Aktienindizes verlaufen wesentlich glatter und neigen nicht so stark zu plötzlichen extremen Richtungswechseln wie Einzelak-

2) Thomas Stridsman geht in seinem Buch »Tradingsystems that work« ausführlich auf den Einsatz und die Wirkung von Kurszielen bei unterschiedlichen Strategien ein. Der Titel der deutschen Übersetzung dieser Buches lautet: »Handelssysteme, die funktionieren«. Das Buch zeigt interessante Wege zu einem robusten und zukunftstauglichen Handelssystem. Auch Perry Kaufman zeigt in seinem Buch »Smarter Trading« ausführlich, welche Vorteile die Anwendung von Kurszielen bietet.

tien. Aktienindizes spiegeln die Entwicklung einer Vielzahl von Aktien wider und sorgen damit für eine Diversifikation.

Auch aus unterschiedlichen Währungen lassen sich gut Gruppen mit vergleichbaren Verhaltensmustern bilden und in einer Strategie einsetzen.

Wenn man über eine Reihe von profitablen Strategien verfügt, können diese zu einem Handelssystem kombiniert und im Zusammenspiel getestet werden. Dabei sollte darauf geachtet werden, dass die kombinierten Strategien zu unterschiedlichen Zeiten handeln.

Durch die Bündelung von Strategien können Sie die Handelsfrequenz erhöhen und gleichzeitig für Risikostreuung sorgen. Sie können nicht nur, wie üblich, die Diversifikationseffekte von nicht korrelierenden Märkten nutzen, sondern zusätzlich verschiedene Handelslogiken und Zeitrahmen kombinieren. Dies ist ein wichtiger Schritt, um eine kontinuierliche Vermögensentwicklung ohne große Rückschläge zu erreichen.

Sie sehen, dass der Indikator an sich nur ein Element in einem ganzen System ist und das Zusammenspiel der einzelnen Komponenten ebenfalls von großer Bedeutung ist. Nutzen Sie Indikatoren, um klar definierte Marktkonstellationen zu beschreiben. Dafür ist es wichtig zu verstehen, was ein Indikator wirklich misst und welche Idee sich hinter ihm verbirgt. Oft sind die einfachen und durchschaubaren Lösungen die bessere Wahl als ein Mega-Indikator, der möglichst viele Marktzustände durch ein kompliziertes Regelwerk berücksichtigt.

Im zweiten Teil dieses Buches werden Ihnen Technische Indikatoren und ihre Anwendungsmöglichkeiten vorgestellt. Nutzen Sie die Ideen und Konzepte, um eigene Anlagestrategien zu entwickeln. Testen Sie dann das Ganze unter realen Bedingungen, bevor Sie Ihr Geld investieren. Eine moderne Software wie der Captimizer hilft Ihnen dabei und sorgt anschließend dafür, dass die tägliche Anwendung nur wenig Zeit in Anspruch nimmt. Lassen Sie den Computer die Routinearbeit machen, und konzentrieren Sie Ihr Potenzial auf die Analyse und Auswahl profitabler Strategien.

2 Konzepte und Indikatoren

2.1 Trenderkennung durch Glättung

Die Idee, durch Glättung einen Trend klar erkennbar zu machen, gehört zu den ältesten Methoden der Technischen Analyse und wird auch in anderen Bereichen, wie der Statistik oder bei der Analyse von Messdaten, eingesetzt. Dabei werden die zufallsbedingten Ausschläge nach oben und unten, das so genannte Rauschen, eliminiert, indem ein Durchschnitt aus einer bestimmten Anzahl von Daten gebildet wird. Innerhalb des Durchschnitts heben sich die zufallsbedingten Abweichungen nach oben und unten gegenseitig auf, und der Trend wird klarer ersichtlich.

2.1.1 Gleitende Durchschnitte

Beim Einsatz von gleitenden Durchschnitten im Rahmen der Technischen Analyse wird die Marktfluktuation geglättet, und Sie erhalten einen besseren Eindruck, in welche Richtung sich der Markt bewegt.

Der Durchschnitt wird als »gleitend« bezeichnet, weil der Durchschnitt immer über eine bestimmte Anzahl von Kursen berechnet wird und anschließend eine Verschiebung des Ausgangspunkts der Berechnung um einen Tag stattfindet. Nehmen wir an, wir wollen einen 200-Tage-Durchschnitt berechnen, dann addieren wir ausgehend vom aktuellen Kurs die letzten 200 Kurse und teilen sie anschließend durch 200. Damit erhalten wir den Durchschnittswert zum aktuellen Datum. Um nun den Durchschnitt zum Gleiten zu bringen, berechnen wir auch die Durchschnittswerte der Vergangenheit. Dies geschieht nach dem gleichen Prinzip, nur der Ausgangspunkt der Berechnung wird um einen Tag in die Vergangenheit verschoben. So entsteht nach und nach ein gleitender Verlauf der Durchschnittswerte. Beim eben beschriebenen Verfahren zur Durchschnittsberechnung handelt es sich um den arithmetischen Durchschnitt, weitere Verfahren werden im nächsten Abschnitt erläutert.

In der nachfolgenden Abbildung sehen Sie den Kursverlauf des Deutschen Aktienindex (DAX) mit seinem 200-Tage gleitenden Durchschnitt. Man erkennt deutlich, wie der gleitende Durchschnitt den Kursverlauf glättet und den Trend erkennbar macht. Die Steigung des Durchschnitts zeigt die Trendrichtung an. Bei einem steigenden Durchschnitt befinden wir uns in einem Aufwärtstrend und bei einem fallenden Durchschnitt im Abwärtstrend. Ein steigender Durchschnitt ist dadurch gekennzeichnet, dass sein aktueller Wert größer ist als der Wert des Vortags.

Abb. 9: Deutscher Aktienindex (DAX) mit seiner 200-Tage gleitenden Durchschnittslinie.

Aus der Abbildung wird ebenfalls ersichtlich, dass der gleitende Durchschnitt erst mit einer zeitlichen Verzögerung auf die Bewegungen des Kursverlaufes reagiert. Dies wird besonders in den Wendepunkten deutlich. Die Wendepunkte im Kursverlauf werden erst mit einer Verzögerung durch den gleitenden Durchschnitt nachvollzogen.

Das Ausmaß der Verzögerung ist von der Berechnungsdauer des Durchschnitts abhängig. Je größer die Anzahl an Kursen, die in die Durchschnittsberechnung eingehen, desto stärker ist die Glättung und umso größer ist auch die Reaktionsverzögerung. Ein Zehn-Tage-Durchschnitt reagiert also viel schneller als ein 200-Tage-Durchschnitt, hat aber dafür nur eine erheblich geringere glättende Wirkung.

Um dem Problem der Reaktionsverzögerung zu begegnen, können unterschiedliche Methoden zur Durchschnittsberechnung eingesetzt werden, die beispielsweise die eingehenden Kurse nach ihrer Aktualität gewichten.

Bei gleitenden Durchschnitten handelt es sich um trendfolgende Indikatoren in ihrer reinsten Form. Sie zeigen die Richtung des Trends an, messen jedoch nicht seine Stärke. Ihre Aufgabe besteht darin, die Ausschläge im Kursverlauf zu glätten und die Trendrichtung zu identifizieren. Diese wichtige Aufgabe lösen gleitende Durchschnitte auf eine sehr einfache Weise.

2.1.1.1 Berechnungsverfahren

Die mathematischen Formeln zu den nachfolgend erörterten Methoden der Durchschnittsberechnung finden Sie in der Formelsammlung am Ende dieses Buches. An dieser Stelle werden die Verfahren nur kurz beschrieben und auf Eigenarten hingewiesen.

Beim arithmetischen Durchschnitt, der oft auch als einfacher Durchschnitt bezeichnet wird, werden alle Werte eines bestimmten Zeitraumes addiert und durch die Anzahl der Werte dividiert. Jeder einzelne Wert hat somit einen gleich großen Einfluss auf das Ergebnis. Um den nächsten Wert in der Durchschnittszeitreihe zu ermitteln, fällt immer der älteste Kurs aus dem Berechnungszeitraum heraus, und ein aktueller Kurs kommt hinzu. Ein Ansteigen des Durchschnitts kann also bedeuten, dass die jüngsten Kurse gestiegen sind. Es kann aber auch bedeuten, dass die jüngsten Kurse sich kaum verändert haben, der Anstieg jedoch von dem Wegfall älterer Kurse, die erheblich tiefer lagen, herrührt.

Um diesen Effekt zu vermeiden und um eine höhere Reaktionsgeschwindigkeit zu erreichen, verwenden einige Techniker gewichtete Durchschnitte. Beim linear gewichteten Durchschnitt haben die aktuellen Werte einen größeren Einfluss als die älteren Kurse. Dieser gleitende Durchschnitt folgt dem Kurvenverlauf schneller und näher, glättet allerdings den Kurvenverlauf auch weniger.

Beim exponentiellen Durchschnitt wird die gesamte vorhandene Datenreihe in die Berechnung einbezogen. Dies wird erreicht, indem vom heutigen Kurs der exponentielle Durchschnitt von gestern subtrahiert und diese Differenz anschließend mit dem exponentiellen Wertungsfaktor multipliziert wird. Das Ergebnis wird dann zum Vortageswert des Durchschnitts addiert. Der Wertungsfaktor wird anhand der für die Berechnung eingestellten Anzahl an Tage ermittelt und ergibt sich, indem Sie die Zahl 2 durch die Anzahl an Tagen plus 1 dividieren. Der exponentielle Durchschnitt räumt dem aktuellen Kurs ebenfalls ein höheres Gewicht ein.

Da beim exponentiellen Durchschnitt immer die gesamte Zeitreihe in die Berechnung eingeht, kann dies zu unterschiedlichen Resultaten führen, wenn zwei Analysten die Berechnungen auf Kurshistorien mit unterschiedlicher Länge durchführen. Je länger die Kurshistorien sind, desto geringer werden auch die Unterschiede sein. Die alten Kurse haben dann nur noch ein sehr geringes Gewicht. Ebenfalls ist zu beachten, dass der

Abb. 10: Vergleich von drei Berechnungsverfahren für gleitende Durchschnitte über jeweils 200 Tage.

exponentielle Durchschnitt eine gewisse Zeit benötigt, bis er die gewünschte Glättung erreicht. Die Werte am Anfang der Durchschnittsreihe sollten also mit Vorsicht verwendet werden.

Auch wenn die höhere Gewichtung der aktuellen Kurse zu einer kürzeren Reaktionszeit des Durchschnitts führt, wirkt sie doch der eigentlichen Intention, die Marktbewegungen zu glätten, entgegen. Zu diesem Zweck ist der arithmetische Durchschnitt die wohl zweckmäßigste Lösung.

2.1.1.2 Signalerzeugung

Handelsstrategien, deren Signalerzeugung auf Basis gleitender Durchschnitte erfolgt, weisen in Abhängigkeit von der Trendstärke Gewinn- und Verlustphasen auf. Bewegen sich Märkte in anhaltenden Trends, wirkt sich dies positiv auf die Ergebnisse aus. In Phasen richtungsloser Seitwärtsbewegungen treten gehäuft Fehlsignale auf. Daher wird versucht, gleitende Durchschnitte mit Indikatoren zur Messung der Trendstärke zu kombinieren und damit die Signalerzeugung in Phasen ohne anhaltende Trends zu unterdrücken. Weitere Erläuterungen zu diesem Thema finden Sie in Kapitel 2.3.

Die nachfolgenden Erläuterungen gelten grundsätzlich für alle Arten von gleitenden Durchschnitten. Wenn nichts anderes angegeben ist, wird bei allen Beispielen der arithmetische Durchschnitt verwendet, da dieser der gebräuchlichste ist.

2.1.1.2.1 Die Steigung des Durchschnitts

Mit Hilfe der Steigung des gleitenden Durchschnitts können Sie bestimmen, ob ein Aufwärts- oder ein Abwärtstrend besteht. Die Steigung des Durchschnitts kann durch ein 1-Tage-Momentum des Durchschnitts ermittelt werden. Bei der Berechnung eines 1-Tage-Momentums wird vom aktuellen Wert des Durchschnitts der Wert des Vortags abgezogen.

Ist das 1-Tage-Momentum größer Null, also der Vortageswert des Durchschnitts kleiner als der aktuelle Wert, befinden wir uns im Aufwärtstrend. Ein Abwärtstrend herrscht vor, wenn das 1-Tage-Momentum des Durchschnitts kleiner Null ist.

In der Abbildung sehen Sie den Kursverlauf des DAX mit seinem 200-Tage-Durchschnitt über einen Zeitraum von 30 Jahren. Im unteren Bereich des Charts ist die Steigung des 200-Tage-Durchschnitts mit Hilfe des 1-Tage-Momentums dargestellt. Die Phasen, in denen der langfristige Durchschnitt steigt, also das 1-Tage-Momentum oberhalb der Nulllinie verläuft, sind hellgrau und die Phasen mit einem fallenden Durchschnitt sind dunkelgrau hinterlegt. Sie können mit Hilfe der Steigung dieses Durchschnitts schon recht gut die langfristigen Aufwärts- und Abwärtstrends visualisieren. Wenn Sie kürzere Trends bestimmen wollen, setzen Sie einen kürzeren Durchschnitt ein. Bei meinen Tests hat sich allerdings gezeigt, dass die langfristigen Einstellungen bessere Ergebnisse liefern.

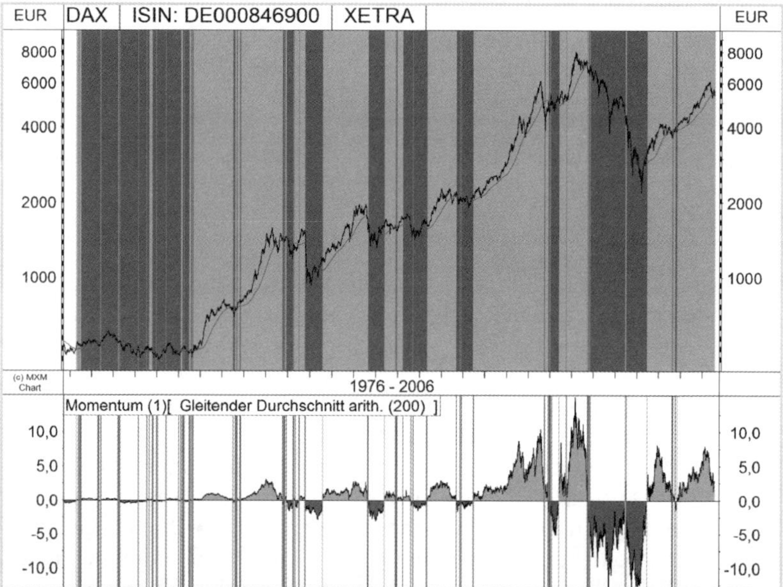

Abb. 11: Die Steigung des 200-Tage gleitenden Durchschnitts zeigt langfristige Aufwärtstrends (hellgrau) und Abwärtstrends (dunkelgrau) an.

Die Steigung eines Durchschnitts lässt sich als Signalgeber verwenden, indem man das Überschreiten der Nulllinie als Einstiegssignal für eine Long-Position und das Unterschreiten der Nulllinie als Ausstiegssignal verwendet. Umgekehrt verhält es sich bei einer Short-Position.

Doch auch als Filter leistet die Steigung eines Durchschnitts gute Dienste. Dies bedeutet, dass Sie nur Positionen in Richtung des Trends aufbauen, das Einstiegssignal aber von einem anderen Indikator erzeugt wird. Sie führen folglich Einstiegssignale für Long-Positionen nur aus, wenn das 1-Tage-Momentum des Durchschnitts größer Null ist, und Einstiegssignale für Short-Positionen werden nur bei Werten kleiner Null ausgeführt

Wenn Sie auch das Ausmaß der Steigung in Ihre Analyse einbeziehen wollen, sollten Sie anstatt des 1-Tage-Momentums die 1-Tage-Rate of Change einsetzen. Die Rate of Change ist nichts anderes als die prozentuale Darstellung des Momentums. In der Abbildung sieht man den Vergleich von 1-Tage-Momentum und 1-Tage-Rate of Change des 200-Tage-Durchschnitts. Es fällt auf, dass beide Methoden die Steigung des Durchschnitts ermitteln und jeweils zur gleichen Zeit die Nulllinie schneiden. Dies ist bei der engen Verwandtschaft der beiden Verfahren auch kein

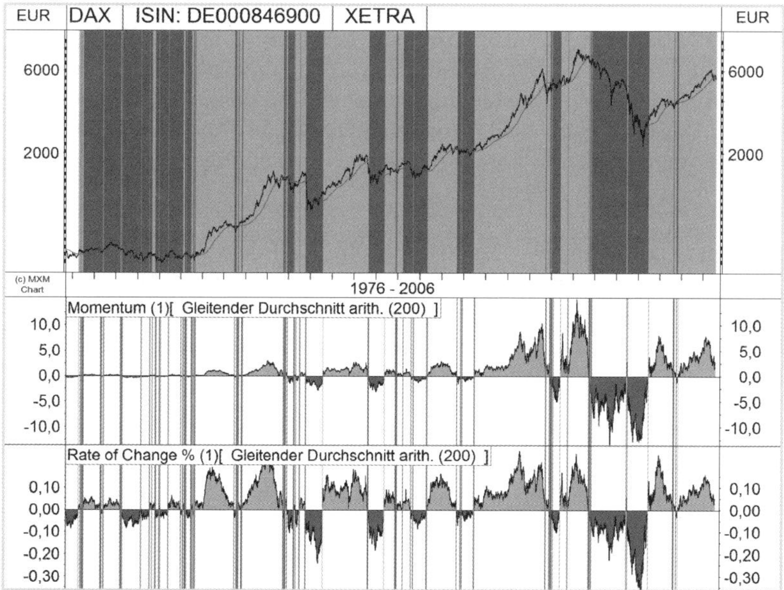

Abb. 12: Vergleich von 1-Tage-Momentum und 1-Tage-Rate of Change eines 200-Tage gleitenden Durchschnitts.

Wunder. Sie können also das oben zur Momentum-Variante Gesagte direkt auf die Variante mit der Rate of Change übertragen.

Wenn Sie den Chart genauer betrachten, fällt auch ein Unterschied auf. Insbesondere im ersten Drittel des Charts sind die Ausschläge bei der Rate of Change wesentlich deutlicher zu erkennen. Dies liegt daran, dass sich das Kursniveau des DAX im Laufe der Jahre zwischen 500 und 8.000 Punkten bewegt hat. Der gleitende Durchschnitt ist natürlich ebenfalls von der Höhe des Kursniveaus abhängig. Wenn Sie jetzt die Steigung als Differenz zum Vortag (Momentum) darstellen, wird das Ausmaß der Steigung ebenfalls vom Kursniveau beeinflusst. Beim Einsatz der Rate of Change wird dagegen die Differenz zum Vortag in Relation zur Höhe des Durchschnitts gesetzt und damit normiert.

Mit Hilfe der Rate of Change können Sie das Ausmaß der Steigung besser mit Werten der Vergangenheit, aber auch mit Werten von anderen Aktien oder Indizes vergleichen.

Durch die Unabhängigkeit vom Kursniveau können Sie das Einstiegssignal nicht nur beim Überschreiten der Nulllinie erzeugen lassen, sondern eine prozentuale Mindeststeigung vorgeben und damit Fehlsignale reduzieren. Die Unabhängigkeit vom Kursniveau gibt Ihnen auch die Möglichkeit, den Indikator mit der gleichen Einstellung in verschiedenen Märkten zu testen und einzusetzen.

Im Kapitel zum Thema »Geschwindigkeit und Trenddynamik« finden Sie weitere Informationen zum Momentum und zur Rate of Change. Da es sich bei der Steigung des gleitenden Durchschnitts auch um einen Indikator handelt, der die Beschleunigung eines Trends anzeigt, hätte er genauso gut im oben genannten Kapitel behandelt werden können.

2.1.1.2.2 Ein gleitender Durchschnitt

Die wohl in der Technischen Analyse am häufigsten verwendete Anwendung des gleitenden Durchschnitts ist der Vergleich mit dem ursprünglichen Kursverlauf. Dazu wird der gleitende Durchschnitt über den Kursverlauf gelegt und die Position des Kurses zum Wert des Durchschnitts betrachtet.

Liegt der Kurs über seinem Durchschnittswert, haben sich die Kurse überdurchschnittlich gut entwickelt, und dies deutet auf einen Aufwärtstrend hin. Von einem Abwärtstrend ist hingegen auszugehen, wenn der Kurs unter seinem Durchschnittswert liegt.

Steigende Kurse werden folglich signalisiert, wenn der Kursverlauf den gleitenden Durchschnitt von unten nach oben schneidet. Durchbricht der Kursverlauf den gleitenden Durchschnitt von oben nach unten, ist dies ein Signal für fallende Kurse. Die gebräuchlichsten Einstellungen für den arithmetischen Durchschnitt sind 38, 50, 100 und 200 Tage. Je niedriger Sie die Anzahl an Tagen zur Durchschnittsberechnung einstellen, desto schneller und häufiger erhalten Sie Signale. Da ein kurzer Durchschnitt schneller reagiert, kommen Sie auch schnell in den Markt und verpassen nur einen geringen Teil der Kursbewegung. Auf der anderen Seite führt eine zu kurze Einstellung zu vielen Fehlsignalen und verursacht obendrein noch hohe Transaktionskosten.

Die »richtige« Einstellung hängt zum einen vom Zeithorizont des Anlegers und auch vom Markt ab, auf den Sie das Verfahren anwenden. So verlaufen die Kurse von Indizes aufgrund der Diversifikation ruhiger als Einzelaktien und liefern daher meist auch bessere Ergebnisse. Bei gleicher Einstellung ergeben sich bei Indizes weniger Fehlsignale als bei Einzelaktien, und dieses Phänomen zeigt sich auch bei anderen trendfolgenden Handelsansätzen.

Zur Verringerung von Fehlsignalen, insbesondere bei kurzen und damit sehr flatterhaften Durchschnitten, kann ein so genannter Schwellwert eingesetzt werden. In diesem Fall erfolgt die Signalerzeugung erst, wenn der Kursverlauf den Durchschnitt plus Schwellwert überschreitet. Der Schwellwert wird häufig als prozentualer Anteil des Durchschnitts definiert und liegt im Bereich von zwei bis fünf Prozent. Alternativ kann der Schwellwert durch ein Volatilitätsmaß, wie beispielsweise der Standardabweichung oder der ATR, definiert werden.

Eine weitere Zusatzregel, die zur Verringerung der Fehlsignale eingesetzt wird, ist die Betrachtung der Steigung des Durchschnitts im Zeitpunkt des Überkreuzens. Durchbricht der Kursverlauf den gleitenden Durchschnitt von unten nach oben, sollte der Durchschnitt waagerecht oder ansteigend verlaufen. In der umgekehrten Durchbruchsrichtung ist das

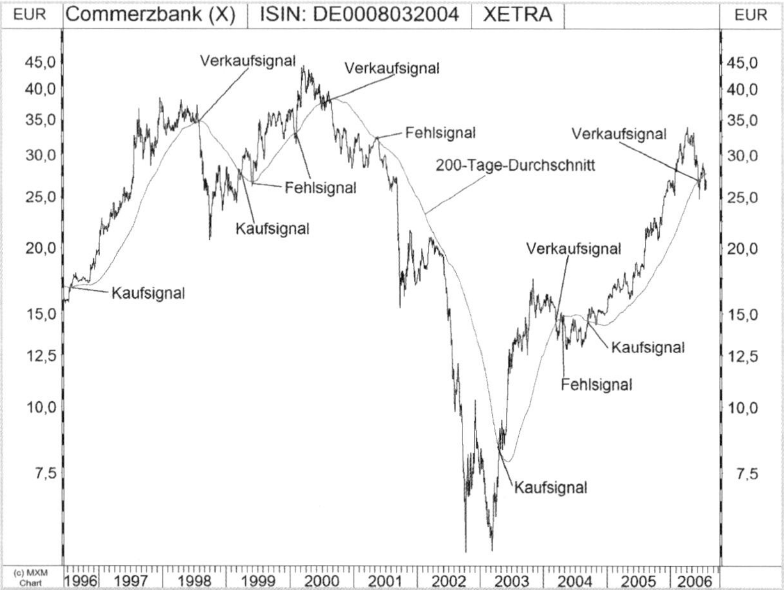

Abb. 13: Handelssignale entstehen beim Überkreuzen des gleitenden Durchschnitts mit dem Kursverlauf der Aktie.

Signal nur gültig, wenn der Durchschnitt waagerecht oder fallend verläuft. Hierbei handelt es sich um die Anwendung der im vorherigen Kapitel dargestellten Betrachtung der Steigung des Durchschnitts in Form eines definierten Filters.

2.1.1.2.3 Zwei gleitende Durchschnitte

Eine recht populäre Methodik der Generierung von Handelssignalen ist das Überkreuzen eines lang- und eines kurzfristigen gleitenden Durchschnitts. Der langfristige Durchschnitt definiert den langfristigen Trend, und der kurzfristige Durchschnitt liefert beim Schneiden des langfristigen die Handelssignale. Steigende Kurse werden signalisiert, wenn das Überkreuzen des langen Durchschnitts von unten nach oben erfolgt. Im umgekehrten Fall wird ein Signal für sinkende Kurse gegeben. Im Vergleich zu Handelsansätzen mit einem gleitenden Durchschnitt reduziert die Verwendung eines zweiten kurzfristigen Durchschnitts, anstelle des Kursverlaufs, die Häufigkeit von Fehlsignalen. Allerdings nimmt auch die

Abb. 14: Handelssignale auf Basis des Überkreuzens eines 5-Tage- und eines 20-Tage-Durchschnitts.

Reaktionsgeschwindigkeit ab; dem kann aber durch eine kürzere Einstellung entgegengewirkt werden.

Das wohl bekannteste System dieser Art stammt von Richard Donchian, einem Urvater der Trendfolge-Strategien, der fünf und 20 Tage zur Berechnung der beiden Durchschnitte verwendete.

Auf seiner Internetseite[3] veröffentlichte Ed Seykota, ebenfalls ein bekannter Trendfolger, ein langfristiges Trading-System auf Basis zweier exponentieller Durchschnitte von 15 und 150 Tagen. Die Signalerzeugung erfolgt auch hier beim Überkreuzen der Durchschnitte.

Das ursprünglich für den S&P-Index entwickelte System zeigt bei unseren Tests gute Ergebnisse für Indizes wie den DAX, Dow Jones Industrial und

3) Vgl.: Internetseite von Ed Seykota: www.seykota.com/tribe.

Nikkei 225, aber auch für Rohstoffe wie Gold sowie für Währungen. Nicht so erfolgreich fielen unsere Tests bezüglich Einzelaktien aus. Dies ist auch nicht überraschend, da sich Indizes aufgrund ihres glatten Verlaufs einfacher trendfolgend handeln lassen. Dieses langfristige System setze ich gern als Basis für eine langfristige Handelsstrategie ein, allerdings nutze ich lieber den MACD als eine andere Darstellungsform des gleichen Sachverhalts. Dazu finden Sie weitere Erläuterungen im Kapitel über den MACD.

2.1.1.2.4 Drei gleitende Durchschnitte

Der Einsatz von drei gleitenden Durchschnitten eröffnet weitere Möglichkeiten. Ein in den 70er-Jahren viel beachtetes System stammt von R. C. Allen und arbeitet mit gleitenden Durchschnitten von 4, 9 und 18 Tagen.

Das Schneiden des 4-Tage-Durchschnitts mit dem 9-Tage-Durchschnitt deutet hier einen Trendwechsel an, der Einstieg in eine Long-Position er-

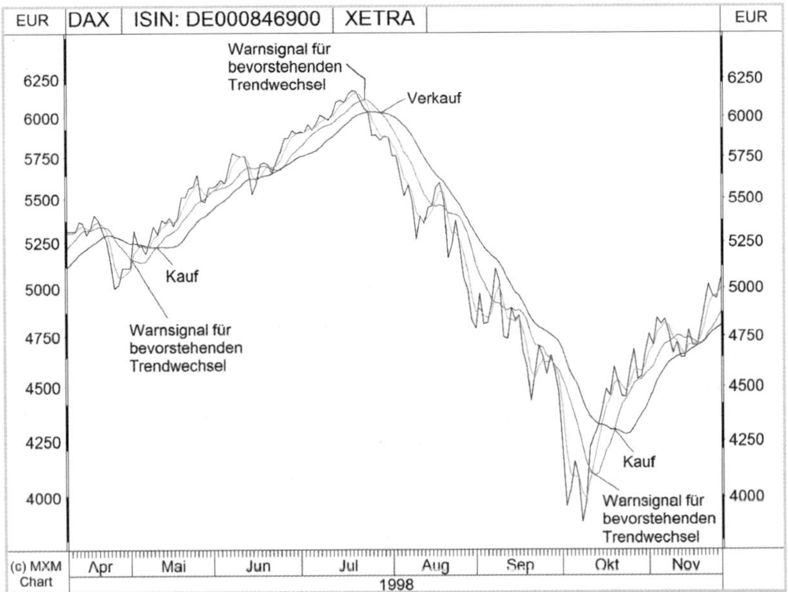

Abb. 15: Handelsansatz mit drei gleitenden Durchschnitten mit einer Einstellung von 4, 9 und 18 Tagen.

folgt aber erst, wenn sowohl 4-Tage-Durchschnitt als auch 9-Tage-Durchschnitt oberhalb des 18-Tage-Durchschnitts liegen. Der Ausstieg erfolgt, sobald der 4-Tage-Durchschnitt unter den 9-Tage-Durchschnitt fällt. Für den Ein- und Ausstieg in eine Short-Position gilt wieder das Spiegelbildliche. Bei diesem System wird der Ausstieg schnell, der Einstieg jedoch langsam und selektiv vorgenommen. Außerdem handelt es sich nicht um ein typisches Umkehrsystem, das bei einem Signal die bestehende Position schließt und eine Position in Gegenrichtung aufbaut. Es existiert eine Art neutrale Zone, in der das System nicht im Markt ist.

2.1.2 Durchschnittsbasierte Indikatoren

Im Folgenden werden Indikatoren beschrieben, die direkt von gleitenden Durchschnitten abgeleitet sind und als Ausgangspunkt die Differenz zweier gleitender Durchschnitte mit unterschiedlichem Berechnungszeitraum haben (Price Oscillator, TBI, MACD) oder die Steigung eines Trends auf besondere Weise darstellen, wie der TRIX.

2.1.2.1 Price Oscillator

Der Price Oscillator wird berechnet, indem ein kurzfristiger, arithmetischer Durchschnitt mit schwacher Glättungswirkung von einem längerfristigen, arithmetischen Durchschnitt mit starker Glättungswirkung subtrahiert wird.

Der Price Oscillator stellt somit den Abstand zwischen einem kurz- und einem langfristigen Trend dar. Problematisch ist, dass der Abstand von der Höhe des Kursniveaus des zugrunde liegenden Wertpapiers oder Index abhängig ist. Daher ist der historische Vergleich des Abstands nicht möglich, wenn sich das Kursniveau im Laufe der Zeit stark verändert hat. Auch können die wertmäßigen Abstände von verschiedenen Wertpapieren mit unterschiedlichen Kursniveaus nicht verglichen werden.

Der Price Oscillator kann auch als eine andere Darstellungsform des Handelsansatzes mit zwei arithmetischen gleitenden Durchschnitten gesehen werden. Da es sich beim Price Oscillator um die Differenz zweier gleitender Durchschnitte handelt, hat der Price Oscillator einen Wert von Null, wenn sich die beiden Durchschnitte schneiden. Liegt der langfristige Durchschnitt über dem kurzfristigen, ist der Price Oscillator positiv und im umgekehrten Fall negativ.

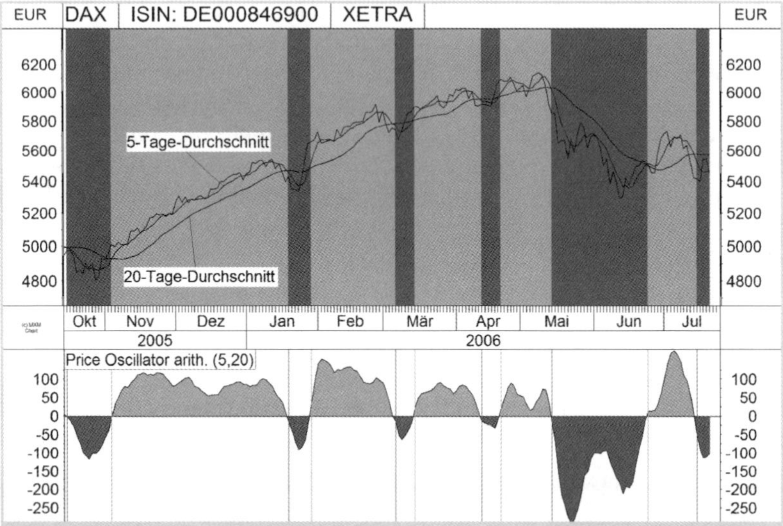

Abb. 16: Der Price Oscillator ist Null, wenn sich die beiden zugrunde liegenden Durchschnitte kreuzen, und zeigt dann einen Trendwechsel an.

Die Schnittpunkte des Price Oscillators mit seiner Nulllinie können analog den Überkreuzungen beim 2-GD-System als Signale verwendet werden und zeigen eine Trendumkehr an. Des Weiteren deuten Wendepunkte im Verlauf des Price Oscillators auf eine einsetzende Abschwächung der vorherrschenden Kursbewegung hin.

Bei Handelsansätzen, die auf vier gleitenden Durchschnitten beruhen, wird aus Gründen der Übersichtlichkeit gern auf den Price Oscillator zurückgegriffen. Grundsätzlich arbeitet ein 4-GD-System mit jeweils zwei Paaren von gleitenden Durchschnitten, wobei der langfristige Trend durch zwei längerfristige Durchschnitte bestimmt wird und das Timing, also die Ein- und Ausstiegssignale, durch zwei kurzfristige Durchschnitte erzeugt werden. Dabei werden die Signale nur in Richtung des langfristigen Trends ausgeführt, dieser übernimmt die Funktion eines Filters. Damit der Chart nicht durch zu viele Linien unübersichtlich wird, wird der langfristige Trend in Form eines Price Oscillators dargestellt. Die kurzfristigen Durchschnitte werden im Chart eingeblendet und signalisieren die Ein- und Ausstiegspunkte durch Überkreuzen. Beachten Sie bitte, dass Signale auf steigende Kurse nur verwendet werden, wenn der langfristige Price Oscillator größer Null ist. Der Price Oscillator muss hingegen kleiner Null sein, damit Signale auf fallende Kurse gewertet werden können.

Im nachfolgenden Chart ist der langfristige Aufwärtstrend hellgrau und der Abwärtstrend dunkelgrau hinterlegt. Überkreuzt der kurze Durchschnitt den längeren von unten nach oben, wird das Signal auf steigende Kurse nur gewertet, wenn es im hellgrauen Bereich stattfindet. Das Kreuzen in umgekehrter Richtung ist nur dann ein gültiges Signal auf fallende Kurse, wenn es im dunkelgrauen Bereich stattfindet.

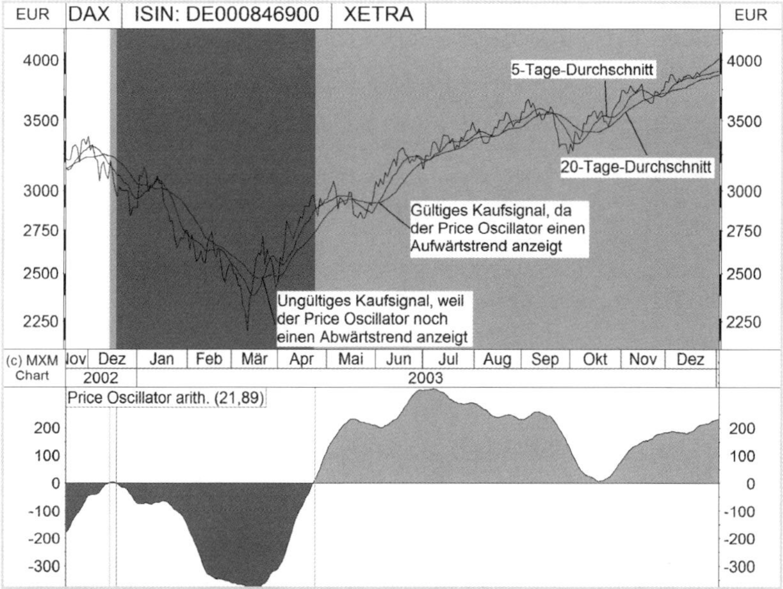

Abb. 17: »Doppelter Zweier« mit Price Oscillator.

Erich Florek beschreibt den »Doppelten Zweier« mit einer 5- und 20-Tage-Kombination für das kurzfristige Paar und 21 und 89 Tage für das langfristige Paar.[4] Charles LeBeau und David Lucas geben für den kurz-

4) Vgl.: Erich Florek, Neue Trading-Dimensionen, S. 191.

fristigen Bereich Werte von 5 und 12 Tagen sowie 20 und 40 Tage für den langfristigen Trend an.[5] Insbesondere wenn ein Handelsansatz aus mehreren Regeln besteht, die gleichzeitig erfüllt sein müssen, wird es leicht unübersichtlich. Aber da kann eine Software wie der Captimizer eine nützliche Hilfe sein. Dort stellen Sie die Regeln einfach ein, und der Computer prüft, wann alle Regeln erfüllt sind. Natürlich können die Regeln auch auf ihre Profitabilität in der Vergangenheit getestet werden.

2.1.2.2 TBI

Der Trendbestätigungsindikator (TBI) ist eine in Deutschland verbreitete Variante des Price Oscillators. Im Gegensatz zum Price Oscillator wird beim TBI nicht die Differenz zweier arithmetischer Durchschnitte gebildet, sondern deren Quotient. Anschließend wird der Quotient noch mit 100 multipliziert. Auf den TBI können die oben für den Price Oscillator

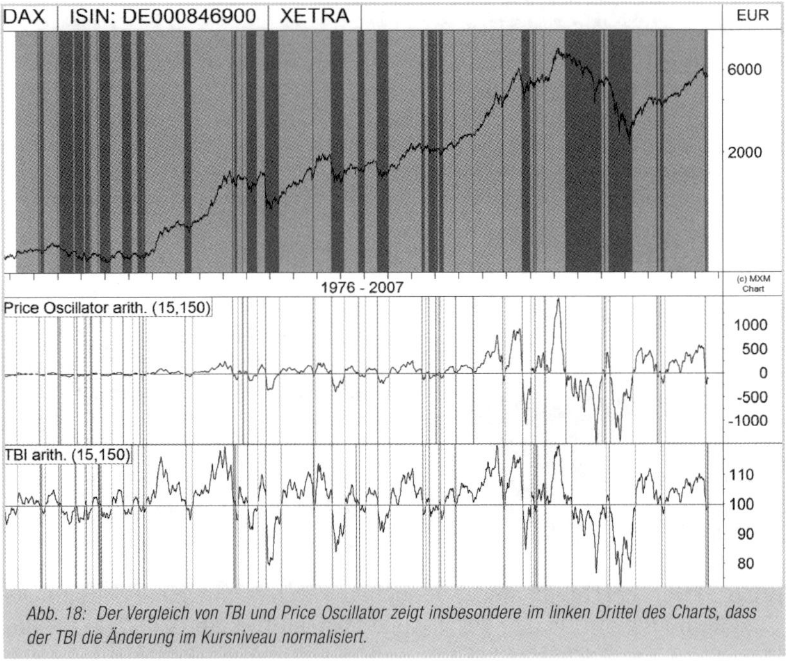

Abb. 18: Der Vergleich von TBI und Price Oscillator zeigt insbesondere im linken Drittel des Charts, dass der TBI die Änderung im Kursniveau normalisiert.

5) Vgl.: Charles LeBeau und David Lucas, Börsenanalyse mit dem Computer, S. 95-97.

genannten Regeln übertragen werden. Aufgrund seiner abweichenden Formel überkreuzen sich die zugrunde liegenden Durchschnitte des TBI beim Wert von 100. Demzufolge zeigen Werte über 100 einen Aufwärtstrend und Werte unter 100 einen Abwärtstrend an. Es gibt natürlich auch einen Vorteil des TBI gegenüber dem Price Oscillator. Dieser liegt in der Unabhängigkeit von der Höhe des Kursniveaus des zugrunde liegenden Wertpapiers. Dadurch lässt sich der TBI historisch besser vergleichen, auch wenn sich das Kursniveau stark geändert hat.

2.1.2.3 MACD

Der von Gerald Appel vorgestellte Moving Average Convergence Divergence (MACD) ist ein trendfolgend ausgerichteter Indikator, der aber auch die Trendstärke anzeigen soll. Der MACD berechnet sich durch die Subtraktion von zwei exponentiellen Durchschnitten und unterscheidet sich vom Price Oscillator nur durch das Verfahren der Durchschnittsberechnung sowie der Art der Signalerzeugung.

Der kürzere Durchschnitt, der den kurzfristigen Trend repräsentiert, folgt dem Markt viel dichter als der langfristige Durchschnitt, der für den langfristigen Trend steht. Wenn die Kurse steigen und sich der Abstand zwischen den beiden Durchschnitten ausweitet, bedeutet dies, dass der kurzfristige Trend gegenüber dem langfristigen an Stärke zunimmt. Die Zunahme des Aufwärtsmomentums deutet auf weiter steigende Kurse hin. Bei fallenden Kursen gilt analog der umgekehrte Fall.

Handelssignale werden beim MACD mit Hilfe einer Signallinie erzeugt. Die Signallinie, die auch als Trigger bezeichnet wird, ist ein weiterer exponentieller Durchschnitt, der auf Basis der MACD-Linie berechnet wird.

In den meisten Chartanalyseprogrammen sind 12 und 26 Tage zur Berechnung der MACD-Linie und 9 Tage für die Signallinie voreingestellt. Diese Einstellungen haben sich im Laufe der Zeit zu Standardparametern entwickelt.

Für den kurzfristig orientierten Einsatz des MACD im Aktienmarkt verwendet Gerald Appel für die Kauf- und für die Verkaufsseite unterschiedliche Parameter. Für die Kaufseite empfiehlt er 6- und 19-Tage-Durchschnitte und für die Verkaufsseite die Einstellung von 12 und 26 Tagen. Er argumentiert damit, dass die Geschwindigkeit im Abwärtstrend ungefähr doppelt so hoch ist wie im Aufwärtstrend. Und sich die Umkehr am Ende eines Abwärtstrends meist sehr schnell vollzieht, während die Umkehr am Ende eines Aufwärtstrends mehr Zeit zum Entwickeln benötigt.

Für einen längerfristigen Handelsansatz gibt er eine Parametereinstellung von 19 und 39 Tagen an.[6] Die Signalerzeugung erfolgt in allen Fällen mit einem 9-Tage-Durchschnitt.

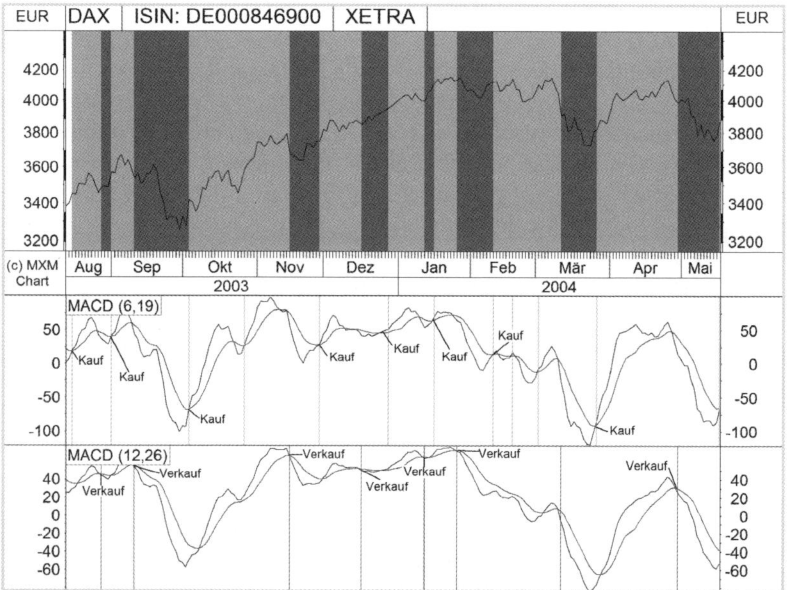

Abb. 19: Der obere MACD gibt die Kaufsignale, und der untere MACD sorgt für die Verkaufsignale.

Laut Gerald Appel kann der MACD nicht nur am Aktienmarkt eingesetzt werden. Für andere Märkte, wie zum Beispiel Währungen, Anleihen oder Rohstoffe, sollten aber andere Parameter verwendet werden, da sich diese Märkte in ihren Bewegungsmustern unterscheiden.

Überkreuzt der MACD seine Signallinie von unten nach oben, wird dies als Signal für steigende Kurse gewertet. Fallende Kurse werden signali-

6) Vgl.: Interview mit Gerald Appel in Technical Analysis of Stocks & Commodities, März 1994.

siert, wenn der MACD seine Signallinie von oben nach unten schneidet. Eine rein mechanische Anwendung dieser Regel führt in engen Seitwärtsbewegungen des Marktes zu häufigen Fehlsignalen.

Um diesem Problem zu begegnen, definiert Gerald Appel Überkauft- und Überverkauft-Niveaus. Signale durch Überkreuzen des MACD mit seiner Signallinie werden nur befolgt, wenn diese außerhalb einer bestimmten Bandbreite erfolgen. Allerdings ist die Bestimmung dieser Bandbreite problematisch, da die Werte des MACD mit der Höhe des Kursniveaus schwanken. Bei Veränderungen des Kursniveaus des Basiswertes müssen folglich auch neue Bandbreiten bestimmt werden. Des Weiteren können keine allgemein gültigen Bandbreiten angegeben werden, diese müssen für jedes Wertpapier separat bestimmt werden.

Erich Florek bezweifelt gar die verbreitete Regel, dass Signale, die weiter vor der Nulllinie entfernt auftreten, eine höhere Aussagekraft haben. Er argumentiert, dass die Trendintensität zunimmt, je weiter man von der Nulllinie entfernt ist, und damit die Gefahr steigt, sich gegen den Trend zu stellen.[7]

Eine weitere verbreitete Methode, den MACD zu interpretieren, ist die Suche nach Divergenzen zwischen dem Kursverlauf und dem Verlauf der MACD-Linie. Bildet beispielsweise der Kursverlauf einen neuen Hochpunkt aus, der nicht durch einen entsprechenden Hochpunkt im MACD bestätigt wird, ist dies als Anzeichen für eine Trendumkehr zu werten. Aufgrund der Subjektivität verzichte ich generell auf die Interpretation von Divergenzen.

Es gibt in der Literatur widersprüchliche Angaben, ob das Überkreuzen der Nulllinie durch den MACD für die Generierung von Handelssignalen geeignet ist. Nach meiner Einschätzung liegt gerade hier ein sehr Erfolg versprechendes Einsatzgebiet des MACD. Der von Ed Seykota auf seiner Internetseite[8] veröffentlichte Handelsansatz lässt sich sehr einfach mit dem MACD umsetzen. Ed Seykota verwendet, wie bereits im Kapitel über »Zwei gleitende Durchschnitte« beschrieben, das Überkreuzen zweier exponentieller Durchschnitte von 15 und 150 Tagen zur Generierung von Handelssignalen. Diese Parameter können einfach als Einstellungen für

7) Vgl.: Erich Florek, Neue Trading-Dimensionen, S. 192-193.
8) Vgl.: Internetseite von Ed Seykota: www.seykota.com/tribe.

die beiden Durchschnitte zur Erzeugung der MACD-Linie übernommen werden. Die Signalerzeugung erfolgt hier nicht beim Durchbruch durch die Signallinie (9-Tage-Durchschnitt), sondern wenn der MACD die Nulllinie durchbricht. Die Nulllinie des MACD entspricht den Schnittpunkten der beiden zu Grunde liegenden Durchschnitte. Ist der MACD größer Null, wird ein Aufwärtstrend angezeigt; dieser Bereich ist im nachfolgenden Chart hellgrau hinterlegt. Ein Abwärtstrend wird durch Werte kleiner Null signalisiert und ist im Chart dunkelgrau hinterlegt.

Diese Variante des MACD eignet sich gut, um langfristige Einstiegspunkte in den Markt zu finden. Auch als Trendfilter leistet sie gute Dienste, so können Ausbruchsstrategien, die in Trendrichtung gehandelt werden, gut mit diesem langfristigen MACD-System kombiniert werden.

Da auch der MACD von der Kurshöhe des Basiswertes beeinflusst wird, können Sie alternativ auch einen abgewandelten TBI verwenden, der mit

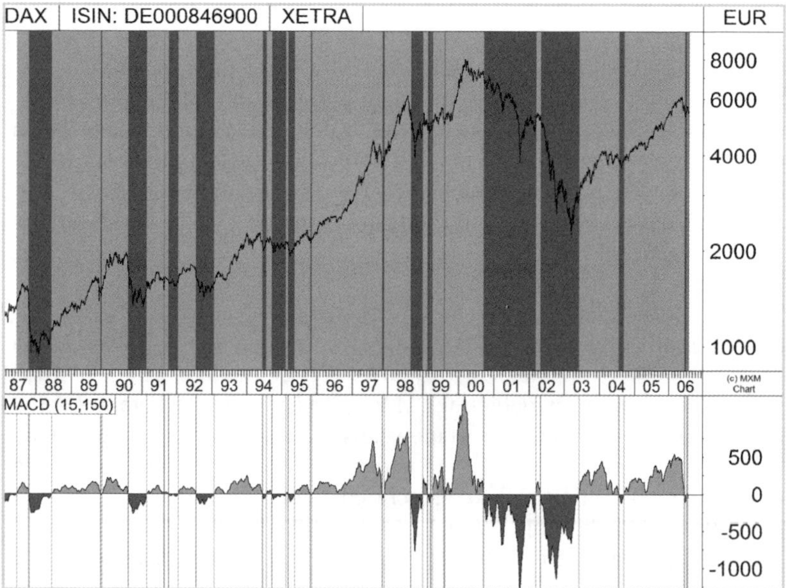

Abb. 20: Langfristiger Handelsansatz mit einem MACD, hellgraue Bereiche zeigen Aufwärtstrends und dunkelgraue Abwärtstrends.

exponentiellen anstatt mit arithmetischen Durchschnitten berechnet wird. Das oben zum Verhältnis von TBI und Price Oscillator Gesagte kann auf den exponentiellen TBI und den MACD übertragen werden.

2.1.2.4 MACD Histogram

Das MACD Histogram misst den Abstand des MACD zu seiner Signallinie. Es wird berechnet, indem vom Wert des MACD der Wert seiner Signallinie subtrahiert wird.

Folglich hat das MACD Histogram einen Wert von Null, wenn der MACD seine Signallinie schneidet. Sie können das MACD Histogram als alternative Darstellungsform, für die Signalerzeugung mit dem MACD und seiner Signallinie verwenden.

Alexander Elder misst auch der Neigung des MACD Histograms Bedeutung bei. Die Neigung soll nach seiner Ansicht die vorherrschende

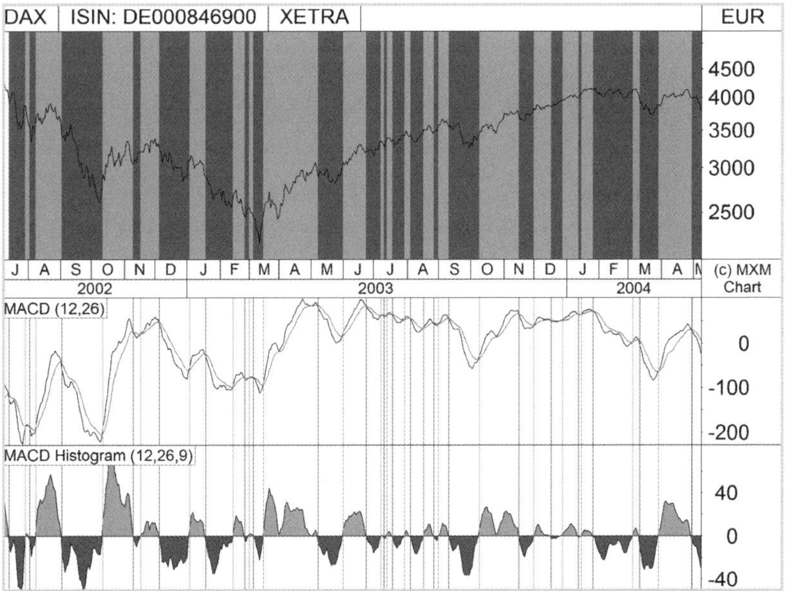

Abb. 21: Vergleich von MACD und MACD Histogram. Schnittpunkte des MACD mit seiner Signallinie entsprechen Schnittpunkten mit der Nulllinie beim MACD Histogram.

Marktgruppe kennzeichnen. Steigt das MACD Histogram an, deutet dies auf eine Stärkung der Bullen hin, wogegen ein fallendes MACD Histogram auf eine Stärkung der Bären hinweist. Die besten Kaufsignale sieht Elder, wenn das MACD Histogram unterhalb der Nulllinie verläuft und nach oben dreht. Ein gutes Verkaufssignal ist nach seiner Meinung gegeben, wenn sich das MACD Histogram oberhalb der Nulllinie nach unten neigt.[9]

2.1.2.5 TRIX

Der TRIX wurde entwickelt, um zufallsbedingte Ausschläge zu eliminieren und einen Wechsel in der Geschwindigkeit eines Trends anzuzeigen. Beim TRIX handelt es sich um die Steigung eines dreifach geglätteten, exponentiellen Durchschnitts. Die Aussagen, die im Abschnitt über die Steigung eines Durchschnitts gemacht wurden, sind auch auf den TRIX anwendbar.

Die genaue Berechnung des TRIX erfolgt, indem die Kurse des Wertpapiers mit einem exponentiellen Durchschnitt geglättet werden. Auf das Ergebnis der Durchschnittsberechnung wird ein weiterer exponentieller Durchschnitt berechnet. Anschließend wird das Ergebnis zum dritten Mal exponentiell geglättet. Abschließend wird die Steigung des dreifach geglätteten Kursverlaufs mit Hilfe eines 1-Tage-Rate of Change berechnet.

In der ursprünglichen Version des TRIX, die Jack Hutson 1983 beschreibt, werden nicht die Kurse selbst, sondern deren Logarithmus verwendet. Dieses Detail wird in der Literatur häufig vergessen. Bei kurzen Einstellungen des TRIX fällt es allerdings auch kaum ins Gewicht, bei längeren Einstellungen kann es aber zu abweichenden Signalen führen.

Die dreifache Anwendung des exponentiellen Durchschnitts sorgt für eine starke Glättung bei geringer Reaktionsverzögerung im Vergleich zu einem normalen gleitenden Durchschnitt.

Die Einstellungen für den TRIX sind für alle drei Durchschnitte identisch und werden meist unter 20 Tagen gewählt. Häufig werden 9, 12 oder 14 Tage verwendet. Joe Luisl setzt sogar einen 3-Tage-TRIX ein.[10]

9) Vgl.: Alexander Elder, Die Formel für Ihren Börsenerfolg, 3. Auflage 2000, S. 170-174.
10) Vgl.: Joe Luisl, Technical Analysis of Stocks & Commodities, Juni 1997.

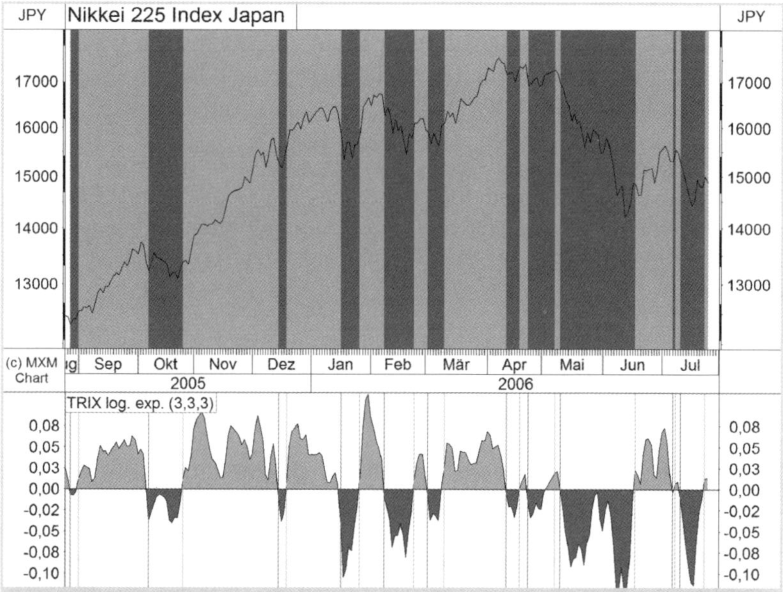

Abb. 22: Schon der 3-Tage-TRIX weist eine erstaunliche Glättung auf und zeigt beim Kreuzen der Nulllinie interessante Signale.

Zur Erzeugung von Handelssignalen bietet sich die Nulllinie an. Durchbricht der TRIX die Nulllinie von oben nach unten, zeigt dies einen beginnenden Abwärtstrend an. Umgekehrt wird ein Aufwärtstrend angezeigt, wenn der TRIX seine Nulllinie von unten nach oben durchbricht. In den Wendepunkten der dreifach geglätteten Zeitreihe ist die Steigung gleich Null. Eine reaktionsschnellere Methode der Signalerzeugung ist der Einsatz eines gleitenden Durchschnitts, der über den TRIX gelegt wird. Das Überkreuzen des Durchschnitts sorgt dann, wie beim MACD, für die Signale. Eine noch reaktionsschnellere Möglichkeit der Signalgewinnung ist das Handeln der Wendepunkte im Verlauf des TRIX.

2.1.2.6 Elder Ray

Das Elder Ray bekam seinen Namen in Anlehnung an Röntgenstrahlen, die Ärzte benutzen, um die Knochenstruktur unter der Haut zu sehen. Mit Hilfe von Elder Ray sollen die Kräfte der Bullen und Bären unter der Oberfläche des Marktes sichtbar gemacht werden. Nach Einschätzung von Alexander Elder ist nicht die Vorhersage der Zukunft für den Erfolg an der Börse erforderlich, sondern es reicht aus, wenn man erkennt, ob die Bullen oder die Bären die Kontrolle übernommen haben. Dann sollte man der dominanten Gruppe folgen.

Für ein besseres Verständnis des Elder Ray sollte sich der Anwender die Bedeutung der enthaltenen Informationen wie Höchst- und Tiefstkurs sowie exponentieller Durchschnitt und deren Kombination vor Augen führen. Elders Aussagen lassen sich mit folgenden sechs Thesen zusammenfassen:

1. Der Kurs stellt eine Übereinstimmung der Werteinschätzung von Käufer und Verkäufer dar, der durch eine Aktion (Kauf beziehungsweise Verkauf) ausgedrückt wurde.

2. Ein Gleitender Durchschnitt stellt die durchschnittlichen Übereinstimmungen der Werteinschätzung dar.

3. Die maximale Kraft der Bullen (Käufer) kommt im Höchstkurs eines bestimmten Zeitintervalls, beispielsweise im Tageshöchstkurs, zum Ausdruck.

4. Im Tiefstkurs eines Zeitintervalls (zum Beispiel im Tagestiefstkurs) wird die maximale Kraft der Bären (Verkäufer) sichtbar.

5. Die »Bull Power« ist die Differenz aus der maximalen Kraft der Bullen (Käufer) und der durchschnittlichen Übereinstimmungen der Werteinschätzung von Käufern und Verkäufern.

6. Die »Bear Power« ist die Differenz aus der maximalen Kraft der Bären (Verkäufer) und der durchschnittlichen Übereinstimmungen der Werteinschätzung von Käufern und Verkäufern.

Mathematisch ist die Bull Power definiert als Differenz aus dem Tageshöchstkurs und eines Durchschnitts der Schlusskurse. Die Bear Power erhalten Sie durch Subtraktion eines Durchschnitts der Schlusskurse vom Tagestiefstkurs. Elder empfiehlt in seinem Buch[11] die Verwendung eines

11) Vgl.: Alexander Elder, Die Formel für Ihren Börsenerfolg, 3. Auflage 2000, S. 285-292.

exponentiellen gleitenden Durchschnitts, weil er diesen für verlässlicher als einen arithmetischen Durchschnitt erachtet. Zur Berechnung des Durchschnitts verwendet er 13 Tage. Zur besseren Interpretation empfiehlt es sich, die beiden Indikatoren »Bull Power« und »Bear Power« in separaten Bereichen unter den Kursverlauf anzuordnen und jeweils eine Nulllinie über die Indikatoren zu legen. Des Weiteren sollte ein exponentieller gleitender Durchschnitt über dem Kursverlauf gelegt werden. Die Methodik des Elder Ray kann als alleinige Entscheidungsgrundlage eingesetzt werden, es wird jedoch der kombinierte Einsatz mit einem trendfolgenden Analyseansatz empfohlen.

Wird ausschließlich Elder Ray eingesetzt, so sollten Kaufsignale nur bei steigenden und Verkaufssignale nur bei fallendem exponentiellem gleitendem Durchschnitt beachtet werden.

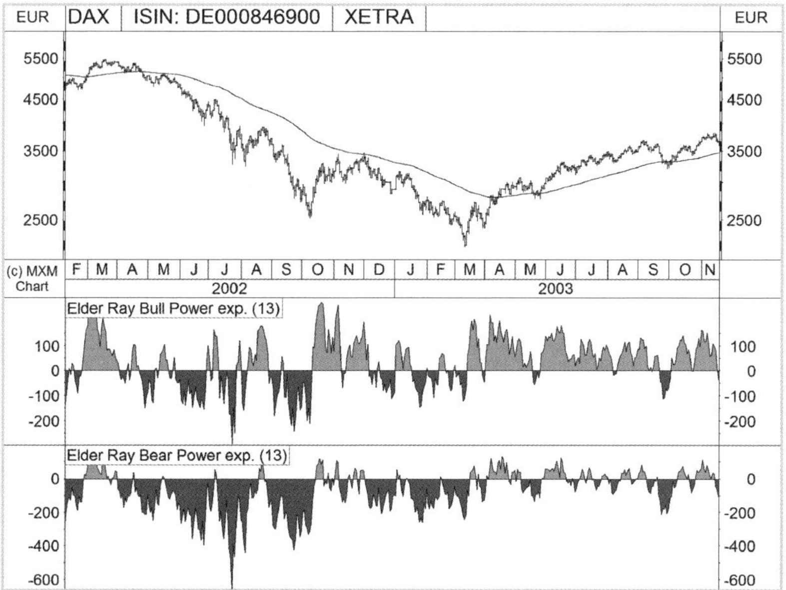

Abb. 23: Elder-Ray-Handelsansatz mit Bull Power und Bear Power sowie einem 100-Tage exponentiellen Durchschnitt.

Für ein Kaufsignal werden zwei wichtige Bedingungen angegeben:

1. Es herrscht ein Aufwärtstrend; dies wird durch den steigenden gleitenden Durchschnitt und/oder einen trendfolgenden Indikator angezeigt.

2. Der »Bear Power«-Indikator ist negativ, aber steigend.

Zusätzlich werden noch zwei weitere Bedingungen aufgeführt, die als wünschenswert, aber nicht als unbedingt erforderlich erachtet werden:

1. Der letzte Hochpunkt des »Bull Power«-Indikators liegt über dem vorherigen Hochpunkt.

2. Bildet sich eine Divergenz zwischen dem »Bear Power«-Indikator und dem Kursverlauf heraus, wird dies als besonders starkes Signal gewertet. Divergenz bedeutet in diesem Fall, dass der Kursverlauf einen weiteren Tiefpunkt ausbildet, der unter dem vorherigen Tiefpunkt liegt, und sich der letzte Tiefpunkt des »Bear Power«-Indikators oberhalb des vorherigen Tiefpunkts befindet. Der Aufbau einer größeren Position wird empfohlen, sobald der »Bear Power«-Indikator vom zweiten (höheren) Tiefpunkt nach oben gedreht hat.

Analog zum Kaufsignal werden auch für ein Verkaufssignal zwei wichtige Bedingungen angegeben:

1. Es herrscht ein Abwärtstrend; dies wird durch den fallenden gleitenden Durchschnitt und/oder einen trendfolgenden Indikator angezeigt.

2. Der »Bull Power«-Indikator ist positiv, aber fallend.

Zusätzlich werden auch hier zwei weitere Bedingungen genannt, die als wünschenswert, aber nicht als unbedingt erforderlich angesehen werden:

1. Der letzte Tiefpunkt des »Bear Power«-Indikators liegt unter dem vorherigen Tiefpunkt.

2. Es bildet sich eine Divergenz zwischen dem »Bull Power«-Indikator und dem Kursverlauf heraus. Divergenz bedeutet in diesem Fall, dass der Kursverlauf einen weiteren Hochpunkt ausbildet, der über dem vorherigen Hochpunkt liegt, und sich der letzte Hochpunkt des »Bull Power«-Indikators unterhalb des vorherigen Hochpunkts befindet.

2.2 Geschwindigkeit und Trenddynamik

Eine viel beachtete Messgröße ist die Geschwindigkeit, in der sich ein Trend bewegt. Die Geschwindigkeit einer Kursbewegung lässt sich als Kursänderung je Zeiteinheit ausdrücken. Wenn die Geschwindigkeit eines Trends zunimmt, spricht man von Beschleunigung, und bei einer abnehmenden Geschwindigkeit von Verlangsamung. In diesem Zusammenhang wird ein Trend häufig mit einem Ball verglichen, den man senkrecht in die Luft wirft. Im ersten Teilstück nimmt die Geschwindigkeit zu, bis der Ball seine maximale Geschwindigkeit erreicht hat. Anschließend verlangsamt sich die Geschwindigkeit wieder, bis der Ball seine Richtung wechselt. Im Wendepunkt ist die Geschwindigkeit gleich Null. Die aufwärtsgerichtete Kraft durch den Wurf ist genauso stark wie die Schwerkraft. Anschließend fällt der Ball mit zunehmender Geschwindigkeit wieder auf die Erde zurück.

In der Technischen Analyse verwendet man häufig den Begriff Momentum, wenn es um das Tempo und die Kraft einer Kursbewegung geht. Da es auch einen gleichnamigen Indikator gibt, kann es leicht zu Verwechslungen kommen. Der Momentum-Indikator ist eben nur eine von vielen Möglichkeiten, das Tempo und die Kraft einer Kursbewegung zu messen. Unter der Kraft, die hinter einer Kursbewegung steht, kann ein Angebots- oder Nachfrageüberhang verstanden werden, der dafür sorgt, dass das Ungleichgewicht über eine Preisanpassung behoben wird. Die Anpassung erfolgt dabei nicht schlagartig, sondern dauert immer eine gewisse Zeit.

In der Physik ist Momentum die englische Bezeichnung für Impuls. Der Impuls ist das Produkt aus der Geschwindigkeit und der Masse eines Körpers. Auch das zweite Newtonsche Gesetz – Kraft ist Masse mal Beschleunigung – kann im übertragenen Sinne auf die Börse angewendet werden.

Die Indikatoren, die sich mit der Geschwindigkeit beschäftigen, können als Trendfolgender oder als Kontratrend Indikator interpretiert werden. Bei der trendfolgenden Interpretation wird davon ausgegangen, dass eine zunehmende Geschwindigkeit stabilisierend auf den Trend und seine vorherrschende Richtung wirkt. Nimmt die Geschwindigkeit ab, weil die entgegenwirkenden Kräfte stärker werden, so kündigt dies eine Trendwende im Kursverlauf an. Viele der nachfolgend beschriebenen Indikatoren laufen der Kursbewegung voraus.

Bei der Kontratrend-Interpretationsweise macht man sich die Tatsache zunutze, dass die Indikatoren dieser Gruppe meist Oszillatoren sind, die um eine Mittellinie schwanken. Ein zu starker Ausschlag in die eine oder andere Richtung wird in diesem Fall als Übertreibung angesehen, und es wird mit einer baldigen Gegenbewegung gerechnet. Der Wertebereich des Indikators wird in eine überkaufte und eine überverkaufte Zone unterteilt und das Verlassen der Zone als Signal gewertet.

Die nachfolgend in diesem Abschnitt beschriebenen Indikatoren werden auch unter dem Oberbegriff Momentum-Oszillatoren zusammengefasst.

2.2.1 Momentum und Rate of Change

Das Momentum soll die Stärke beziehungsweise die Schwungkraft einer Kursbewegung messen und ist in seiner Aussagekraft mit dem Rate-of-Change-Indikator vergleichbar. Beide Indikatoren werden in der Literatur zum Teil nicht unterschieden. Momentum und Rate of Change (RoC) sind aufgrund ihrer einfachen Berechnung leicht zu verstehen und werden in der Praxis häufig eingesetzt. In der Literatur wird das Momentum meistens als Differenz zwischen dem aktuellen Kurs und einem Kurs, der n-Tage in der Vergangenheit liegt, beschrieben.

Die Anzahl an Tagen (n), die beide Kurse auseinander liegen, kann zwischen einem Tag für die Veränderung zum Vortag und beispielsweise 255 Börsentagen als Vergleich mit einem Kurs vor einem Jahr variieren. Für Anleger mit einem kurzfristigen Analysehorizont werden Einstellungen zwischen fünf und zwölf Tagen vorgeschlagen, wobei zehn Tage zu den am häufigsten verwendeten Einstellungen gehört. Mittelfristig ausgerichteten Anlegern werden Einstellungen zwischen 25 und 130 Tagen empfohlen. Dabei werden Werte zwischen 25 und 30 Tagen am häufigsten im mittelfristigen Bereich eingesetzt.

Das Momentum schwankt um den Nullpunkt als Mittelpunktslinie. Ein Durchstoßen der Nulllinie deutet auf eine Trendumkehr im Kursverlauf hin. Je weiter sich das Momentum von der Nulllinie entfernt, desto stärker ist der Kursanstieg beziehungsweise -verfall gegenüber dem Vergleichszeitpunkt. Ein Richtungswechsel im Verlauf des Momentums weist auf eine Abschwächung der vorherrschenden Kursbewegung hin.

Auch beim Momentum achten Technische Analysten häufig auf Divergenz zum Kursverlauf; so folgt häufig der Kursverlauf früher oder später der Richtung, in die sich das Momentum entwickelt. Bildet beispielsweise der Kursverlauf einen Hochpunkt aus, der über dem vorherigen liegt, wobei das Momentum einen Hochpunkt ausbildet, der unter dem vorherigen liegt, so deutet dies auf ein Ende der Aufwärtsbewegung hin.

Bei der Rate of Change wird nicht, wie beim Momentun, die Differenz, sondern der Quotient aus dem aktuellen Kurs und dem Kurs vor n-Tagen gebildet. Teilweise wird das Ergebnis anschließend noch mit 100 multipliziert und damit der Wertebereich verschoben. Die Rate of Change kann auch als prozentuale Veränderung des aktuellen Kurses im Vergleich zum Kurs vor n-Tagen berechnet werden.

Die beim Momentum angegebenen Parameter können genauso bei der Rate of Change verwendet werden.

Die RoC schwankt ebenfalls um eine Mittelpunktslinie, diese liegt je nach Berechnungsvariante bei 1, 100 oder 0. Auch die Interpretation der RoC erfolgt analog dem Momentum. Steigt die Rate of Change oberhalb der Mittelpunktslinie an, zeigt dies eine Beschleunigung des Aufwärtstrends an. Fällt der Indikator oberhalb der Mittelpunktslinie, verlangsamt sich der Aufwärtstrend. Ein Schneiden der Mittelpunktslinie signalisiert eine Trendwende im Kursverlauf. Wenn die Rate of Change unter der Mittelpunktslinie einen fallenden Verlauf aufweist, beschleunigt sich der Abwärtstrend. Steigt der Indikatorverlauf hingegen unterhalb der Mittelpunktslinie, schwächt sich der Abwärtstrend ab.

Das Momentum ist aufgrund seiner Berechnung abhängig von der Höhe des Kursniveaus des analysierten Wertpapiers und daher nicht für einen langfristigen Vergleich der historischen Schwankungen des Indikators geeignet. Auch für den Vergleich von verschiedenen Wertpapieren ist das Momentum nicht verwendbar. Die Rate of Change ist für diese beiden Einsatzbereiche besser geeignet, da ihre relative Berechnungsmethode sie unabhängig vom Kursniveau macht.

Momentum und Rate of Change stellen die Kursveränderung zwischen zwei Punkten dar und nutzen damit nur wenige Informationen aus dem Kursverlauf. Zufallsbedingte Ausschläge im Kursverlauf haben eine starke Auswirkung auf das Ergebnis der Berechnung. Dadurch haben beide Indikatoren einen sehr flatterhaften Verlauf und sind damit für die Signalgenerierung nur schwer einsetzbar.

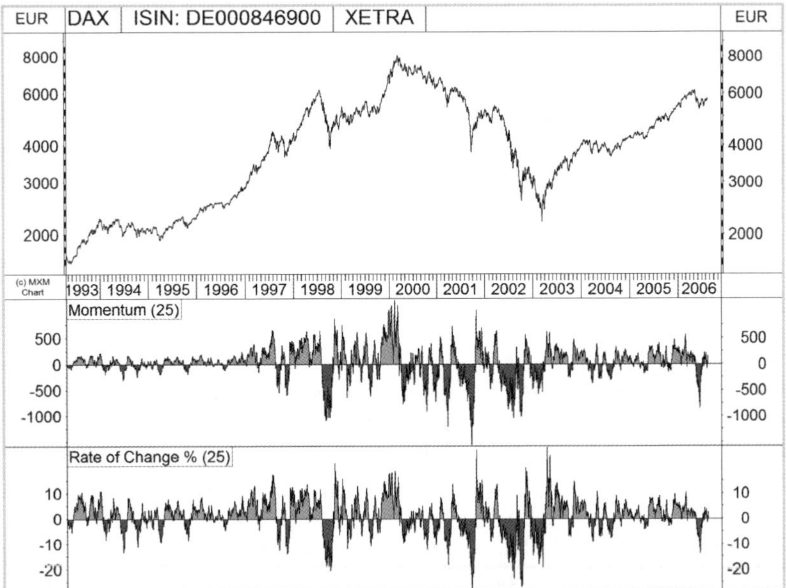

Abb. 24: Der Vergleich von Momentum und Rate of Change zeigt, dass beide Indikatoren zur gleichen Zeit die Nulllinie kreuzen und auch die Hoch- und Tiefpunkte zur gleichen Zeit ausbilden. Die Rate of Change macht mit ihrer Unabhängigkeit vom Kursniveau die Schwankungen bei geringerer Kurshöhe im DAX allerdings besser deutlich.

Eine Möglichkeit ist es, den Verlauf des Indikators mit einem gleitenden Durchschnitt zu glätten und damit den Trend in der Momentumentwicklung hervorzuheben.

Da weder Momentum noch Rate of Change über einen festen Wertebereich verfügen, gestaltet sich das Festlegen einer Überkauft- und einer Überverkauftzone als schwierig.

Ich setze die Rate of Change ausschließlich ein, um die Steigung zu bestimmen. Dafür verwende ich einen Tag als Einstellung und ermittle damit die Veränderung zum Vortag. Dabei wende ich die Rate of Change nicht direkt auf den Kursverlauf an, sondern nutze sie, um festzustellen, ob ein anderer Indikator steigt oder fällt. Ein gutes Beispiel ist hier die Anwendung der Rate of Change auf einen gleitenden Durchschnitt, um dessen Steigung zu bestimmen. Darauf bin ich schon im vorherigen Kapitel detailliert eingegangen. Durch die vorherige Bildung des Durchschnitts werden mehr Informationen aus dem Kursverlauf einbezogen und zufallsbedingte Ausschläge des Indikators verringert. Allerdings wird damit auch die Reaktionsgeschwindigkeit gesenkt. Die Steigung eines gleitenden Durchschnitts ist eine sehr interessante Alternative, wenn Sie die Geschwindigkeit eines Trends bestimmen und zur Erzeugung von Signalen nutzen möchten.

2.2.2 Coppock

Der Coppock-Indikator wurde bereits 1962 von Edwin S. Coppock in der US-Zeitschrift *Barron's* veröffentlicht. Beim Coppock-Indikator handelt es sich um einen langfristigen Indikator, der in seiner ursprünglichen Form auf der Basis von Monatsdaten berechnet wurde. Die Verwendung von Monatsdaten verwundert nicht, da zur damaligen Zeit der Computer kaum verbreitet war und der Rechenaufwand in Grenzen gehalten werden sollte.

Bei der ursprünglichen Berechnungsmethode des Coppock-Indikators wird die Rate of Change über elf und über 14 Monate berechnet und anschließend das Ergebnis der beiden RoC-Berechnungen addiert. Das Ergebnis der Addition wird abschließend mit einem linear gewichteten Durchschnitt über zehn Monate geglättet.

Eine »modernisierte« Variante ist der Coppock Annual, der auf Tagesbasis berechnet wird und zu vergleichbaren Ergebnissen wie der ursprüngliche Coppock-Indikator führt. Beim Coppock Annual wird die ursprüngliche Kurszeitreihe erstmal mit einem arithmetischen 22-Tage-Durchschnitt geglättet, um zufallsbedingte Schwankungen zu beseitigen. Anschließend wird eine 250-Tage-Rate of Change über den Durchschnitt berechnet. Das Ergebnis der Rate-of-Change-Berechnung wird nun abermals mit einem exponentiellen 150-Tage-Durchschnitt geglättet.[12]

Beide Varianten des Coppock-Indikators sind sehr langfristig orientiert und geben nur selten Signale.

Der Coppock-Indikator schwankt, wie es sich für einen Oszillator gehört, um seine Nulllinie. Ein Signal für steigende Kurse entsteht, wenn der In-

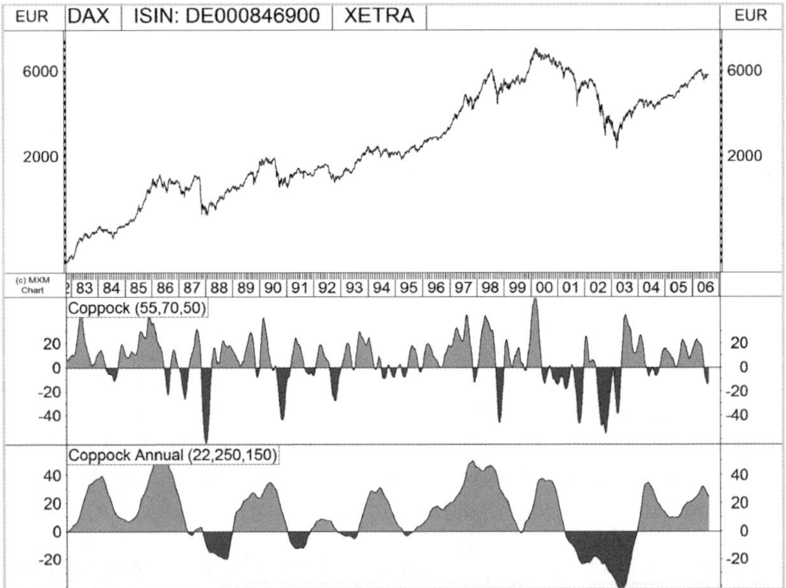

Abb. 25: Coppock-Indikator auf Tagesbasis mit einer mittelfristigen Parametereinstellung und den modernisierten Coppock Annual mit einer langfristigen Einstellung, die den ursprünglichen Ansatz widerspiegelt.

12) Vgl.: Elliott Middleton, Technical Analysis of Stocks & Commodities, November 1994.

dikator im negativen Bereich eine Trendwende nach oben vollzieht. Fallende Kurse werden signalisiert, wenn der Indikator oberhalb der Nulllinie nach unten dreht.

Wenn man die Parameter des ursprünglichen Coppock-Indikators nicht als Monats-, sondern als Wochenangaben verwendet und die Berechnung dann auf Tagesbasis durchführt, zeigt der Coppock-Indikator recht zuverlässig die mittelfristigen Wendepunkte beim DAX an. Wobei die Wendepunkte nach oben deutlich besser getroffen werden als die Wendepunkte nach unten. Als Parameter für den Elfer-RoC habe ich 55 Handelstage und für den 14er-RoC 70 Handelstage verwendet, und für die Glättung kam ein linear gewichteter 50-Tage-Durchschnitt zum Einsatz.

2.2.3 Steigung der Regressionsgeraden

Eine weitere Möglichkeit, die Richtung und die Geschwindigkeit eines Trends zu bestimmen, stammt aus der Statistik. Bei der so genannten linearen Regression wird eine Linie durch den Kursverlauf gelegt und so positioniert, dass die Summe der Abstände zwischen der Linie und den Kursen, die über der Linie liegen, genauso groß ist wie die Summe der Abstände zwischen der Linie und den Kursen, die unter der Linie liegen. Die Linie spiegelt quasi die Mitte der Kursbewegung wider und wird als Regressionsgerade bezeichnet. Das mathematische Verfahren, mit dessen Hilfe man die Linie berechnen kann, nennt sich Methode des kleinsten Quadrats. Aber um die etwas komplizierte Berechnung brauchen Sie sich keine Gedanken zu machen, das übernimmt der Computer. Sie sollten nur verstehen, welche Logik sich dahinter verbirgt.

Damit wir nun einen Indikator mit Hilfe der linearen Regression ableiten können, müssen wir einen Zeitraum festlegen, über den wir die Regressionsgerade berechnen. Jetzt schieben wir unser Zeitfenster Tag für Tag über den Kursverlauf und berechnen für jeden Tag die Linie, die für das Zeitfenster am besten passt.

An dieser Stelle interessiert uns besonders die Steigung der Linie. Mit Hilfe der linearen Regression kann aber noch eine Reihe von weiteren interessanten Indikatoren abgeleitet werden. Zum einen ist hier r^2 zu nennen, der angibt, wie gut die Regressionsgerade den Kursverlauf erklärt, und als Indikator zur Trendbestimmung eingesetzt werden kann. Aber auch Projection Bands bedienen sich der linearen Regression.

Die Steigung der Regressionsgeraden gibt die erwartete Preisänderung je Zeiteinheit an. Die Steigung zeigt die Richtung des Trends an, wobei eine positive Steigung für einen steigenden und eine negative Steigung für einen fallenden Trend stehen. Die Steigung gibt außerdem an, wie stark die erwartete Kursänderung je Zeiteinheit nach oben beziehungsweise unten ist. Damit erhalten wir einen Maßstab für die erwartete Geschwindigkeit, mit der sich der Trend bewegt. Der Indikator schwankt um die Nulllinie, und ein Keuzen der Nulllinie zeigt eine Trendwende an.

Die Steigung der Regressionsgeraden ist ein Momentum-Indikator, bei dem alle Werte des eingestellten Zeitraums in die Berechnung eingehen. Dadurch entsteht ein ruhigerer Verlauf, und es kommt zu weniger Fehlsignalen als bei der Verwendung des Momentums oder der Rate of Change.

Die Steigung der Regressionsgeraden ist abhängig vom Kursniveau, wodurch ein historischer Vergleich der Werte erschwert wird. Hier könnte eine relative Angabe der Steigung helfen. Man könnte beispielsweise die Steigung durch den Kurs am Anfang des Berechnungszeitraums teilen und damit die Steigung relativ zum Kursniveau ausdrücken. Mit dieser normalisierten Steigung sind dann historische Vergleiche und ein Vergleich mit anderen Wertpapieren möglich.

In der Literatur werden 14 und 28 Tage als Zeitraum für die Berechnung der Regressionsgeraden angegeben, was allerdings nur als grobe Richtwerte anzusehen sind.

Signale entstehen beim Überkreuzen der Nulllinie, was auf Wendepunkte im Kursverlauf hindeutet. Steigende Kurse werden signalisiert, wenn die Steigung vom negativen in den positiven Bereich wechselt. Der umgekehrte Fall ist ein Anzeichen für sinkende Kurse.

Mit Hilfe eines gleitenden Durchschnitts, der über den Verlauf des Indikators gelegt wird, ergeben sich weitere Möglichkeiten, Handelssignale zu erzeugen.

Thom Hartle beschrieb in einem Artikel, der im Internet veröffentlicht wurde, folgende Regeln: Wenn die Steigung der Regressionsgeraden oberhalb ihres gleitenden Durchschnitts und oberhalb der Nulllinie verläuft, ist dies ein Anzeichen für weiter steigende Kurse und für den Aufbau einer Long-Position. Verlassen Sie eine Long-Position, wenn die Steigung unter ihren Durchschnitt fällt. Eine Short-Position kann aufgebaut werden, wenn die Steigung der Regressionsgeraden negativ ist und unterhalb ihres Durchschnitts verläuft. Sobald die Steigung wieder oberhalb des Durchschnitts verläuft, sollte die Short-Position geschlossen werden. Thom Hartle verwendet in seinem Beispiel einen 5-Tage-Durchschnitt. In einem zweiten Beispiel nutzt Thom Hartle zwei unterschiedliche Einstellungen von 14 und 28 Tagen für die Berechnung der Steigung der Regressionsgeraden und legt über beide Indikatoren einen 5-Tage-Durchschnitt. Er verwendet die längerfristige Einstellung als primären Trendindikator und die kurzfristige Einstellung als Timing-Indikator. Positionen werden

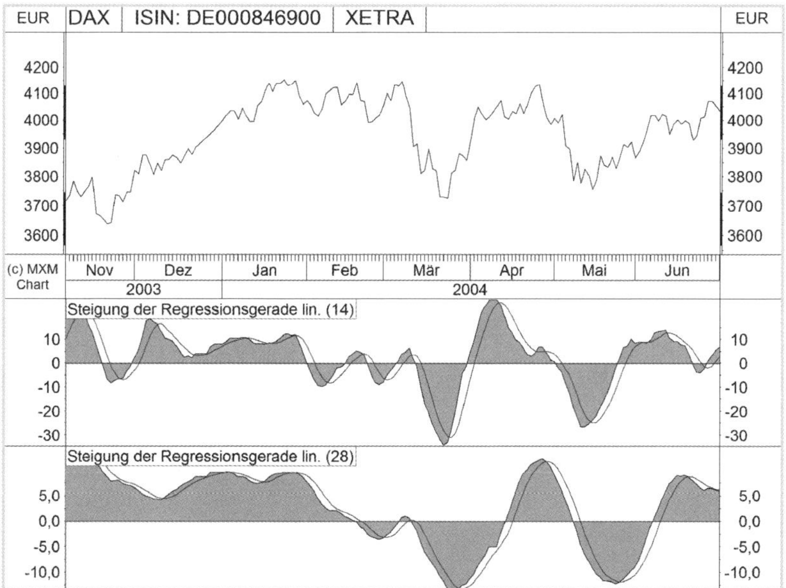

Abb. 26: Die beiden Indikatoren zeigen die Steigung der Regressionsgeraden über 14 und über 28 Tage, jeweils mit einem 5-Tage-Durchschnitt überlagert.

nur eingegangen, wenn der Trendindikator die Signale des Timing-Indikators bestätigt.

Um Signale zu bestätigen, die mit Hilfe der Steigung der Regressionsgeraden generiert werden, wird häufig der r^2 als Maß für die Güte der Regression verwendet. Der r^2-Indikator wird als Filter eingesetzt, und es werden nur dann Signale zugelassen, wenn der r^2-Indikator einen Mindestwert aufweist. Weitere Informationen zum r^2-Indikator finden Sie im Kapitel zum Thema Trendintensität, wo der r^2-Indikator ausführlich beschrieben wird. Dort finden Sie auch Information, wie Sie die Höhe des erforderlichen Mindestwertes bestimmen können.

2.2.4 Relative Strength Index (RSI)

Der Relative Strength Index (RSI) nach Welles Wilder zeigt die innere Stärke einer Kursbewegung an und ist eine Form des Momentums mit der Besonderheit eines festen Schwankungsbereiches. Der Relative Strength Index hat sich im Laufe der Zeit zu einem der bekanntesten Indikatoren entwickelt und wurde in der Literatur oft beschrieben. Der RSI ist die Basis für die Berechnung einer Reihe von weiteren Indikatoren, wie beispielsweise dem Dynamic Momentum Index oder dem StochRSI. Aber auch diverse Abwandlungen dieses Indikators setzen auf dem grundlegenden Berechnungskonzept auf. Zu dieser Gruppe gehören zum Beispiel der Relative Momentum Index und der Relative Volatility Index.

Mit dem RSI wird die innere Stärke einer Kursbewegung dargestellt und nicht, wie es der Name vielleicht vermuten lässt, die relative Stärke zu einem anderen Wertpapier oder einem Index. Marc Chaikin verwendet deshalb lieber die treffendere Bezeichnung »Internal Strength Index« für den RSI.

Bei der Berechnung des RSI wird der Durchschnitt der aufwärts gerichteten Kursänderungen mit dem Durchschnitt der abwärts gerichteten Kursänderungen ins Verhältnis gesetzt.

In der Literatur wird die Durchschnittsbildung in unterschiedlicher Form beschrieben. Einige Autoren sprechen von einen arithmetischen Durchschnitt oder einer Summe. Welles Wilder beschreibt eine spezielle Art der Durchschnittsbildung, die als »Average-off«-Verfahren bezeichnet wird. Weitere Erläuterungen zu dieser vereinfachten Form der Durchschnittsbildung finden Sie in der Formelsammlung im Abschnitt über die Trendbestimmung durch Glättung. Aufgrund der Anwendung von abweichenden Verfahren zur Durchschnittsbildung kommt eine Reihe von Chartanalyseprogrammen zu unterschiedlichen Ergebnissen bei der Berechnung des RSI. Bei einigen Programmen, wie zum Beispiel bei MXM Chart, kann der Anwender das Berechnungsverfahren selbst einstellen.

Welles Wilder verwendet einen vierzehntägigen Durchschnitt bei der Berechnung des RSI. In der Praxis werden Werte zwischen neun und 14 Tagen am häufigsten eingesetzt. Der RSI ist auf den Wertebereich von 0 bis 100 normiert und eignet sich gut, um überkaufte und überverkaufte Bereiche festzulegen. Wenn der RSI Werte über 70 annimmt, so befindet sich der Markt im überkauften Bereich. Werte unter 30 deuten auf eine überverkaufte Marktsituation hin.

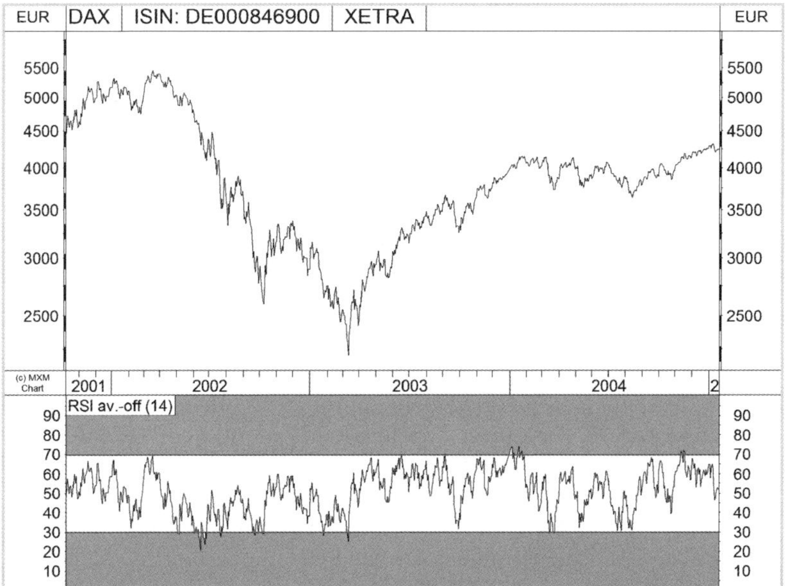

Abb. 27: Relative Strength Index mit seiner Standardeinstellung von 14 Tagen und der Überkaufzone über 70 sowie der Überverkaufzone unter 30.

Welles Wilder macht fünf Vorschläge[13], wie man den RSI interpretieren sollte:

1. Wenn der RSI einen Hochpunkt über 70 oder einen Tiefpunkt unter 30 ausbildet, ist mit einer Reaktion des Marktes zu rechnen. Dabei erfolgt die Bildung des Hoch- beziehungsweise Tiefpunkts im RSI meist, bevor der Kursverlauf den entsprechenden Extrempunkt ausbildet.

2. Der RSI bildet häufig Chartformationen, wie beispielsweise eine Kopf-Schulter-Formation, heraus, die im Kursverlauf des Wertpapiers nicht angezeigt werden. Derartige Formationen können zur Ermittlung des Kauf- beziehungsweise Verkaufszeitpunktes verwendet werden.

3. Im so genannten »Failure Swing« sieht Welles Wilder einen sehr starken Hinweis für einen Trendwechsel. Wird ein Hochpunkt des RSI über 70 ausgebildet, und liegt der darauf folgende Hochpunkt tiefer, dann ist mit einer Abwärtsbewegung zu rechnen. Das Verkaufssignal wird ausgelöst, wenn der RSI den Tiefpunkt, der zwischen den beiden Hochs liegt, unterschreitet. Umgekehrt verhält es sich, wenn der RSI einen Tiefpunkt unter 30 ausbildet. Liegt der nächste Tiefpunkt über dem vorherigen, ist ein Kaufsignal gegeben, sobald der von den beiden Tiefs eingeschlossene Hochpunkt überschritten wird.

4. Widerstands- und Unterstützungsbereiche sind im RSI häufig wesentlich deutlicher zu identifizieren als im Kursverlauf des Basistitels.

5. Divergenzen zwischen der Kursbewegung und dem Verlauf des RSI sind ein starkes Anzeichen für einen baldigen Trendwechsel.

Die angegebenen Zahlenwerte sind natürlich nur Anhaltspunkte und können durchaus angepasst werden. So findet man beispielsweise neben den genannten 70 und 30 für den überkauften und überverkauften Bereich auch die Angaben von 80 und 20 in der Literatur.

Der RSI ist ein gut geeigneter Indikator, um die Stärke einer Kursbewegung zu messen. Die besondere Art der Berechnung führt zu einem festen Schwankungsbereich (0 – 100) des Indikators und zur Unabhängig-

13) Vgl.: J. Welles Wilder, New Concepts in Technical Trading Systems, S. 63-70.

keit vom Kursniveau. Dadurch können historische RSI-Werte und auch die RSI-Werte von anderen Wertpapieren direkt verglichen werden.

2.2.5 Relative Momentum Index (RMI)

Der Relative Momentum Index (RMI), der von Roger Altman entwickelt wurde, ist eine Abwandlung des Relative Strength Index (RSI). Beim RSI wird jeweils die aufwärts und die abwärts gerichtete Differenz zum Vortag verwendet. Beim Relative Momentum Index wird die Differenz zum Vortag durch ein n-Tage-Momentum (Differenz des aktuellen Kurses zum Kurs vor n-Tagen) ersetzt. Der RMI hat neben dem Parameter für den Zeitraum der Durchschnittsbildung einen weiteren Parameter, der den Zeitabstand für die Ermittlung des Momentums angibt. Wenn Sie beim RMI die Anzahl der Tage für die Momentumberechnung auf den Wert 1 setzen, erhalten Sie die gleichen Werte wie beim RSI. Roger Altman

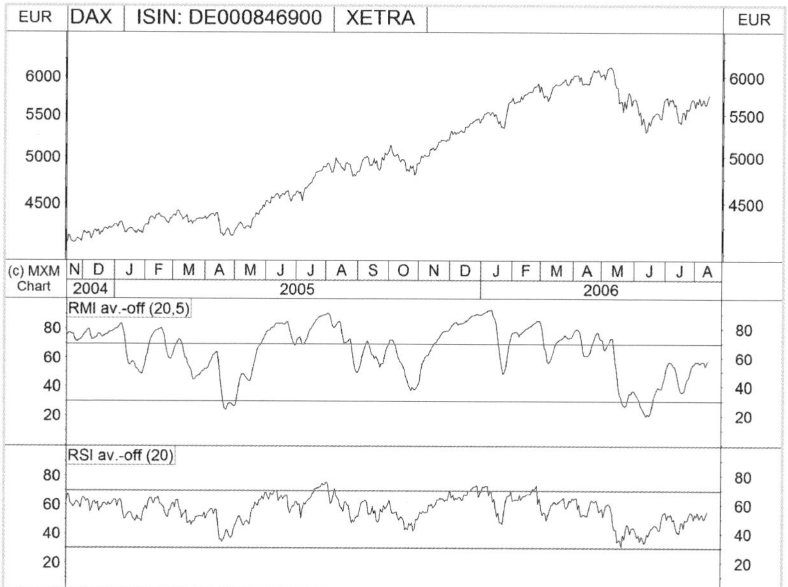

Abb. 28: Der Vergleich von RMI und RSI zeigt, dass der RMI glatter verläuft und sich deutlicher in den Extrembereichen aufhält.

möchte mit der Modifikation des ursprünglichen RSI erreichen, dass der Indikator sich mehr wie eine Sinuswelle bewegt.[14]

Der RMI weist einen ruhigeren Verlauf als der RSI auf und zeigt deutlichere Ausschläge in die Extrembereiche.

Roger Altman gibt 20 Tage für die Durchschnittsbildung und fünf Tage als Parameter für die Momentumberechnung vor. Roger Altman ersetzt also das 1-Tage-Momentum des RSI durch ein Momentum über eine Woche. Der RMI eignet sich wie der RSI, um Überkauft- und Überverkauftzustände anzuzeigen. Dabei wird das Verlassen der oberen Überkauftzone, die meist oberhalb von 70 beginnt, als Signal für fallende Kurse gewertet. Das Verlassen der unteren Überverkauftzone, die analog unterhalb von 30 beginnt, wird als Signal für steigende Kurse gedeutet. Der RMI kann

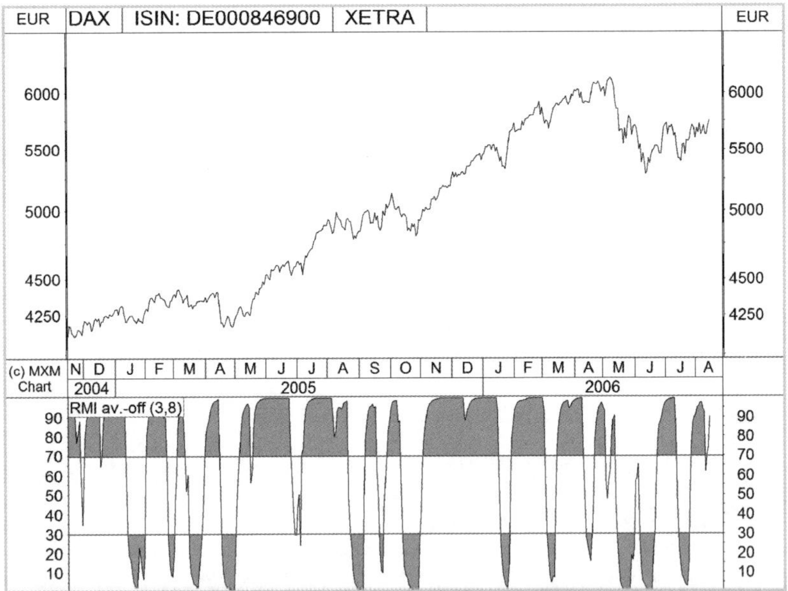

Abb. 29: Der alternative RMI nach Erich Florek zeigt Aufwärtstrends mit Werten über 70 und Abwärtstrends mit Werten unter 30 an.

14) Vgl.: Roger Altman, Technical Analysis of Stocks & Commodities, Februar 1993.

aufgrund seiner engen Verwandtschaft zum RSI genauso eingesetzt werden.

Eine abweichende Möglichkeit, den RMI einzusetzen, schlägt Erich Florek vor. Er dreht die Parameter quasi um und verwendet eine kurze Einstellung für die Durchschnittsbildung und eine längere Einstellung für die Momentumberechnung. Erich Florek nennt in diesem Zusammenhang die Kombination von drei und acht Tagen, sowie die Kombination von fünf und 13 Tagen. Mit der alternativen Einstellung des RMI setzt er diesen bevorzugt als Trendfilter in Kombination mit anderen Momentum-Indikatoren ein.

Ein Aufwärtstrend ist gegeben, wenn sich der alternative RMI oberhalb von 70 bis 80 bewegt. Ein Abwärtstrend wird bei Werten unter 20 bis 30 angezeigt. Die mittlere Zone bezeichnet er als »trendloses Niemandsland«[15].

2.2.6 Chande Momentum Oscillator (CMO)

Der Chande Momentum Oscillator (CMO), der auch Net Momentum Oscillator genannt wird, ist ein Momentum-Indikator, der in seiner Berechnungsmethode dem RSI und dem RMI ähnelt und neben seiner Fähigkeit zur Quantifizierung des Momentums auch zur Trendbestimmung eingesetzt werden kann.

Bei der Berechnung des von Tushar Chande entwickelten Chande Momentum Oscillators werden die Summen der aufwärts gerichteten und der abwärts gerichteten Kursdifferenzen zum Vortag über einen festgelegten Zeitraum gebildet. Anschließend wird die Differenz aus Aufwärtssumme und Abwärtssumme durch die Summe aus Aufwärtssumme und Abwärtssumme geteilt. Das Ergebnis wird noch mit dem Faktor 100 multipliziert, sodass sich ein Wertebereich von –100 bis +100 ergibt.

Die getrennt nach steigenden und fallenden Tagen durchgeführte Summenbildung erinnert an die Berechnung des RSI. Beim CMO werden allerdings die Kursdifferenzen und nicht wie bei RSI die Kurse summiert. Durch die Berücksichtigung von aufwärts und abwärts gerichteten Tagen

15) Vgl.: Erich Florek, Neue Trading-Dimensionen, S. 205-207, und Börse Now 12/1999.

im Zähler findet beim CMO eine direktere Messung des Momentums als beim RSI statt.

Dadurch neigt der CMO zu einer stärkeren Beweglichkeit und bildet verglichen mit dem RSI mehr Extrema aus.

Tushar Chande beschreibt eine alternative Berechnungsform des CMO, welche die Logik des Indikators besser veranschaulicht. Der CMO kann auch als Verhältnis des Netto-Momentums zur Summe der absoluten Kursdifferenzen dargestellt werden. Das Netto-Momentum ist die Kursdifferenz zwischen dem ersten und dem letzten Tag des Berechnungszeitraums. Genau dies ergibt sich, wenn man die Summe der abwärts gerichteten von der Summe der aufwärts gerichteten Kursdifferenzen subtrahiert. Im Zähler steht also der »normale« Momentum-Indikator über den Berechnungszeitraum. Im Nenner steht die Summe der absoluten Kursdif-

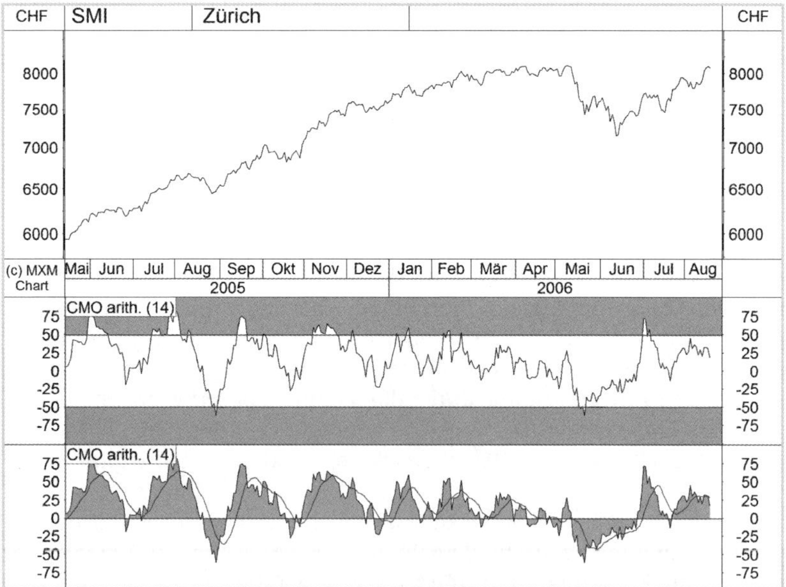

Abb. 30: Der obere Bereich des Charts zeigt den Kursverlauf des Swiss Market Index. Im mittleren Bereich ist der Chande Momentum Oscillator (CMO) mit seinen Überkauft-/Überverkauftzonen bei +50/–50 zu sehen. Im unteren Bereich wurde der CMO mit einem 10-Tage-Durchschnitt dargestellt.

ferenzen zum Vortag, die sich auch aus der Addition der beiden Summen der aufwärts und abwärts gerichteten Kursdifferenzen ergibt.

Bei der Betrachtung der alternativen Berechnungsmethode fällt die Ähnlichkeit zur Efficiency Ratio von Perry Kaufman auf. Der Absolut-Betrag des CMO geteilt durch 100 ist gleich der Efficiency Ratio. Auch Tusher Chande verwendet in seinem Buch den absoluten CMO, um die Fähigkeit zur Trendbestimmung mit dem VHF zu vergleichen. Weitere Informationen zur Efficiency Ratio und zum VHF finden Sie im nächsten Kapitel über die Trendbestimmung.

Als Berechnungszeitraum für den CMO gibt Tushar Chande die auch vom RSI her bekannten 14 Tage an. Der CMO kann zur Definition eines Überkauft- und eines Überverkauftbereichs eingesetzt werden. Der Überkauftbereich wird von Tushar Chande oberhalb eines Werts von +50 und der Überverkauftbereich unterhalb eines Werts von –50 angegeben. Bei einem Wert von 50 ist das Aufwärtsmomentum dreimal so hoch wie das Abwärtsmomentum, während es sich bei –50 genau umgekehrt verhält.

Zur Erzeugung von Handelssignalen schlägt Tushar Chande die Überlagerung des CMO mit seinem 10-Tage-Durchschnitt vor. Steigende Kurse werden dabei signalisiert, wenn der CMO über seinen Durchschnitt steigt, und fallende Kurse, wenn der CMO unter seinen Durchschnitt fällt.[16]

2.2.7 Stochastic

Der von George C. Lane entwickelte Stochastic-Indikator gehört zu den bekanntesten Indikatoren und bildet wie auch der RSI die Basis für eine Reihe von Indikatoren, die auf dem grundlegenden Berechnungskonzept des Stochastic-Indikator beruhen. Die Bezeichnung »Stochastic« ist etwas unglücklich gewählt, da sie in der Statistik für zufallsbedingte Prozesse steht.

Der Stochastic beruht auf der Beobachtung, dass sich der Schlusskurs während einer Aufwärtsbewegung am oberen Rand der Handelsspanne bewegt. Umgekehrt tendiert der Schlusskurs bei einer Abwärtsbewegung eher zum unteren Rand der Handelsspanne. Die Berechnung des Sto-

16) Vgl.: Tushar Chande/Stanley Kroll, The New Technical Trader, 1994, S. 93-123.

chastic %K ist in der Literatur einheitlich beschrieben. Der Stochastic %K setzt die Differenz aus dem Schlusskurs und Minimalwert der Periode mit der Differenz aus Maximal- und Minimalwert der Periode ins Verhältnis. Der Stochastic %K stellt die relative Position des Schlusskurses zum Höchst- und Tiefstkurs des Berechnungszeitraums dar und schwankt zwischen den beiden Extremwerten 0 und 100. Ist der Schlusskurs gleich dem Höchstkurs, hat der Indikator einen Wert von 100. Wenn sich der Schlusskurs auf der gleichen Höhe mit dem Tiefstkurs befindet, ist der Wert des Indikators 0.

George C. Lane empfiehlt fünf Tage als Zeitraum für die Berechnung des Maximal- und Minimalwertes. In der Literatur findet man Angaben zwischen fünf und 25 Tagen, je nachdem, ob der Anwender einen kurz- oder mittelfristigen Betrachtungszeitraum bevorzugt.

Die zweite Form des Stochastic heißt Stochastic %D und wird durch eine Glättung des Verlaufs der Stochastic %K mit einem arithmetischen Durchschnitt berechnet. George C. Lane empfiehlt für die Berechnung der Stochastic %D ebenfalls fünf Tage zur Berechnung des Maximal- und Minimalwertes und fünf Tage für die Durchschnittsberechnung.

Aus einem Artikel von Cynthia Keel und Heidi Schmidt im TASC Juli 1987 geht hervor, dass George C. Lane abweichend von seiner ursprünglichen Definition nun einen exponentiellen Durchschnitt zum Glätten verwendet.

Die Stochastic %D wird manchmal auch als langsamer Stochastic %K bezeichnet. Nun gibt es noch eine weiter geglättete Stochastic-Variante, die man als langsame Stochastic %D bezeichnet. Sie ergibt sich, indem ein arithmetischer gleitender Durchschnitt über den Stochastic %D gebildet wird. Am besten merken Sie sich, dass es mit dem Stochastic %K eine rohe Variante ohne Glättung und eine geglättete Variante gibt, die Stochastic %D genannt wird. Über beide Varianten wird wiederum ein gleitender Durchschnitt berechnet, der als Signallinie verwendet wird.

Schneidet der Stochastic %K seine Signallinie von unten nach oben, wird dies als Kaufsignal angesehen. Umgekehrt wird ein Verkaufssignal gegeben, wenn der Stochastic %K seine Signallinie von oben nach unten durchbricht. Die gleichen Regeln gelten auch für den Stochastic %D. Der

Stochastic %D weist durch seine Glättung eine gewisse Zeitverzögerung bei der Signalgenerierung auf, liefert dafür aber auch weniger Fehlsignale.

Alle Varianten des Stochastic-Indikators schwanken im Bereich von 0 und 100 Prozent. Dabei deuten Werte unter 20 Prozent auf eine überverkaufte und Werte über 80 Prozent auf eine überkaufte markttechnische Situation hin.

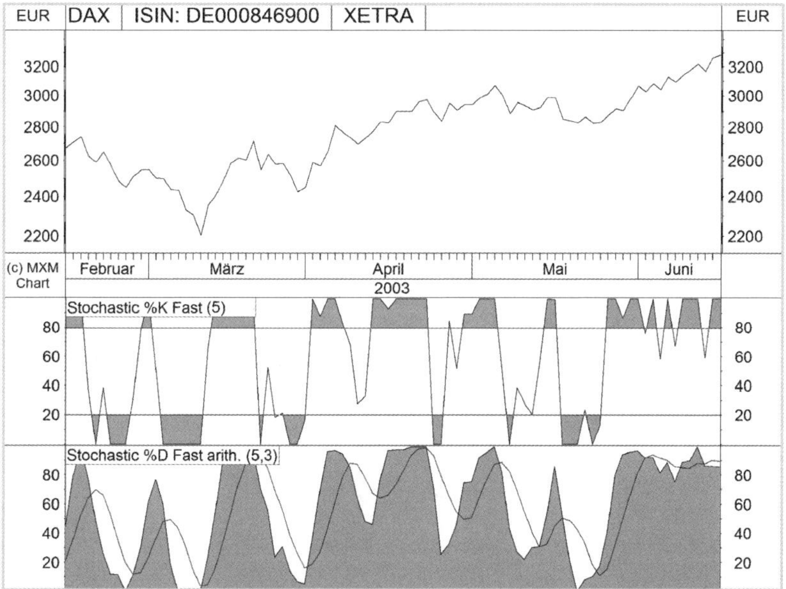

Abb. 31: Der mittlere Bereich zeigt den Stochastic %K mit seiner Extremzone über 80 und unter 20, und im unteren Bereich ist der Stochastic %D mit seiner Signallinie, einem 5-Tage-Durchschnitt, zu sehen.

George C. Lane sieht in der Divergenz der %D-Linie zum Kursverlauf die einzige Methode, um gültige Signale zu erhalten. Alle anderen Signale gelten nur als Hinweise oder Warnungen, dass ein Signal unmittelbar bevorsteht.

Er sieht eine »bullish divergence«, wenn der Kursverlauf einen weiteren Tiefpunkt ausbildet, der unter dem vorherigen Tiefpunkt liegt und bei der %D-Linie der letzte Tiefpunkt über dem vorherigen liegt. Diese Divergenz wird als Kaufsignal gewertet. Ein Verkaufssignal liegt bei einer »bearish divergence« vor. Dabei bildet der Kursverlauf einen Hochpunkt aus, der über dem vorherigen Hochpunkt liegt, und die %D-Linie zeigt einen tieferen Hochpunkt als den vorherigen Hochpunkt an.

John J. Murphy beschreibt in seinem Buch eine Kombination aus allen drei oben aufgeführten Ereignissen. Er sieht ein Signal, wenn sich die %D-Linie in eine Extremzone bewegt und dort eine Divergenz zum Kursverlauf ausbildet. Die Vollendung des Signals und damit der abschließende Zeitpunkt zum Handeln sind erst erreicht, wenn das Durchkreuzen der %K-Linie mit der %D-Linie erfolgte.

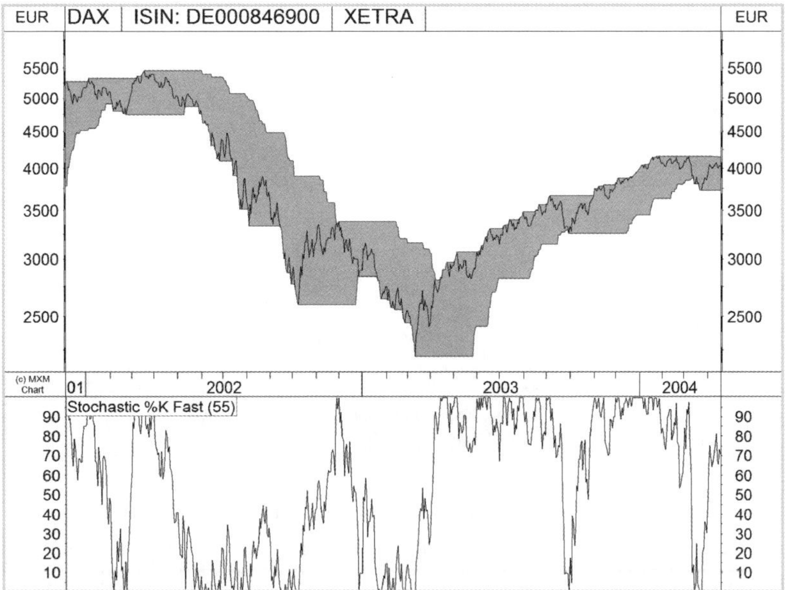

Abb. 32: Der Donchian-Channel im oberen Bereich zeigt den Höchstkurs der letzten 55 Tage als oberes Band und den Tiefstkurs der letzten 55 Tage als unteres Band. Der Stochastic %K über 55 Tage hat den Wert von 0, wenn sich der Kurs auf dem unteren Band befindet, und den Wert von 100, wenn sich der Kurs auf dem oberen Band befindet.

Eine sehr ungewöhnliche Interpretationsweise für den Stochastic %K ergibt sich, wenn man bedenkt, dass es sich beim Stochastic %K um eine andere Darstellungsform des Donchian-Channels handelt. Der Donchian-Channel ist eine in der Vergangenheit recht erfolgreiche Ausbruchsstrategie, bei der beim Erreichen eines n-Tage-Höchstkurses auf weiter steigende Kurse gesetzt wird. Umgekehrt wird beim Erreichen eines n-Tage-Tiefstkurses auf weiter fallende Kurse gesetzt. Weitere Informationen zum Donchian-Channel finden Sie im Abschnitt über Bänder. Da der Stochastic %K die relative Position des Schlusskurses innerhalb der Spanne aus Höchst- und Tiefstkurs einer Periode angibt, wäre das Erreichen der 100 ein Signal für weiter steigende Kurse, und der Wert von 0 würde weiter fallende Kurse erwarten lassen. Sie sehen, wie unterschiedlich derselbe Indikator interpretiert werden kann. Daher sollte man sich immer genau überlegen, was man mit einem Indikator bewirken möchte.

2.2.8 Stoch-Momentum, Stoch-MACD und Stoch-RSI

Das Berechnungsverfahren des Stochastic %K lässt sich nicht nur auf den Kursverlauf anwenden, sondern eignet sich auch gut, um einen anderen Indikator relativ zu seiner Schwankungsbreite darzustellen. Beim Stoch-Momentum wird einfach zuerst der Momentum-Indikator berechnet und anschließend als Input für die Berechnung des Stochastic %K verwendet. Beim Stoch-MACD wird anstelle des Momentums zuerst der MACD und beim Stoch-RSI der RSI berechnet. Dies sind nur drei Beispiele, die ich in der Literatur gefunden habe. Grundsätzlich können Sie jeden Indikator als Basis für die Stochastic-%K-Berechnung verwenden. Bevor Sie nun anfangen, jeden Indikator mit dem Stochastic %K zu bearbeiten, sollten Sie bedenken, welche Vor- und Nachteile sich ergeben. Sie erhalten dadurch eine relative Darstellung des Indikators innerhalb seiner n-Tage-Spanne zwischen Höchst- und Tiefstwert. Die relative Darstellung sorgt dafür, dass der Indikator auf den Wertebereich von 0 bis 100 normiert wird. Dies ist sicher ein Vorteil wenn Sie Überkauft- und Überverkauftzonen festlegen möchten. Allerdings geht die absolute Höhe der Extremwerte des Indikators verloren. Sie sehen beispielsweise nicht mehr, wie hoch der größte Wert des Basisindikators war und wann dieser aufgetreten ist. Sie sollten also immer darüber nachdenken, was genau angezeigt werden soll.

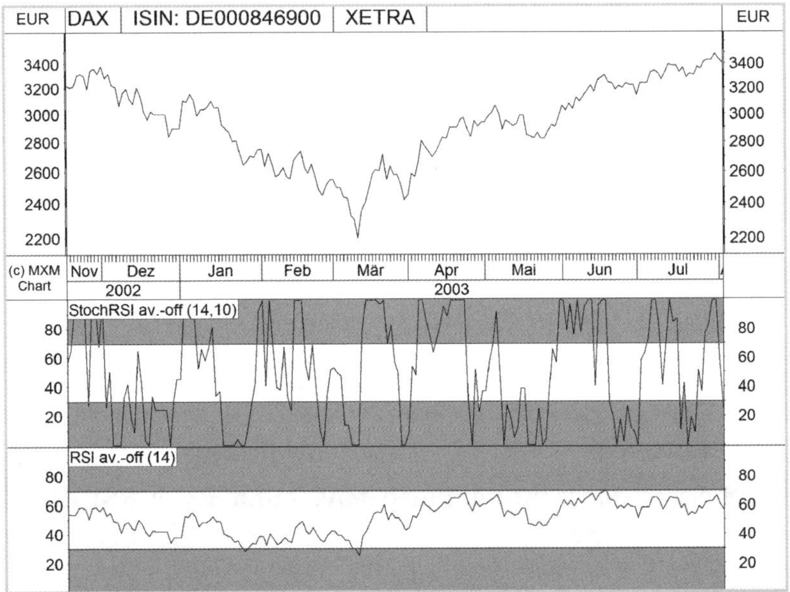

Abb. 33: Der Stoch-RSI hält sich im Vergleich zum ursprünglichen RSI länger und deutlicher in den Extrembereichen auf.

2.2.9 Double Smoothed Stochastic

Beim Double Smoothed Stochastic (DSS) versucht William Blau die Anzahl an Fehlsignalen zu reduzieren, indem dem ursprünglichen Stochastic %K eine zweifache exponentielle Glättungskomponente hinzugefügt wird. Dabei glättet er den Nenner und den Zähler in der Stochastic-%K-Formel zweifach und nicht wie beim Stochastic %D das Ergebnis des Stochastic %K.

William Blau empfiehlt für die Ermittlung des höchsten Hochs und des tiefsten Tiefs einen Zeitraum von fünf Tagen. Für den ersten exponentiellen Durchschnitt werden sieben Tagen und für den zweiten exponentiellen Durchschnitt drei Tage vorgeschlagen.

Eine langsame Version des Double Smoothed Stochastic kann erzeugt werden, indem ein gleitender Durchschnitt über die Werte des DSS gebil-

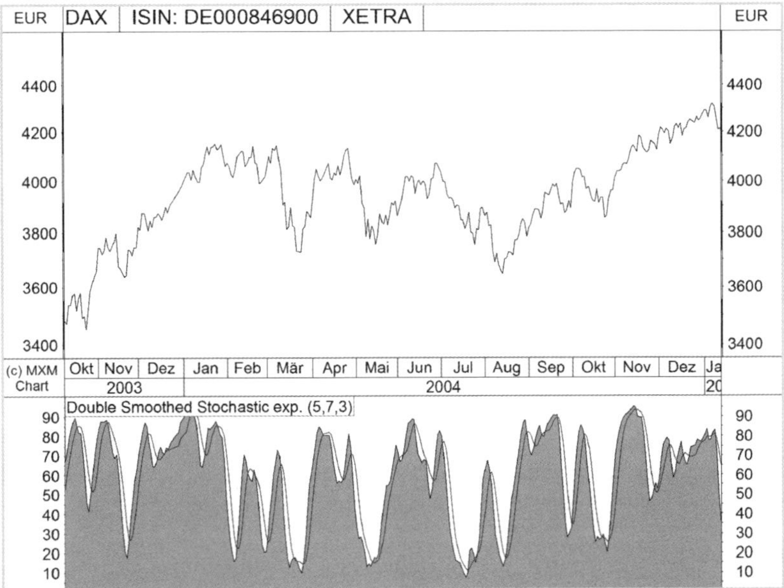

Abb. 34: Double Smoothed Stochastic mit den von William Blau empfohlenen Einstellungen und einem 5-Tage-Durchschnitt als Signallinie.

det und als Signallinie verwendet wird. William Blau schlägt hierfür einen 3-Tage-Durchschnitt vor.[17]

2.2.10 Momentum-Strategie und Relative Stärke nach Levy

Mit dem Begriff der Momentum-Strategie wird die Selektion von Aktien nach der Höhe ihres Momentums verstanden. Die Grundlage dieser Strategie ist die Beobachtung, dass Aktien, die sich in der Vergangenheit besser entwickelt haben, sich auch in der Zukunft besser entwickeln. Diese Phase des »Sich-besser-Entwickelns« – zu Neudeutsch: Outperformance – kann durchaus mehrere Monate anhalten. Der so genannte »Momentumeffekt« wurde bereits mehrfach empirisch untersucht; für den deutschen Markt bescheinigt eine Studie der Universität Mannheim mit dem be-

17) Vgl.: William Blau, Technical Analysis of Stocks & Commodities, Januar 1991.

zeichnenden Namen »Reichtum durch Momentum und Zyklen« die Vorteilhaftigkeit einer Momentum-Strategie.

Zu den bekanntesten Anhängern und Mitbegründern dieser Strategie gehört der Amerikaner Robert Levy, der schon Ende der 60er-Jahre in der Studie »The Relative Strength Concept of Common Stock Price Forecasting« eine auf dem Momentum basierende Anlagestrategie vorstellte und anhand von 200 US-Aktien überprüfte.

Er definierte dabei einen Indikator, der heute Relative Stärke nach Levy (RSL) genannt wird. Mit seinem Indikator wollte er die relative Stärke der Kursentwicklung, also das Momentum, messen. Er verwendete dafür den Quotienten aus dem aktuellen Kurs und einen n-Tage-Durchschnitt. Hat sich der Kurs überdurchschnittlich entwickelt, so liegt der Kurs oberhalb seines Durchschnitts, und der RSL weist einen Wert von größer 1 auf. Liegt der Kurs genau auf der Höhe des Durchschnitts, ist der RSL gleich 1. Liegt der Kurs unter dem Durchschnitt, ist der RSL kleiner 1.

Robert Levy verwendete damals einen 26-Wochen-Durchschnitt und benutzte den Indikator zur Erstellung einer Rangliste.

Nehmen wir an, Sie möchten eine Momentum-Strategie mit den 30 Aktien aus dem DAX umsetzen. Dann berechnen Sie im ersten Schritt für alle betreffenden Aktien die Relative Stärke nach Levy. Im zweiten Schritt sortieren Sie das Ergebnis der Größe nach. Damit stehen die Aktien, die sich am besten entwickelt haben, ganz oben. Verteilen Sie nun das zur Verfügung stehende Geld auf die ersten zehn Prozent der Liste, also hier auf die ersten drei Aktien. Wenn eine Aktie aus dem Bestand ins letzte Drittel der Liste abrutscht, wird sie verkauft und das frei werdende Geld wieder auf Aktien in den ersten zehn Prozent der Liste verteilt. So oder ähnlich wurden viele Strategien definiert.

Bei diesem Verfahren werden Indikatoren zur Selektion bestimmter Titel verwendet und nicht, wie es meist üblich ist, zum Auffinden des »richtigen« Ein- oder Ausstiegszeitpunktes eingesetzt.

Die Momentum-Strategie lässt sich natürlich auch mit anderen Indikatoren kombinieren, die das Timing bestimmen. Denn auch die Momentum-Strategie kennt Phasen, in denen sie besser und schlechter funktioniert. Ausgeprägte Aufwärtstrends an der Börse begünstigen natürlich auch die Ergebnisse der Momentum-Strategie, während Seitwärts- und Abwärtstrends das Ergebnis trüben. Daher kann es sehr nützlich sein, einen Trendbestimmungsindikator als Filter einzusetzen, der anzeigt, wann die Momentum-Strategie eingesetzt wird und wann nicht. Hier sind dem Erfindungsreichtum kaum Grenzen gesetzt.

Natürlich müssen Sie auch nicht unbedingt die Relative Stärke nach Levy verwenden, als Alternative bieten sich auch andere Momentum-Oszillatoren wie der Relative Strength Index von Welles Wilder an. Beachten Sie aber, dass hierzu nur Indikatoren sinnvoll eingesetzt werden können, die unabhängig von der Höhe des Kursniveaus sind. Sonst ist der Vergleich der Indikatorwerte von unterschiedlichen Wertpapieren nicht aussagekräftig.

2.3 Trendbestimmung

In diesem Kapitel sind Indikatoren zusammengefasst, deren vordringliche Aufgabe es ist, anzuzeigen, ob sich der Markt in einer Trendphase befindet oder nicht. Unter trendloser Phase wird hier ein Seitwärtstrend verstanden, der auch als »Trading Range« bezeichnet wird. Mit einer Trendphase ist sowohl ein Aufwärts- als auch ein Abwärtstrend gemeint. Die meisten Indikatoren dieser Gruppe können nicht die Richtung des Trends, sondern nur seine Intensität bestimmen. Wenn ich nachfolgend von Trendphase spreche, meine ich sowohl ausgeprägte Aufwärts- als auch Abwärtstrends. Von trendlosen Phasen spreche ich, wenn der Markt eine andauernde Seitwärtsbewegung vollführt.

Die Erfahrung zeigt, dass in ausgeprägten Trendphasen trendfolgende Strategien, wie zum Beispiel das Überkreuzen zweier Durchschnittslinien, besser funktionieren als in trendlosen Phasen. Aufgrund vieler Fehlsignale, verlieren trendfolgende Strategien in trendlosen Phasen einen Teil des Geldes, das sie in Trendphasen verdient haben.

Genau umgekehrt verhält es sich bei Gegentrend-Strategien, die auf Überkauft- und Überverkauftsituationen reagieren. Hier können beispielsweise viele Momentum-Oszillatoren genannt werden, wie der Stochastic oder der RSI. Gegentrend-Strategien haben ihre Vorteile in trendlosen Phasen und versagen hingegen bei ausgeprägten Trends.

Nun wäre es natürlich toll, wenn man beide Arten von Strategien kombinieren und mit einem Indikator bestimmen könnte, welche der beiden Strategien eingesetzt werden soll. Genau für diese Aufgabe wurden die Trendbestimmungs-Indikatoren entwickelt.

Wenn Sie nur eine Strategie verwenden möchten, können Sie einen Trendbestimmungs-Indikator auch als Filter verwenden. Wenn Sie beispielsweise nur eine Trendfolge-Strategie einsetzen, werden alle Signale herausgefiltert, die in einer trendlosen Phase auftreten.

Ich kann Ihnen nicht empfehlen, eine komplexe Kombinationsstrategie aus einer Trendfolge- und einer Gegentrend-Strategie mit einem Trendbestimmungsindikator als Umschalter zu definieren. Ich definiere lieber zwei separate Strategien jeweils mit einem Trendbestimmungs-Indikator als Filter. So können Sie beide Strategien einzeln testen und prüfen, ob jede der beiden Strategien auf Dauer profitabel ist. Andernfalls verdeckt vielleicht der profitable Teil der kombinierten Strategie den unprofitablen Teil, sodass Sie die Unprofitabilität nicht erkennen. Ist eine der beiden Strategien nicht profitabel, sollten Sie lieber auf den Einsatz dieser Strategie verzichten und das Geld währenddessen zinsbringend anlegen. Wenn Sie eine profitable Trendfolge- und eine profitable Gegentrend-Strategie gefunden haben, können Sie beide Strategien innerhalb eines Handelssystems einsetzen, und es hat die gleiche Wirkung wie eine Kombi-Strategie.

2.3.1 ADX und Directional Movement Konzept

Das Directional Movement Konzept wurde von Welles Wilder entwickelt und schon 1978 veröffentlicht.[18] Dabei geht Welles Wilder davon aus, dass in einem Aufwärtstrend der Tageshöchstkurs über dem gestrigen liegt und in einem Abwärtstrend der Tagestiefstkurs unter dem Tagestiefstkurs des Vortags liegt. Das Directional-Movement-Konzept lässt sich als Konzept zur Bestimmung der trendgerichteten Bewegung interpretie-

18) Vgl.: Welles Wilder, New Concepts in Technical Trading Systems.

ren. Zu diesem Zweck definiert Welles Wilder eine Reihe von aufeinander aufbauenden Indikatoren.

Als Erstes wird das Directional Movement, also die trendgerichtete Bewegung, ermittelt. Dabei wird in positives Directional Movement (+DM) und negatives Directional Movement (–DM) unterschieden.

Das positive Directional Movement ergibt sich als Differenz des Tageshöchstkurses zum Tageshöchstkurs des Vortages, während sich das negative Directional Movement als Differenz aus dem Tagestiefstkurs des Vortags und dem aktuellen Tagestiefstkurs ermitteln lässt. Bei so genannten »outside days«, bei denen der Tageshöchstkurs größer als der gestrige und der Tagestiefstkurs kleiner als der gestrige ist, wird das größere Directional Movement verwendet und das kleinere auf Null gesetzt. Bei »inside days« ist der Tageshöchstkurs kleiner als der gestrige und der Tagestiefstkurs größer als der gestrige; es existiert kein Directional Movement, sodass +DM und –DM an diesem Tag auf Null gesetzt werden. Die nachfolgende Grafik verdeutlicht noch einmal die Ermittlung von +DM und –DM.

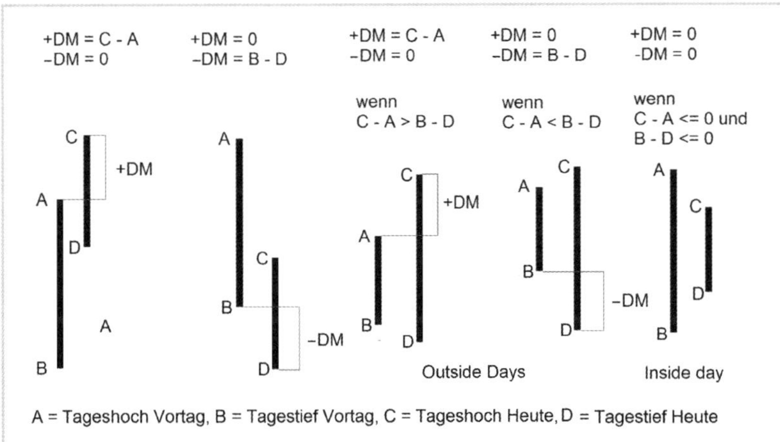

Abb. 35: Die Abbildung verdeutlicht, wie das positive Directional Movement (+DM) und das negative Directional Movement (–DM) bei unterschiedlicher Positionierung der Handelsspanne vom Vortag und vom heutigen Tag ermittelt werden.

Um die beiden ersten Indikatoren berechnen zu können, wird noch die True Range (TR), also die »wahre Spanne« eines Tages, benötigt. Welles Wilder verwendet als True Range die tägliche Handelsspanne, also die Differenz aus Tageshöchst- und Tagestiefstkurs, und erweitert diese Spanne bis zum Niveau des Vortagsschlusskurses, wenn dieser außerhalb der Spanne liegt. Die True Range wird auch als Maß für die Beweglichkeit eingesetzt, und Sie finden weitere Informationen im folgenden Kapitel unter dem Abschnitt über die Average True Range.

Da die Daten eines Tages zu sehr volatilen Ergebnissen führen würden, werden zunächst die Werte von +DM, –DM und TR über n-Tage summiert und damit geglättet.

Um den positiven Directional Indicator (+DI) zu erhalten, dividieren Sie die Summe der +DM durch die Summe der TR, und um den negativen Directional Indicator (–DI) zu erhalten, teilen Sie die Summe der –DM durch die Summe der TR. Damit haben Sie das erste einsetzbare Indikatorpaar.

Die beiden Directional-Indikatoren werden meist überlagert dargestellt, da ihre Position zueinander Hinweise auf die Trendrichtung gibt. Befindet sich der +DI oberhalb des –DI, zeigt dies einen Aufwärtstrend an. Verläuft +DI unterhalb von –DI, signalisiert dies einen Abwärtstrend. Die Schnittpunkte der beiden Directional-Indikatoren zeigen einen Trendwechsel an. Auch wenn es nicht die Hauptaufgabe des Directional-Movement-Konzepts ist, können die Überkreuzungen von +DI und –DI als Handelssignale verwendet werden.

Je weiter +DI und –DI auseinander laufen, desto stärker ist der Trend.

Um die Stärke des Trends besser darstellen zu können, hat Welles Wilder aus den beiden Richtungs-Indikatoren +DI und –DI den Directional Movement Index (DX) abgeleitet. Er teilt dazu den Absolutbetrag aus der Differenz aus +DI und –DI durch die Summe aus +DI und –DI. Der Directional Movement Index wird in der Praxis selten eingesetzt, da sein Verlauf zu starke Fluktuationen aufweist. Um dieses Problem zu mildern, hat Welles Wilder eine geglättete Form des DX entwickelt und Average Directional Movement Index (ADX) genannt. Der ADX ist einfach ein gleitender Durchschnitt des DX. In der Praxis hat der ADX die größte Verbreitung gefunden.

Welles Wilder verwendet auch hier 14 Tage. Es ist üblich, aber nicht zwingend erforderlich, die gleiche Anzahl an Tagen bei der +DI/–DI-Berechnung und für die Glättung beim ADX zu verwenden. Daher wird für die Berechnung des ADX häufig auch nur ein Parameter angegeben. Charles LeBeau und David Lucas beschäftigen sich sehr intensiv mit dem ADX. Nach ihren Tests sind Einstellungen von 14 bis 20 Tage gut geeignet, während 18 Tage sich in ihrer Untersuchung für die meisten Märkte als beste Einstellung erwiesen hat.[19]

Beachten Sie bitte, dass sowohl der DX als auch der ADX nicht die Richtung, sondern ausschließlich die Stärke des Trends angeben.

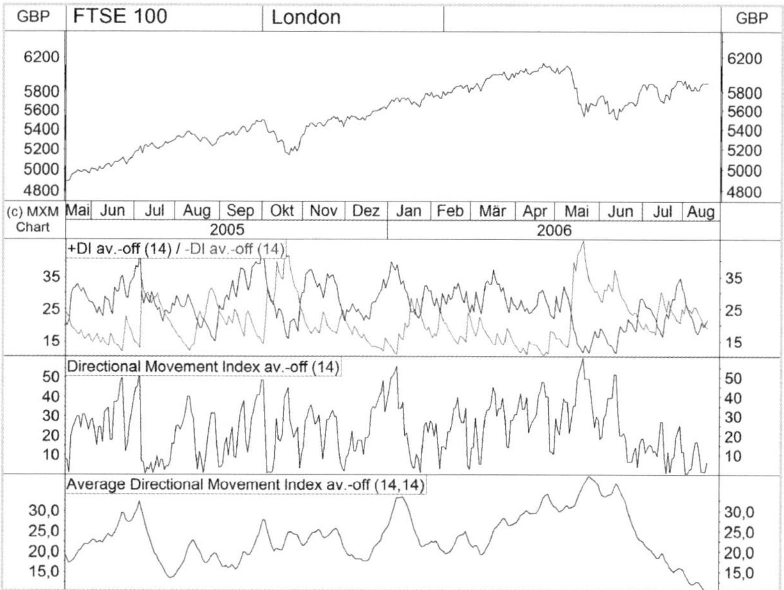

Abb. 36: Die beiden Directional Indicators +DI und –DI zeigen durch gegenseitiges Überkreuzen Handelssignale an. Der Directional Movement Index (DX) gibt den Grad der Trendgerichtetheit an. Je weiter +DI und –DI auseinander laufen, desto höher ist DX. Der Average Directional Movement Index (ADX) ist eine geglättete Variante des DX.

19) Vgl.: Charles LeBeau und David Lucas, Börsenanalyse mit dem Computer, S. 37.

Bei der Interpretation des ADX wird seiner Bewegungsrichtung größere Bedeutung beigemessen als seiner absoluten Höhe. Ein steigender ADX zeigt eine Trendphase an, dabei kann es sich sowohl um einen Aufwärts- als auch um einen Abwärtstrend handeln. Sinkt der ADX, deutet dies auf eine trendlose Phase hin. Wird die Höhe des ADX mit in die Betrachtung einbezogen, so werden Werte für den ADX zwischen 15 und 30 genannt. Oberhalb dieser Grenze wird dann von einem Trend und darunter von einer trendlosen Phase ausgegangen. Grundsätzlich gilt: Je höher der ADX, desto stärker ist der Trend ausgeprägt. Als Faustregel schlagen Charles LeBeau und David Lucas vor, einen steigenden ADX, der über 15 liegt, als Indikation für einen Trend aufzufassen.[20]

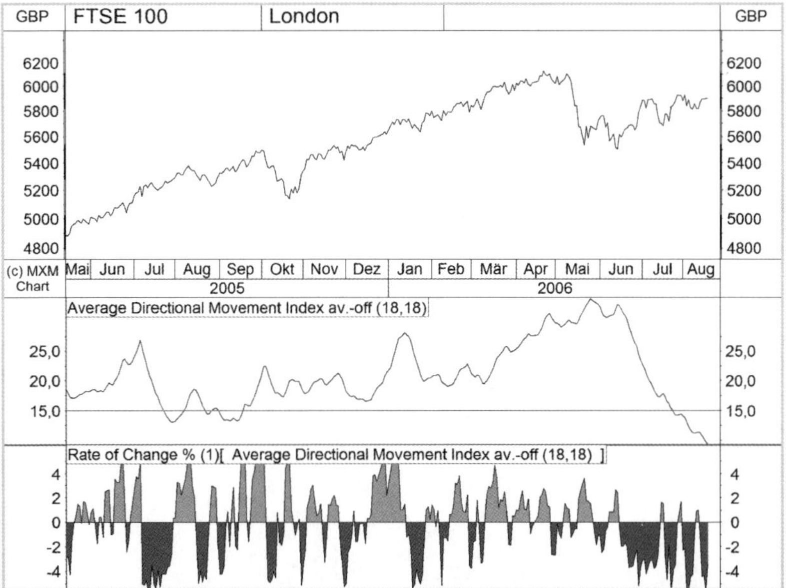

Abb. 37: Im mittleren Bereich sehen Sie den Average Directional Movement Index (ADX), der mit Werten über 15 eine Trendphase anzeigt. Als zweite Bedingung für eine Trendphase wird ein steigender ADX vorausgesetzt. Im unteren Bereich ist die 1-Tage-Rate of Change des ADX dargestellt, die mit Werten größer Null einen steigenden ADX visualisiert.

20) Vgl.: Charles LeBeau und David Lucas, Börsenanalyse mit dem Computer, S. 39.

Der ADX gibt selbst keine Handelssignale, sondern sagt Ihnen, wann eine Trendphase vorherrscht und trendfolgende Strategien, wie gleitende Durchschnitte oder Ausbruchssysteme, besser funktionieren. Zeigt der ADX eine trendlose Phase an, versprechen Überkauft-/Überverkauft-Indikatoren bessere Ergebnisse.

Probleme hat der ADX bei spitz zulaufenden Trendwenden, die man »Spikes« nennt und die eine V-Formation darstellen. In dieser Situation heben sich die +DI- und die –DI-Werte gegenseitig auf, und der ADX zeigt den Trend nicht korrekt an. Ebenfalls problematisch kann sich die Reaktionsverzögerung auswirken; aufgrund seiner beiden Glättungskomponenten hinkt der ADX dem Markt hinterher.

Positiv ist die Unabhängigkeit des ADX vom Kursniveau, daher kann er auch als Selektionskriterium bei der Suche nach aussichtsreichen Aktien verwendet werden. Diese Einsatzart habe ich allerdings in der Literatur bisher nicht entdecken können. Dennoch halte ich es für sinnvoll, die Aktien herauszusuchen, die einen starken Trend aufweisen und diese dann mit weiteren Indikatoren zu beleuchten.

2.3.2 Aroon

Der Name des Indikators »Aroon« stammt aus der altindischen Sprache Sanskrit und symbolisiert den Wechsel zwischen Tag und Nacht. Der Indikator soll den Wechsel von unterschiedlichen Marktphasen verdeutlichen.

Die einfachste Art, einen Aufwärtstrend zu beschreiben, ist eine Serie von steigenden Hochpunkten und steigenden Tiefstpunkten, während ein Abwärtstrend durch eine Serie fallender Hochpunkte und fallender Tiefpunkte gekennzeichnet ist. Schon Charles H. Dow, der als Urvater der westlichen Technischen Analyse gilt, definierte einen Trend nach dieser Methode.

Beim Aroon-Indikator griff Tushar Chande diese grundlegende Idee zur Trenddefinition auf und entwickelte einen Indikator, der es ermöglicht, trendbehaftete und trendlose Phasen zu unterscheiden. Darüber hinaus liefert der Aroon auch noch Handelssignale.

Tushar Chande entwickelte ein Indikatorenpaar, den AroonUp und den AroonDown, das überlagert dargestellt wird. Der AroonUp misst die Anzahl an Tagen die seit dem letzten Höchstkurs einer bestimmten Periode vergangen ist. Der AroonDown ergibt sich aus der Anzahl an Tagen, die seit dem letzten Tief vergangen ist. Um die beiden Indikatoren auf den Wertebereich von 0 bis 100 zu normieren, werden beide durch die Länge des Berechnungszeitraums geteilt und dann mit 100 multipliziert.

Der AroonUp hat einen Wert von 100, wenn sich der Markt aktuell auf dem Höchstkurs des Berechnungszeitraums befindet. Der AroonUp ist 0, wenn der Markt während des Berechnungszeitraums keinen neuen Höchstkurs ausgebildet hat. Beim AroonDown verhält es sich analog.

Als Berechnungszeitraum werden vom Entwickler des Indikators 25 Tage vorgeschlagen, und in der Literatur werden häufig 14 Tage genannt.

Tushar Chande definierte noch einen weiteren Indikator, den er Aroon Oscillator nannte. Der Aroon Oscillator ist als Differenz aus AroonUp und AroonDown definiert und verfügt über einen Wertebereich von + 100 bis –100. Schnittpunkte mit der Nulllinie nutzt Tushar Chande zur Erzeugung von Handelssignalen.[21] Aufgrund der Definition des Aroon Oscillator sind die Schnittpunkte mit der Nulllinie auch die Schnittpunkte des AroonUp und AroonDown. Ist der Aroon Oscillator größer Null, deutet dies auf einen Aufwärtstrend hin, während Werte kleiner Null einen Abwärtstrend kennzeichnen.

Im Aufwärtstrend befindet sich der AroonUp oberhalb des AroonDown, und der AroonUp bewegt sich im oberen Bereich über einen Wert von 70, wobei der Grenzwert für den oberen Bereich unterschiedlich hoch gesetzt wird – es werden Werte zwischen 70 von Tushar Chande und 90 von Erich Florek in der Literatur genannt. Je länger sich der AroonUp stabil im oberen Bereich hält, desto stabiler ist der Trend. Im Abwärtstrend befindet sich der AroonDown im oberen Bereich und verläuft über AroonUp.

21) Vgl.: Tushar Chande, Technical Analysis of Stocks & Commodities, 9/1995.

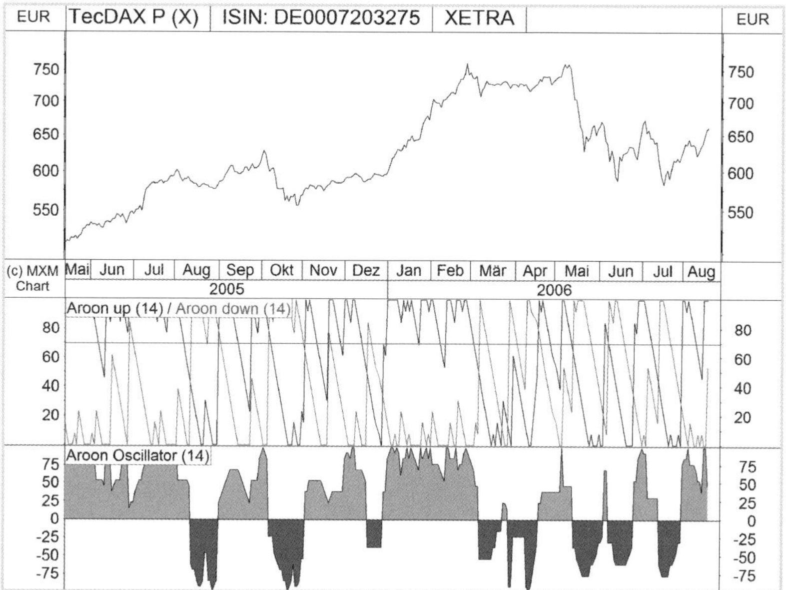

Abb. 38: Befindet sich der AroonUp über dem AroonDown und ist größer 70, herrscht ein Aufwärtstrend. Bei einem Abwärtstrend ist der AroonDown größer 70 und liegt über dem AroonUp. Die Schnittpunkte des AroonUp mit dem AroonDown sind identisch mit den Schnittpunkten der Nulllinie beim Aroon Oscillator.

Ein Problem des Aroon besteht darin, dass er nur die Zeitkomponente berücksichtigt und das Ausmaß der Kursbewegung unberücksichtigt bleibt. Eine stetige Aufwärtsbewegung mit sehr kleinen täglichen Kurssteigerungen wirkt im Chart wie eine Seitwärtsbewegung, da die Steigung kaum sichtbar ist. Der AroonUp würde aber bei 100 verlaufen und einen starken Aufwärtstrend signalisieren. Dieses Verhalten kann beim Anwender zu Irritationen führen.[22]

2.3.3 Vertical-Horizontal-Filter (VHF)

Der Vertical-Horizontal-Filter kann zur Bestimmung von Trend- und Seitwärtsphasen eingesetzt werden. Der Indikator wurde entwickelt, um die Trendintensität anzuzeigen, und gibt keine konkreten Kauf- und Verkaufs-

22) Erich Florek, Neue Trading-Dimensionen, 1. Auflage, S. 248.

signale. Der VHF eignet sich zur Auswahl von Indikatoren, die speziell für die vorherrschende Phase (Trend oder Seitwärtsbewegung) eingesetzt werden.

Der Indikator schwankt zwischen den theoretischen Extremwerten 0 und 1. Je weiter sich der Indikator dem Extrem 1 nähert, desto stärker ist die Trendphase. Eine Seitwärtsphase wird angezeigt, wenn sich der Indikator dem Wert von 0 nähert.

Die Differenz aus dem höchsten und dem tiefsten Kurs der Berechnungsperiode wird durch die Summe der absoluten Beträge der Kursänderungen zum Vortag geteilt. Der VHF wird normalerweise auf Basis von Schlusskursen berechnet.

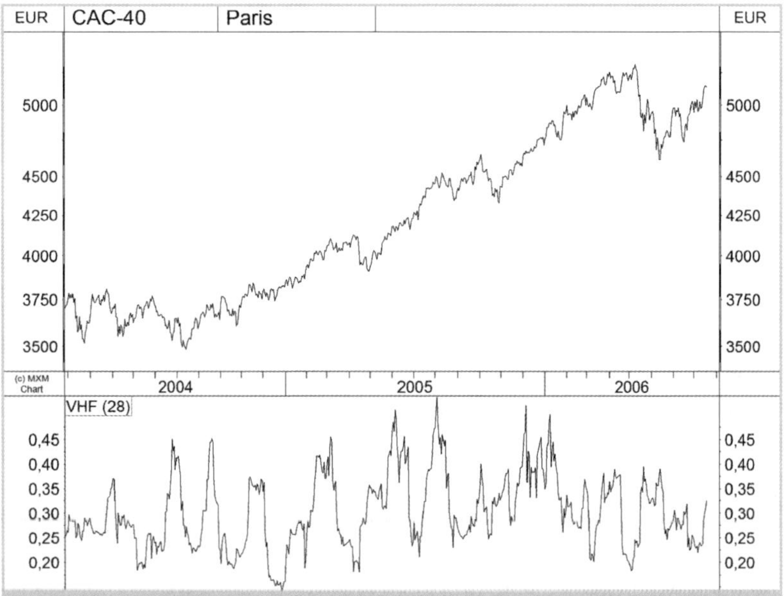

Abb. 39: Der Vertical-Horizontal-Filter (VHF) zeigt mit steigenden Werten einen sich ausbildenden Trend an. Je höher der VHF ist, desto stärker ist der Trend.

Als Standardwert für den Betrachtungszeitraum des VHF werden in der Literatur meist 28 Tage vorgeschlagen. Steven B. Achelis beschreibt drei Wege, um den VHF-Indikator zu interpretieren:[23]

Die wertmäßige Höhe des VHF-Indikators kann als Maß verwendet werden, das angibt, ob sich die Kurse innerhalb eines Trends bewegen. Je höher der Wert des VHF ist, desto stärker ist der Trend ausgebildet, und es wird der Einsatz von trendfolgenden Indikatoren empfohlen.

Die Richtung, in die sich der VHF-Indikator bewegt, deutet an, ob sich eine Trend- oder eine Seitwärtsphase entwickelt. Ein steigender VHF ist ein Indiz für einen sich ausbildenden Trend, während ein fallender VHF auf eine sich abzeichnende Seitwärtsbewegung hinweist.

Der VHF kann auch als Kontratrend-Indikator eingesetzt werden. Nach einer starken Trendphase mit hohen VHF-Werten kann auf eine Seitwärtsbewegung spekuliert werden und umgekehrt. Erich Florek beschreibt in seinem Buch, dass eine Bodenbildung des VHF unterhalb der Marke von 0,2 oftmals den Beginn einer Trendphase einleitet.[24]

2.3.4 Efficiency Ratio

Die Efficiency Ratio wurde ursprünglich von Perry Kaufman entwickelt, um seinen adaptiven, gleitenden Durchschnitt (KAMA) an unterschiedliche Marktphasen anzupassen. Im Kapitel über selbst anpassende Indikatoren werde ich noch detaillierter auf den KAMA eingehen.

Aber die Efficiency Ratio ist nicht nur sehr gut zur Steuerung der Adaption bei Durchschnitten geeignet, sondern lässt sich auch als Maßstab für die Trendintensität verwenden. Sie ist ein Maßstab für die Geradlinigkeit eines Trends.

Die Überlegung, die hinter der Efficiency Ratio steckt, beruht auf der fraktalen Geometrie. Als Erstes steht die Überlegung, dass die Gerade die kürzeste und damit auch die effizienteste Verbindung zwischen zwei Punkten ist. Wenn man nun nicht die Gerade als kürzesten Weg gehen

---

23) Vgl.: Steven B. Achelis, Technical Analysis from A to Z.
24) Vgl.: Erich Florek, Neue Trading-Dimensionen, 1. Auflage, S. 257-259.

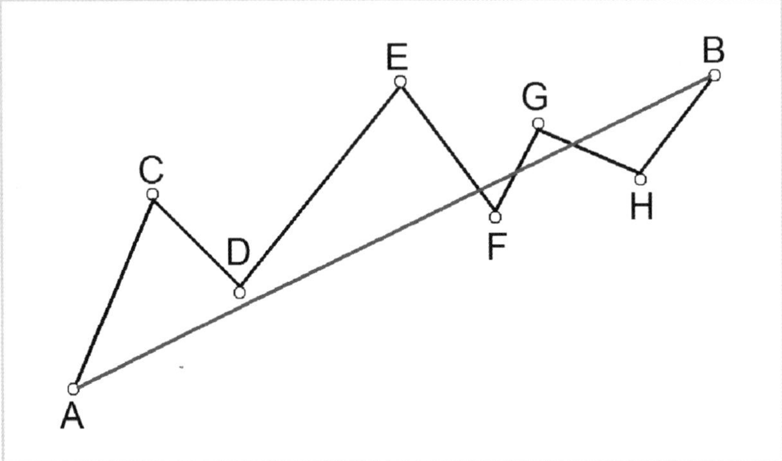

Abb. 40: Der kürzeste und effizienteste Weg von A nach B ist die Gerade. Wenn Sie allerdings von A über C, D, E, F, G und H fahren, kommen Sie auch ans Ziel, aber Sie haben einen Umweg gemacht, dessen Länge sich aus der Summe der Teilstrecken ergibt.

kann, sondern einen Umweg machen muss, ist die Strecke, die beim Umweg zurückgelegt wurde, die wirklich zurückgelegte Entfernung. Will man nun eine Maßzahl bestimmen, die angibt, wie groß der Umweg im Verhältnis zum direkten Weg ist, so teilt man einfach die zurückgelegte Entfernung des direkten Wegs durch die zurückgelegte Entfernung beim Umweg.

Und genau diese Methode hat Perry Kaufman auf die Kursentwicklung angewendet. Wenn Sie beispielsweise die Effizienz der Kursbewegungen der letzten zehn Tage bestimmen wollen, wäre der direkte Weg die Differenz des aktuellen Kurses und des Kurses vor zehn Tagen. Der Umweg ergibt sich aus der Summe aller Kursdifferenzen zu ihrem Vortag. Damit wir auch wirklich die Strecke erhalten, wird der absolute Betrag verwendet, da sich sonst positive und negative Kursdifferenzen gegenseitig aufheben würden. Um die Trendintensität unabhängig von der Trendrichtung zu machen, wird auch der absolute Betrag für die Strecke des direkten Wegs verwendet.

Die Efficiency Ratio ergibt sich also aus dem Quotienten des Absolutbetrags der Kursdifferenz des ersten und des letzten Kurses des Betrachtungszeitraums und der Summe der absoluten Kursdifferenzen zum Vortag.[25] Die Efficiency Ratio schwankt zwischen 0 und 1. Die Kursbewegung ist effizient, wenn die Efficiency Ratio einen Wert von 1 aufweist; in diesem Fall ist kein Umweg vorhanden, und der Kurs hat sich auf gerader Linie bewegt. Ist der Umweg im Verhältnis zum direkten Weg sehr groß, so nähert sich die Efficiency Ratio dem Wert von Null an.

Trendphasen sind meist durch eine geradlinige Bewegung gekennzeichnet, während trendlose Phasen häufig hin und her schwanken, dabei aber keine großen Änderungen im Kursniveau herbeiführen. Daher kann die trendlose Phase auch als volatile Seitwärtsbewegung definiert werden.

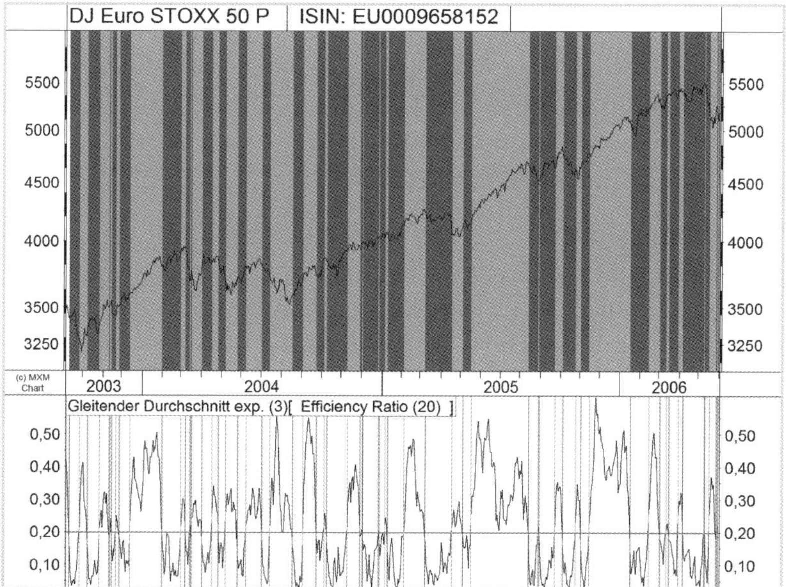

Abb. 41: Die hellgrauen Bereiche im Kursverlauf des EuroStoxx 50 zeigen Aufwärts- und Abwärtstrendphasen an. Die dunkelgrauen Bereiche verdeutlichen die Seitwärtstrends. Die hellgrauen Bereiche entstehen, wenn die 20-Tage-Efficiency-Ratio, die noch mit einem 3-Tage-Durchschnitt geglättet wurde, über 0,20 liegt. Bei Werten unter 0,20 entstehen die dunkelgrauen Flächen.

25) Vgl.: Perry J. Kaufman, Trading Systems and Methods, Third Edition, 1998, S. 436-437.

Mit der Efficiency Ratio haben Sie nun ein Mittel, um zwischen beiden Marktphasen zu unterscheiden. Legen Sie dafür einen Grenzwert fest, der beispielsweise bei 0,2 liegen kann. Wenn die Efficiency Ratio sich oberhalb des Grenzwerts befindet, liegt eine geradlinige Trendbewegung vor, befindet sich der Wert darunter, ist die Bewegung eine nicht so effiziente Seitwärtsbewegung. Für die Höhe des Grenzwertes gibt es in der Literatur keine Angabe, aber ein passender Grenzwert lässt sich visuell gut ermitteln.

Auch Tusher Chande nutzt seinen Chande Momentum Oscillator unter anderem, um Trendphasen zu bestimmen. Dazu verwendet er nicht den ursprünglichen CMO, sondern den absoluten Betrag des CMO. Wenn man die Berechnung des absoluten CMO und der Efficiency Ratio genauer vergleicht, fällt auf, dass beide identische Ergebnisse liefern. Der absolute CMO wurde lediglich noch mit dem Faktor 100 multipliziert. Sie können also die Efficiency Ratio anstelle des absoluten CMO und umgekehrt einsetzen.

2.3.5 r^2 der linearen Regression

Der Korrelationskoeffizient r^2 ist ein Verfahren, um die lineare Beziehung zwischen den Kursen und der Zeit zu quantifizieren. Im Zusammenhang mit der linearen Regression zeigt r^2 an, wie gut die Regressionsgerade die Daten repräsentiert. Bei der linearen Regression erhält man immer ein Ergebnis, egal ob die Daten auf einer Linie oder weit verstreut liegen. Mit dem Korrelationskoeffizienten r^2 kann man die Güte der linearen Regression beurteilen. Ein Wert von 1 besagt, dass alle Kurse auf der Regressionsgeraden liegen, während ein Wert von 0 angibt, dass die Kurse nicht durch die Regressionsgerade erklärt werden können. Wenn Sie beispielsweise die Steigung der Regressionsgeraden als Indikator für die Trendrichtung und -geschwindigkeit einsetzen, können Sie am Wert von r^2 ablesen, ob das Ergebnis statistisch relevant ist. Der Zeitraum, über den r^2 berechnet wurde, verhält sich umgekehrt proportional zur Höhe des kritischen Wertes von r^2, ab dem das Ergebnis relevant ist. Wenn Sie den kritischen Wert für einen Zeitraum kennen, können Sie sich die Mindestwerte für die anderen Zeiträume berechnen. Bei einem Berechnungszeitraum von zehn Tagen und einer Zuverlässigkeit von 95 Prozent lautet der kritische Wert 0,4. Wenn Sie nun den kritischen Wert für 50 Tage ermitteln möchten, verwenden Sie den Quotienten aus den beiden Zeiträumen (10/50 = 1/5) und multiplizieren den Quotienten mit dem bekannten kritischen Wert (1/5 x 0,4 = 0,08). Folgende Tabelle gibt einige Zeitperioden mit den kritischen Werten bei einer Zuverlässigkeit von 95 Prozent an:

10 Tage	= 0,40
20 Tage	= 0,20
30 Tage	= 0,13
50 Tage	= 0,08

Wenn Sie also die Steigung der Regressionsgeraden als Indikator einsetzen und 20 Tage als Zeitraum verwenden, sollte r^2 mindestens 0,20 betragen, damit eine statistische Relevanz der Berechnung besteht.

Tushar Chande und Stanley Kroll beschreiben in ihrem Buch *The New Technical Trader* den Einsatz von r^2 als Maßstab für die Trendstärke und

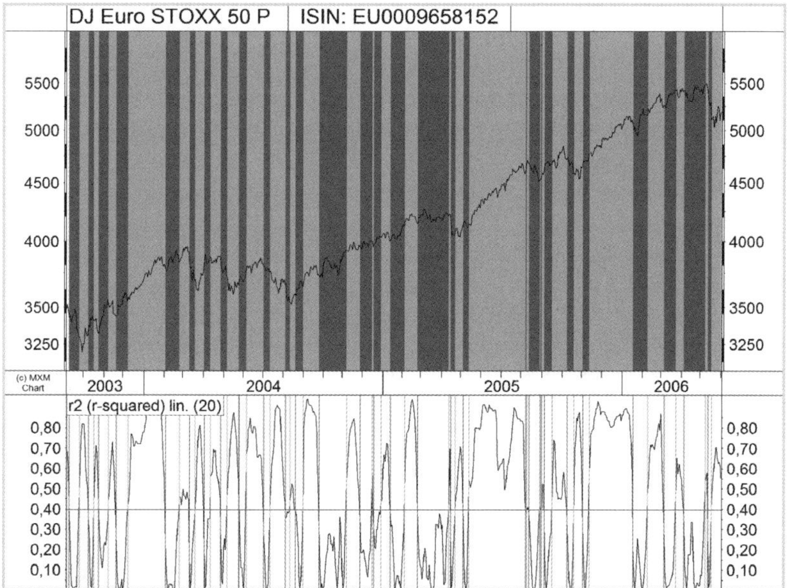

Abb. 42: Der Korrelationskoeffizient r^2 der linearen Regression wird hier als Trendfilter verwendet. Werte über 0,4 zeigen einen Trend an und sind im Kursverlauf des EuroStoxx 50 durch hellgraue Bereiche hervorgehoben. Werte unter 0,4 zeigen trendlose Phasen an und sind dunkelgrau dargestellt.

nutzen damit dieses Verfahren, um zu bestimmen, ob eine Trendphase vorherrscht oder nicht. Der r^2-Indikator hat somit sein Haupteinsatzgebiet in der Bestätigung von Signalen, die von Momentum-basierten Indikatoren erzeugt werden. Man sollte nur überkaufte beziehungsweise überverkaufte Situationen handeln, wenn der r^2-Indikator niedrige Werte aufweist und somit geringe Trendintensität anzeigt. In starken Trendphasen kann die überkaufte beziehungsweise überverkaufte Situation für längere Zeit anhalten, sodass sich das Kaufsignal bei überverkaufter und das Verkaufssignal bei überkaufter Marktsituation als Fehlsignal erweist.[26]

2.3.6 Chande Trend Index (CTI)

Der Chande Trend Index (CTI) ist ein Indikator, der die Trendstärke anzeigt. Er basiert auf Erkenntnissen, die in der Optionspreistheorie eingesetzt werden. Nach der Theorie der Brownschen Bewegung lässt sich eine Preisbewegung als Standardabweichung der täglichen, logarithmischen Kursänderung, multipliziert mit der Wurzel aus der Länge des Betrachtungszeitraum, beschreiben. Beim CTI wird nun die logarithmische Kursänderung zwischen dem ersten und dem letzten Kurs des Betrachtungszeitraums mit der Summe der täglichen, logarithmischen Kursänderung multipliziert und mit der Wurzel aus der Länge des Betrachtungszeitraums ins Verhältnis gesetzt.

Tushar Chande gibt in seinem Buch[27] die Formel für den CTI ohne die Verwendung des absoluten Betrags an. Die Verwendung des absoluten Betrags ist allerdings erforderlich, wenn man die im Buch gezeigten Beispielgrafiken des CTI anhand der Formel nachbilden möchte. Auffällig ist, dass in den Beispielen der CTI niemals negativ ist. Ohne die Verwendung des absoluten Betrags wird der CTI negativ, sobald der Kurs am Anfang des Betrachtungszeitraums größer ist als der Kurs am Ende des Betrachtungszeitraums. In diesem Fall wäre der Quotient aus den beiden Kursen kleiner 1, und nach der Anwendung des Logarithmus entstünde ein negativer Wert.

26) Tushar S. Chande und Stanley Kroll, The New Technical Trader, S. 19-48.
27) Tushar S. Chande, Beyond Technical Analysis, 2. Auflage 2001, S. 31.

In seinen Beispielgrafiken verwendet Tushar Chande eine Einstellung von ca. 21 Tagen, ohne diese im Text explizit zu benennen.

Wenn sich die Kurse zufallsbedingt bewegen, dann sollte der Chande Trend Index kleiner oder gleich 1 sein. Bewegen sich die Kurse in einem starken Trend, so sollte der CTI Werte aufweisen, die größer 1 sind. Wenn ein starker Trend vorliegt, bietet sich der Einsatz von trendfolgenden Handelsstrategien an.

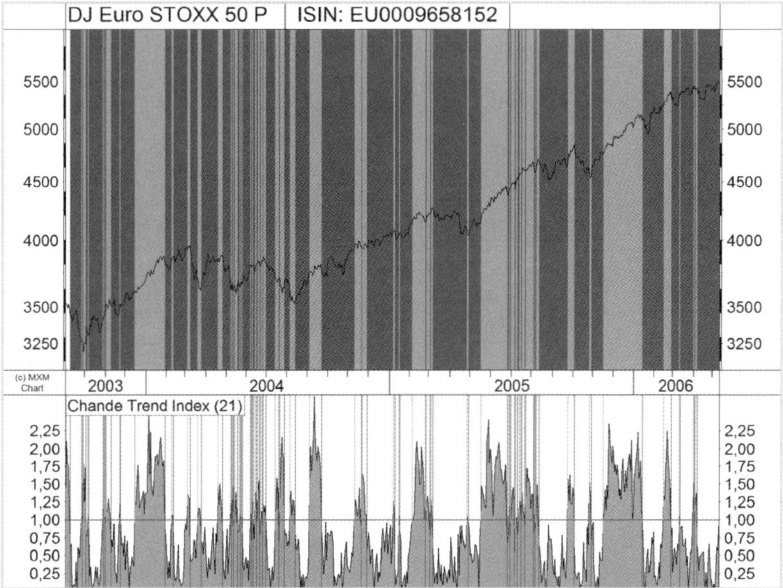

Abb. 43: Der Chande Trend Index (CTI) zeigt mit Werten größer 1 Trendphasen an und mit Werten unter 1 Phasen, in denen sich die Kurse eher zufallsbedingt bewegen.

2.3.7 Polarized Fractal Efficiency (PFE)

Bei der Entwicklung der Polarized Fractal Efficiency hat Hans Hannula auf die Erkenntnisse der Fraktalen Geometrie und der Chaostheorie zurückgegriffen.[28] Die Polarized Fractal Efficiency soll anzeigen, ob sich der

28) Vgl.: Hans Hannula, Technical Analysis of Stocks & Commodities, Januar 1994.

Kursverlauf zwischen zwei Punkten geradlinig und damit effizient oder in Wellen bewegt.

Das Haupteinsatzgebiet der PFE soll in der Messung der Trendeffizienz liegen. Ist die PFE größer Null, besagt dies, dass der Trend aufwärts gerichtet ist. Je höher der Wert der PFE ist, desto effizienter ist die Aufwärtsbewegung.

Bei einer Abwärtsbewegung sind die Werte des PFE kleiner Null, und die Effizienz der Abwärtsbewegung steigt, je weiter die Werte unter den Nullpunkt fallen. Werte in der Nähe des Nullpunkts zeigen eine wenig effiziente Kursbewegung an und deuten auf ein Gleichgewicht der Kräfte von Angebot und Nachfrage hin.

Bei der Berechnung der PFE wird die Länge einer geraden Linie zwischen zwei Kursen, die n-Tage auseinander liegen, zur Länge der tatsächlichen wellenförmigen Kursbewegung ins Verhältnis gesetzt. Dabei wird nicht wie bei anderen Indikatoren die Kursdifferenz, sondern eine geometrische Strecke verwendet. Die Länge der Strecke wird nach dem Satz des Pythagoras ermittelt. Da es für das Verständnis der nachfolgenden Erläuterungen sehr wichtig ist, die Formel des Indikators zu verstehen, habe ich beim PFE die Formel ausnahmsweise schon bei der Beschreibung und nicht wie bei den anderen Indikatoren in der Formelsammlung aufgeführt.

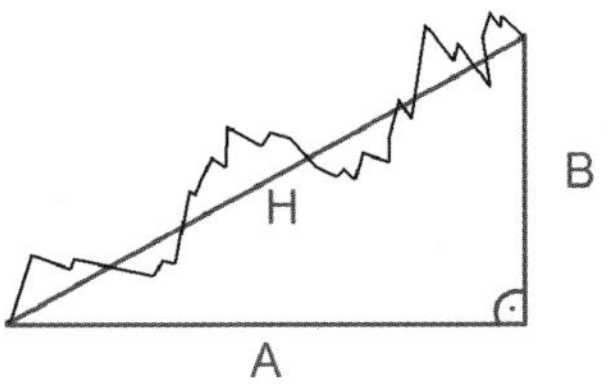

$$H^2 = A^2 + B^2$$
$$H = \sqrt{A^2 + B^2}$$
$$A = \mathit{Zeitdifferenz}$$
$$B = \mathit{Kursdifferenz}$$

Das Vorzeichen des PFE wird über den Vergleich des Anfangs- mit dem Endkurs der Periode bestimmt. Zur Glättung des Verlaufs der PFE wird abschließend ein exponentieller Durchschnitt gebildet. Dadurch soll die Flatterhaftigkeit, die insbesondere durch den Vorzeichenwechsel hervor gerufen wird, gedämpft werden.

$$FE_t = \frac{\sqrt{\left(\frac{C_t - C_{t-n+1}}{KF}\right)^2 + n^2}}{\sum_{i=0}^{i<n-1} \sqrt{\left(\frac{C_{t-i} - C_{t-i-1}}{KF}\right)^2 + 1^2}} \times 100$$

$$C_t < C_{t-n-1} \rightarrow FE_t = FE_t \times -1$$

$$PFE_t = GD_t^{\exp,m}(FE)$$

KF = Korrekturfaktor

Der Korrekturfaktor KF ist in der Beschreibung von Hans Hannula nicht enthalten und wurde nachträglich eingeführt, um eine Eigenart des PFE zu korrigieren. Der Verlauf des PFE weist nämlich eine Abhängigkeit von der Höhe des Kurses auf. Bei Wertpapieren beziehungsweise Indizes mit Kursen ab etwa 500 wie zum Beispiel dem DAX oder DJII weist der PFE ein anderes Verlaufsmuster als bei Werten mit niedrigen Kursen auf. Um diese Problematik zu korrigieren, wurde der Korrekturfaktor in die PFE-Formel integriert; sie ermöglicht es dem Anwender, auch für Werte mit höheren Kursen den »typischen« PFE-Verlauf zu erzeugen. Ein Korrekturfaktor von eins (KF = 1) erzeugt Indikatorwerte nach der Originalformel.

Hans Hannula sieht einen Berechnungszeitraum von zehn Tagen (n = 10) als guten Kompromiss für die rechnerische Verzögerung, die die Hälfte der Zeitspanne ausmacht, und der Verwendbarkeit des Indikators. Zur Glättung empfiehlt er, fünf Tage (m = 5) zu verwenden.

Hans Hannula hat eine Reihe von interessanten Phänomen im Zusammenhang mit der Polarized Fractal Efficiency beschrieben:

- Indizes tendieren zu einer maximalen PFE von +/- 43 %. Dieses Verhalten wurde insbesondere für den OEX festgestellt. Andere Indizes weisen geringfügige wertmäßige Abweichungen in den Extremwerten auf.

- Der PFE bildet oftmals kurz vor dem Ende einer effizienten Periode einen Haken aus.

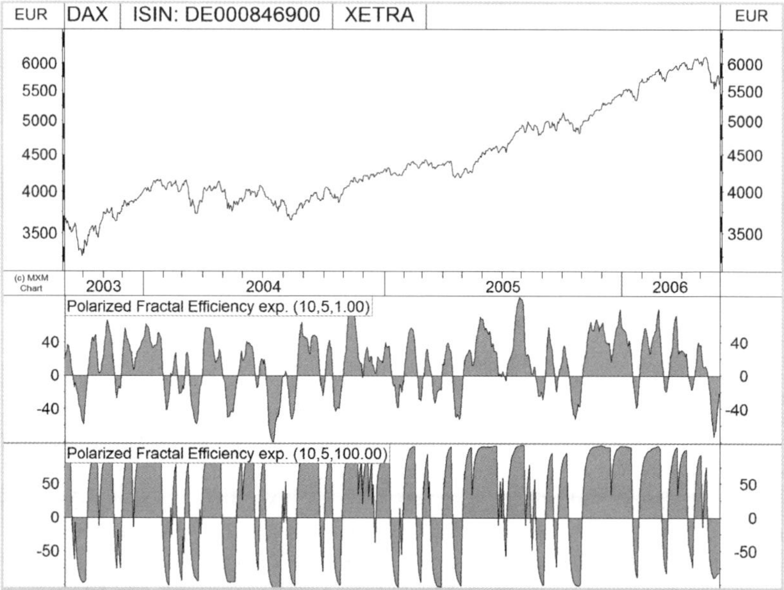

Abb. 44: Im mittleren Bereich ist die Polarized Fractal Efficiency (PFE) ohne Korrekturfaktor dargestellt und zeigt einen für den PFE untypischen Verlauf. Im unteren Bereich ist der PFE mit einem Korrekturfaktor von 100 berechnet worden und zeigt die für den PFE typischen Haken.

Thomas Popetschnig weist auf einen Fehler in der PFE-Formel hin und zeigt auf, dass bei niedrigen Kurswerten und damit geringen Kursdifferenzen nicht die Trendeffizienz durch den PFE gemessen wird.[29] Bei kleinen Kurswerten wird die Berechnung der jeweiligen Strecke fast ausschließlich durch die Zeitdifferenz beeinflusst, sodass das Ergebnis der Effizienz immer nahe 100 liegt. Dadurch wird der PFE fast ausschließlich durch die Ermittlung des Vorzeichens beeinflusst und stellt damit eher einen Momentum-Indikator als einen Trendeffizienz-Indikator dar.

Beispiel:

$$A = Zeitdifferenz = 10$$

$$B = Kursdifferenz = 0{,}7$$

$$H = \sqrt{A^2 + B^2}$$

$$H = \sqrt{10^2 + 0{,}7^2} = 10{,}02$$

Die herkömmliche Anwendung des Korrekturfaktors führt nun dazu, dass auch die

29) Vgl. Thomas Popetschnig, Börse Now, Juni 2001.

Kursdifferenzen von Werten mit hohen Kursen derart verkleinert werden, dass der PFE auch hier nicht mehr die Trendeffizienz anzeigt. Denn bei höheren Kurswerten würde der PFE ja gerade die Trendeffizienz anzeigen. Sie sollten also den Korrekturfaktor eher dazu einsetzen, um bei kleinen Kurswerten die Kursdifferenz zu erhöhen ($0 < KF < 1$), wenn Sie die Trendeffizienz anzeigen wollen.

Durch die Abhängigkeit von der Kurshöhe erweist sich der PFE in der Praxis als problematische Umsetzung einer interessanten Idee.

2.4 Beweglichkeit

In der Technischen Analyse werden unterschiedliche Methoden verwendet, um die Beweglichkeit von Kursen zu bestimmen. So verwendet John Bollinger bei den nach ihm benannten Bollinger Bands die aus der Statistik stammende Standardabweichung als Maß für die Beweglichkeit eines Wertpapiers. Welles Wilder verwendet hingegen einen Durchschnitt der »wahren« täglichen Handelsspanne, um die Beweglichkeit zu charakterisieren.

Im allgemeinen Sprachgebrauch wird die Beweglichkeit mit dem Begriff der Volatilität gleichgesetzt. Allerdings sollte man immer hinterfragen, was sich genau hinter dem Begriff Volatilität verbirgt und wie diese ermittelt wurde. Der Begriff der Volatilität steht nicht für ein eindeutig definiertes Verfahren, sondern es gibt – je nach Anwendung – mehrere Methoden, wie diese ermittelt werden kann. So unterscheidet man beispielsweise zwischen historischer und impliziter (erwarteter) Volatilität.

Volatilität wird in der Statistik als eine Kennzahl für das Ausmaß der Preisbeweglichkeit um einen Mittelwert angesehen, der über einen bestimmten Zeitraum ermittelt wird. Je höher das Ausmaß und die Häufigkeit der Kursschwankungen, umso höher ist die Volatilität. Eine zunehmende Volatilität zeigt eine steigende Unsicherheit über die zukünftige Preisentwicklung an. Die Volatilität ist ein Ausdruck des Preisänderungsrisikos.

Empirische Untersuchungen zeigen, dass die Volatilität am Aktienmarkt eine relativ konstante, negative Korrelation zur Kursentwicklung aufweist. Das heißt, steigende Kurse werden meist von sinkender Volatilität begleitet und umgekehrt.

Die Volatilität ist ein wichtiger Bestandteil bei der Ermittlung des fairen Preises einer Option. Eine steigende Volatilität führt zu einer steigenden Optionsprämie und umgekehrt.

Auch bei der Ermittlung von Stoppmarken kann auf die Beweglichkeit einer Aktie zurückgegriffen werden. Wenn sich eine Aktie nicht so stark bewegt, kann ein engerer Stoppkurs verwendet werden, ohne groß Gefahr zu laufen, von der nächsten zufälligen Kursschwankung aus dem Markt geworfen zu werden.

In der Technischen Analyse wird die Volatilität auf recht unterschiedliche Weise eingesetzt. Dabei wird sie nur in seltenen Fällen als Signalgeber verwendet, sondern primär als Filter eingesetzt. Ebenfalls sehr beliebt ist die Volatilität als Bestandteil eines Indikators; so wird sie bei Bändern, wie den Bollinger Bands, eingesetzt, um die Breite zu steuern. Bei einigen adaptiven Indikatoren wie Vidya wird die Volatilität zur automatischen Anpassung des Berechnungszeitraums verwendet.

Die einfachste Art, die Volatilität einzusetzen, sind so genannte Volatilitäts-Ausbruchs-Strategien. Dabei wird eine Long-Position aufgebaut, sobald der Kursverlauf aus seiner »normalen« Schwankungsbreite nach oben ausbricht. Beim Ausbruch nach unten wird dagegen eine Short-Position aufgebaut.

2.4.1 Maße für die Beweglichkeit

In den nachfolgenden Abschnitten wird eine Reihe von Kennzahlen beschrieben, die die Volatilität abbilden. Trotz der zum Teil sehr unterschiedlichen Methoden, die zur Ermittlung der Volatilität eingesetzt werden, erkennen Sie in der nachfolgenden Abbildung, dass alle vier Methoden zu ähnlichen Bewegungsmustern führen. Ebenfalls ist gut zu erkennen, dass sich die Volatilität meist entgegengesetzt zum Kursverlauf bewegt.

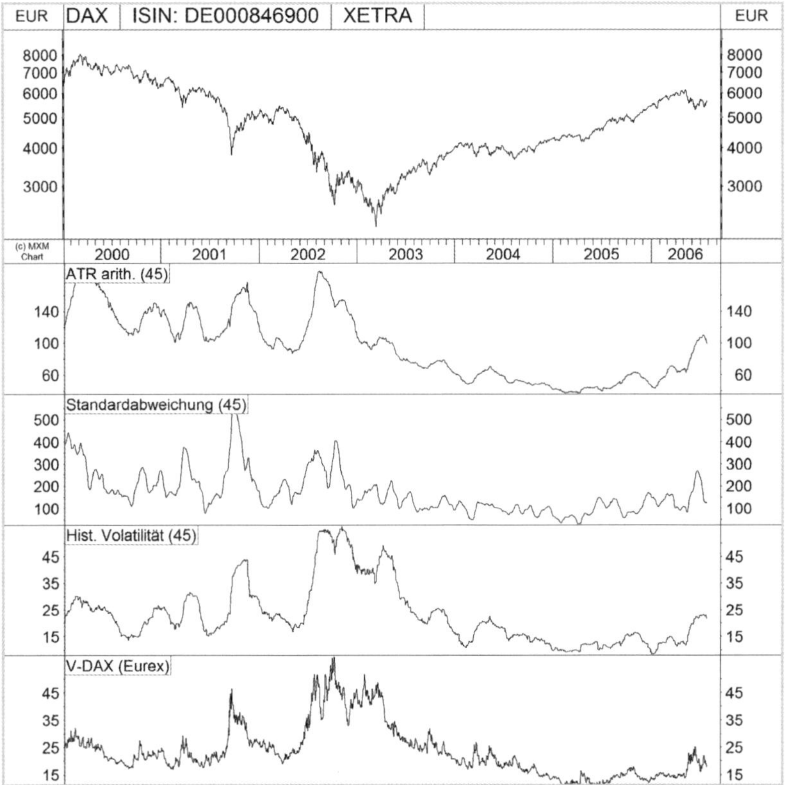

Abb. 45: Vergleich von vier Berechnungsmethoden für die Volatilität des DAX.

2.4.1.1 Standardabweichung, Variationskoeffizient und Standardfehler

Die aus der Statistik stammende Standardabweichung gibt den durchschnittlichen Abstand jedes einzelnen Kurses vom Mittelwert aller Kurse des Berechnungszeitraumes an. Statistisch gesehen liegen 68 Prozent aller Kurse im Bereich vom Mittelwert plus beziehungsweise minus dem Wert der einfachen Standardabweichung, und 95 Prozent aller Kurse befinden sich im Bereich vom Mittelwert plus beziehungsweise minus dem zweifachen Wert der Standardabweichung. Diese Prozentangaben unterstellen allerdings, dass die zugrunde liegenden Daten der Normalverteilung folgen. Dies ist bei Aktienkursen nicht unbedingt gegeben.

Je höher der Wert für die Standardabweichung ist, desto stärker ist der Kursverlauf in der Vergangenheit geschwankt.

Die absolute Höhe der Standardabweichung ist abhängig vom Kursniveau des Wertpapiers; daher führen starke Änderungen des Kursniveaus im Zeitablauf zu Problemen beim Vergleich von alten und neuen Werten der Standardabweichung. Außerdem ist die Standardabweichung nicht geeignet, um das Ausmaß der Volatilität von unterschiedlichen Wertpapieren direkt zu vergleichen.

Besser geeignet für den historischen Volatilitätsvergleich und auch für den Vergleich der Volatilitäten unterschiedlicher Wertpapiere ist der Variationskoeffizient. Beim Variationskoeffizient wird die Standardabwei-

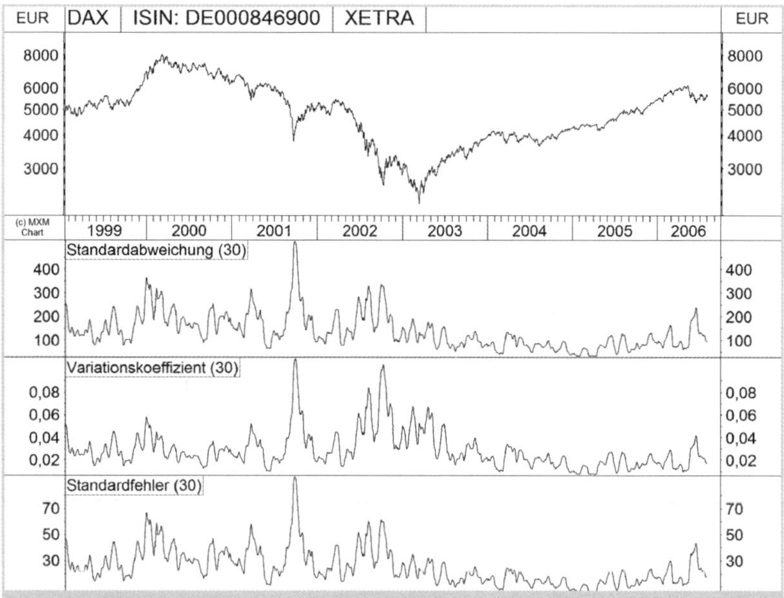

Abb. 46: Vergleich von Standardabweichung, Variationskoeffizient und Standardfehler.

chung durch den Mittelwert dividiert und meist mit 100 multipliziert. Dadurch wird sie relativ zum Mittelwert und damit unabhängig vom Kursniveau des Wertpapiers ausgedrückt.

Will man die Standardabweichung unabhängig vom Stichprobenumfang, also der Anzahl an Tagen zur Berechnung der Standardabweichung, darstellen, wird der Standardfehler eingesetzt. In der Statistik ist der Standardfehler definiert als Standardabweichung dividiert durch die Wurzel des Stichprobenumfangs. In der Technischen Analyse wird der Standardfehler bei Standard-Error-Bands eingesetzt.

2.4.1.2 Historische Volatilität

Die historische Volatilität gibt die jährliche, prozentuale Schwankungsbreite eines Kursverlaufs in der Vergangenheit an. Bei der Ermittlung der historischen Volatilität wird auf die Standardabweichung zurückgegriffen, allerdings gehen hier logarithmierte Renditen in die Berechnung ein. Die Rendite wird als Quotient aus dem aktuellen Kurs und seinem Vortagskurs ermittelt. Die logarithmierten Renditen werden verwendet, da diese eher der Normalverteilung folgen. Aufgrund der besseren Vergleichbarkeit wird das Ergebnis der Volatilitätsberechnung auf ein Jahr annualisiert. Wenn die Berechnung auf Tagesbasis erfolgte, wird das Ergebnis mit der Wurzel aus 252 multipliziert. Bei Wochendaten wird die Wurzel aus 52 und bei Monatsdaten die Wurzel aus zwölf zur Annualisierung verwendet.

Durch die Verwendung von Renditen anstatt von absoluten Kursen ist die historische Volatilität unabhängig von der Höhe des Kursniveaus.

Eine Verdoppelung des Kursniveaus hat bei der Verwendung relativer Preisänderungen keine Auswirkungen auf die Höhe der errechneten Volatilität. Werden jedoch die Preise direkt verwendet wie bei der reinen Standardabweichung, führt eine Verdoppelung des Kursniveaus zu einer zweimal so hohen Volatilität. Die historische Volatilität von unterschiedlichen Wertpapieren ist direkt vergleichbar.

Als Schätzwert für die zukünftige Volatilität geht die historische Volatilität auch in die Ermittlung des fairen Preises für Optionen ein. Die Volatilität ist ein wichtiger Faktor in Optionspreismodellen.

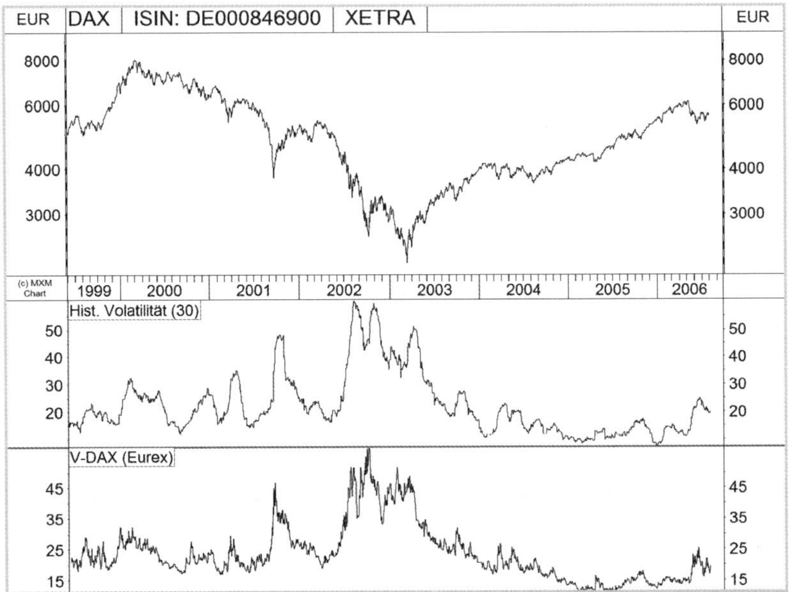

Abb. 47: Historische Volatilität des DAX im Vergleich zur impliziten, erwarteten Volatilität in Form des VDAX.

2.4.1.3 Implizite Volatilität

Die implizite Volatilität ist eine erwartete, für die Zukunft geschätzte Volatilität, die die Marktteilnehmer bei der Ermittlung des Optionspreises zugrunde legen. Die implizite Volatilität kann durch die Umstellung der Formel eines Optionspreismodells ermittelt werden.

Der von der Deutsche Börse AG berechnete VDAX (DAX-Volatilitätsindex) gibt die vom Terminmarkt erwartete Schwankungsbreite des Deutschen Aktienindex für die nächsten 45 Tage an. Die erwartete Schwankungsbreite des DAX wird aus den impliziten Volatilitäten der an der EUREX gehandelten Optionen abgeleitet.

Zusammen mit Goldman Sachs hat die Deutsche Börse AG einen weiteren Volatilitätsindex, den VDAX-NEW, entwickelt. Dieser Volatilitätsindex gibt die erwartete Schwankungsbreite des DAX für die nächsten

30 Tage wieder. Bei der Berechnung des VDAX-NEW werden nicht nur die Optionskontrakte verwendet, die sich »im Geld« befinden, sondern auch diejenigen, die »aus dem Geld« notieren. Mittelfristig soll der VDAX-NEX den VDAX ablösen.

Der VIX ist der vergleichbare Volatilitätsindex für den amerikanischen Markt und wird auf Basis von Option des S&P 100 berechnet.

2.4.1.4 Handelsspanne und High/Low Ratio

Um die Beweglichkeit von Kursen zu charakterisieren, kann die Schwankungsbreite über ein bestimmtes Zeitintervall verwendet werden. Man spricht auch von der Handelsspanne, die als Differenz zwischen dem höchsten und dem niedrigsten Kurs eines Zeitintervalls ausgedrückt wird. Die tägliche Handelsspanne ist folglich die Differenz des Tageshöchst- und des Tagestiefstkurses. Natürlich kann die Handelsspanne nicht nur über einen Tag, sondern über jeden beliebigen Zeitraum be-

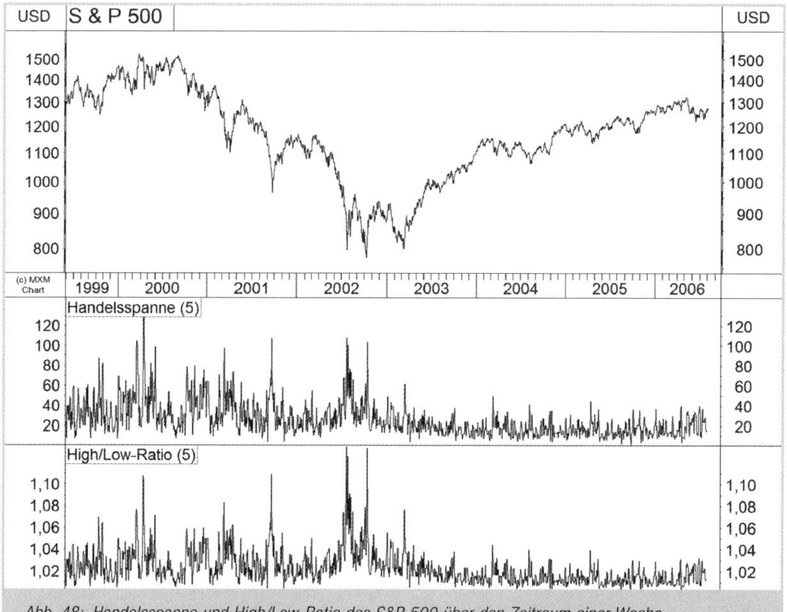

Abb. 48: Handelsspanne und High/Low-Ratio des S&P 500 über den Zeitraum einer Woche.

rechnet werden. Häufig wird auch eine Woche, ein Monat oder ein Jahr verwendet.

Da die Handelsspanne von der Höhe des Kursniveaus beeinflusst wird, gibt es mit dem High/Low Ratio eine andere Berechnungsform, die unabhängig von der Höhe des Kursniveaus ist. Beim High/Low-Ratio wird, wie der Name schon sagt, der Höchstkurs der Periode durch den Tiefstkurs dividiert. Das High/Low Ratio ist besser als die Handelsspanne geeignet, wenn Sie die Volatilität über einen längeren Zeitraum oder von verschiedenen Wertpapieren vergleichen möchten.

2.4.1.5 ATR – Wilders Volatility

Welles Wilder entwickelte die Average True Range (ATR) als eine Kennzahl für die Volatilität von Kursen. Er sah dabei die tägliche Handelsspanne, also die Differenz aus Tageshöchst- und Tagestiefstkurs, als Ausdruck für die Volatilität am Markt an. Um Ereignisse außerhalb der Handelszeiten besser zu erfassen, definierte er die »wahre Spanne« (true range). Die »wahre Spanne« ist die maximale Spanne, in der sich der Kurs entweder innerhalb eines Handelstages oder vom Schlusskurs des Vortages zum Extremwert des nächsten Tages bewegt hat.

Die Average True Range (ATR) ist der Durchschnitt der »wahren Spanne« über einen bestimmten Zeitraum. Für die Durchschnittsberechnung werden häufig 14 Tage verwendet.

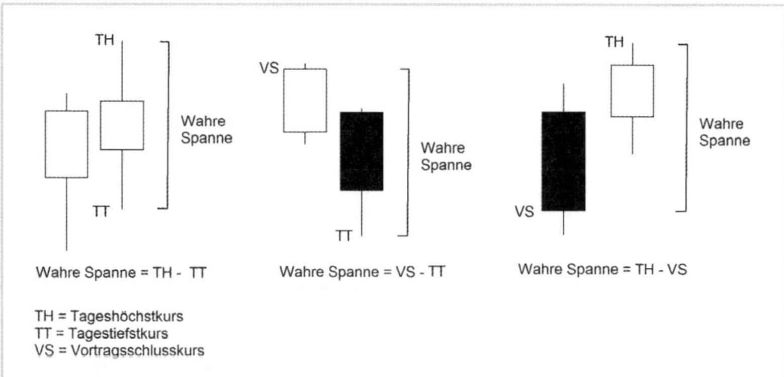

Abb. 49: Ermittlung der »wahren Spanne«.

Die ATR wird, wie die Standardabweichung, von der absoluten Höhe des Kursniveaus beeinflusst; dies führt auch hier zu Problemen bei der Vergleichbarkeit.

Zur besseren Vergleichbarkeit kann die »wahre Spanne« auch relativ zum Mittelpunkt der wahren Spanne dargestellt werden (Relative True Range). John Forman schlägt alternativ eine normalisierte ATR vor und teilt dazu die ATR durch den jeweiligen Schlusskurs.[30]

Die ATR wird teilweise direkt als Indikator eingesetzt, dann deutet eine steigende ATR auf eine Fortsetzung des Trends hin. Eine sich abschwächende ATR weist auf eine bevorstehende Trendumkehr hin.

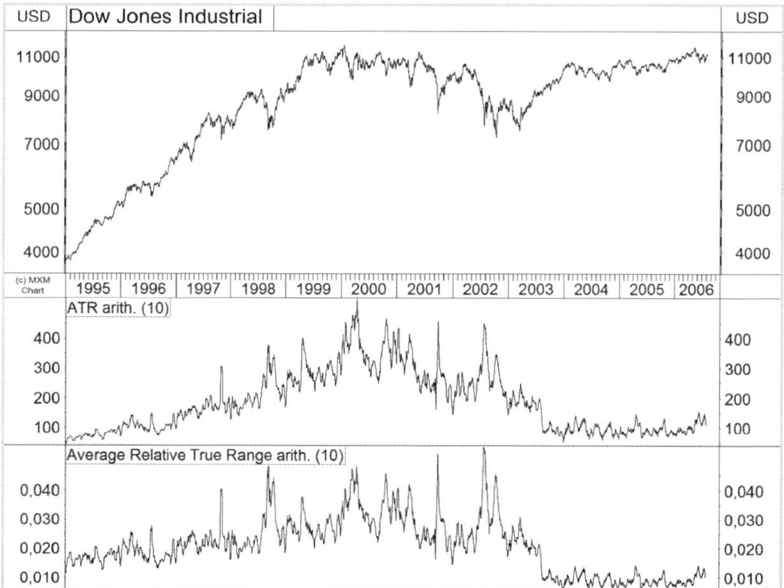

Abb. 50: Average True Range (ATR) und die relative Variante der ATR, die die Beweglichkeit unabhängig vom Kursniveau anzeigt.

30) Vgl.: John Forman, Technical Analysis of Stocks & Commodities, Mai 2006.

Da eine Veränderung der Volatilität allein meist nicht ausreicht, um zuverlässige Signale zu liefern, sollte die ATR besser als Volatilitätsfilter in Kombination mit anderen Indikatoren eingesetzt werden.

2.4.2 Einfaches Volatilitäts-Ausbruchs-System

Die einfachste und direkteste Art, mit Hilfe der Volatilität zu Handelssignalen zu gelangen, ist das Volatilitäts-Ausbruchs-System.

Dabei wird mit Hilfe der Volatilität eine Art »gewöhnliche« Schwankungsbreite des Kursverlaufs für den nächsten Tag definiert. Bricht der Kurs aus seiner gewöhnlichen Schwankungsbreite nach oben aus, wird dies als Signal auf weiter steigende Kurse gewertet. Ein Ausbruch nach unten zeigt fallende Kurse an.

Die gewöhnliche Schwankungsbreite wird bestimmt, indem das Volatilitätsmaß mit einem Faktor zum Beispiel 1,5 multipliziert und dann zum Schlusskurs addiert, um die obere Begrenzung, und subtrahiert, um die untere Begrenzung zu erhalten. Verlässt der Kurs am nächsten Tag seine Begrenzung, wird dies als Signal in Richtung des Ausbruchs gewertet. Als Volatilitätsmaß eignen sich die ATR und die Standardabweichung, weil diese die Volatilität in Kurseinheiten ausdrücken. Die historische und die implizite Volatilität müssen erst in Kurseinheiten umgerechnet werden, da sie die Volatilität in Prozent ausdrücken.

Volatilitäts-Ausbruchs-Systeme sind meist als Umkehrsysteme definiert, d.h. bei einem Signal auf steigende Kurse wird eine Long-Position eingegangen und eine bestehende Short-Position aufgelöst. Bei einem Signal auf fallende Kurse wird die Long-Position aufgelöst und eine Short-Position aufgebaut. Man ist bei einem Umkehrsystem immer im Markt.

In starken Trendphasen liefern Volatilitäts-Ausbruchs-Systeme gute Resultate. Allerdings führen Seitwärtsphasen zu schlechten Ergebnissen, die das Gesamtergebnis meist negativ ausfallen lassen. Außerdem fallen durch die recht hohe Handelsfrequenz die Transaktionskosten stark ins Gewicht.

Volatilitäts-Ausbruchs-Systeme eignen sich gut für Optimierungen und zeigen dann außergewöhnlich gute Resultate für die Vergangenheit. Allerdings nur für die Vergangenheit, denn solche optimierten Systeme versagen dann regelmäßig im realen Einsatz. Eine Reihe von kommerziellen Handelssystemanbietern nutzt solche optimierten Ausbruchsstrategien, um überzogene Erwartungen an die Profitabilität zu wecken.

Um die Eigenschaften von Volatilitäts-Ausbruchs-Systemen zu verbessern, können Sie beispielsweise Phasen mit niedriger Volatilität ausschließen. Diese Phasen sind durch besonders viele Fehlsignale gekennzeichnet. Oder Sie setzen das Volatilitäts-Ausbruchs-System nur in Trendphasen ein, die Sie mit Hilfe eines Trendstärke-Indikators wie dem ADX bestimmen.

Ich verwende Volatilitätsausbrüche, wenn überhaupt, nur als Bestandteil einer übergeordneten Strategie, um ein Signal nochmal vom Markt bestätigen zu lassen. Wenn beispielsweise ein Kaufsignal von einer Trendfolge-Strategie angezeigt wird, erteilt man eine Stop-Buy-Order mit der oberen Ausbruchsgrenze als Limit. Nur wenn der Markt das Signal vom Vortag bestätigt und sich stark genug nach oben bewegt, wird die Kauforder ausgeführt.

2.4.3 Indikatoren auf Basis der Beweglichkeit

Mit dem im vorherigen Abschnitt beschriebenen Verfahren wurde die Beweglichkeit direkt gemessen. Das Ausmaß an Beweglichkeit lässt sich gut mit anderen Indikatoren kombinieren. Insbesondere im Kapitel über Bänder werden Sie die Kombination von gleitenden Durchschnitten mit verschiedenen Volatilitätsmaßen wieder finden.

Eine weitere Möglichkeit, die Volatilitätsmaße zu nutzen, ist, diese als Input für weitere Indikatoren zu benutzen. Sie berechnen dann im ersten Schritt die Volatilität einer Aktie und verwenden das Ergebnis anstelle der Kurse, um im zweiten Schritt einen weiteren Indikator zu berechnen. Wenn Sie beispielsweise Trends in der Volatilität hervorheben möchten, lassen Sie sich die historische Volatilität eines Wertpapiers berechnen und verwenden diese anschließend als Input für die Berechnung eines gleitenden Durchschnitts. Natürlich können Sie auch anstelle des gleitenden Durchschnitts einen MACD oder einen TBI verwenden. Auch Indikatoren, die die Geschwindigkeit eines Trends ermitteln, wie Rate of Change, RSI oder auch Stochastic, lassen sich auf die Volatilität anwenden. Ihrer Kreativität sind dabei keine Grenzen gesetzt, zumal sich Ihre Idee mit nur ein paar Mausklicks umsetzen lässt.

Die nachfolgend vorgestellten Indikatoren nutzen die Volatilität in gleicher Weise als Ausgangspunkt und verwenden dann bekannte Indikatoren, um die Volatilität zu glätten und/oder die Beschleunigung zu ermitteln. Ein wenig aus dem Rahmen fällt hier der Range-Indikator von Jack Weinberg, der nicht direkt auf ein oben vorgestelltes Volatilitätsmaß zurückgreift, sondern das Verhältnis von der Intraday- zur Interday-Spanne verwendet. Dieser interessante Ansatz kann zu tieferen Einsichten in das Marktgeschehen führen.

2.4.3.1 Chaikins Volatility

Marc Chaikins verwendet in seinem Volatilitätsindikator die tägliche Handelsspanne (Tageshöchstkurs minus Tagestiefstkurs) als grundlegendes Maß für die Volatilität. Er glättet die tägliche Handelsspanne mit

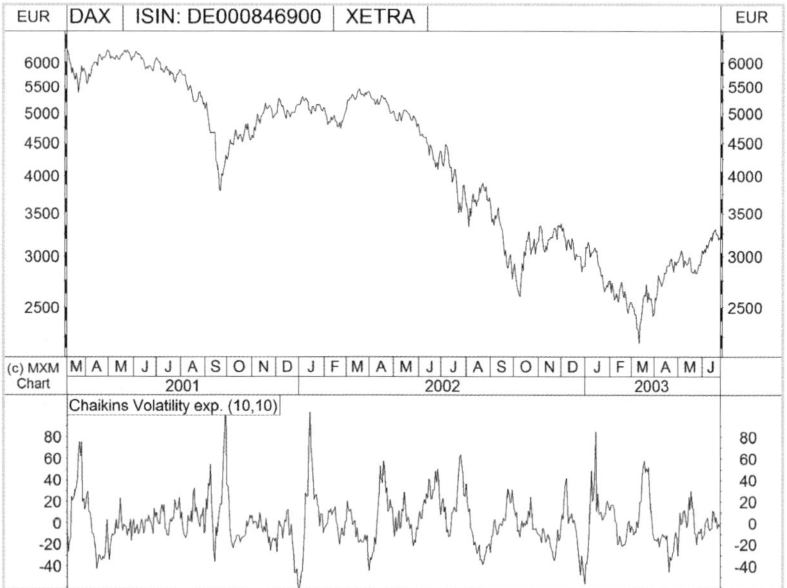

Abb. 51: Die Endphase einer Abwärtsbewegung wird häufig durch einen steilen Anstieg der Chaikins Volatility begleitet.

einem 10-Tage-Durchschnitt und wendet anschließend die 10-Tage-Rate of Change auf das Ergebnis der Durchschnittsberechnung an. Durch die Verwendung der Rate of Change misst die Chaikins Volatility die Geschwindigkeit, in der sich die geglättete Volatilität ändert. Wenn Sie die Rate of Change nicht über zehn Tage, sondern nur über einen Tag berechnen, erhalten Sie die Steigung der geglätteten Volatilität.

Bewegt sich der Chaikins-Volatility-Indikator oberhalb der Nulllinie, signalisiert dies eine steigende Volatilität. Umgekehrt zeigen Werte kleiner Null eine fallende Volatilität an.

Marc Chaikins interpretiert seinen Volatilitätsindikator wie folgt:

Nach einer starken Abwärtsbewegung eines Wertpapiers deutet ein steiles Ansteigen der Chaikins Volatility auf eine sich abzeichnende Bodenbildung oder eine Trendwende hin. Die Endphase eines massiven Kursabschwungs ist fast immer durch eine stark steigende Volatilität gekennzeichnet. Ein länger andauernder Rückgang des Volatilitätsindikators deutet auf das Ende einer Aufwärtsbewegung hin.

2.4.3.2 Relative Volatility Index (RVI)

Donald Dorsey verwendet bei seinen Relative Volatility Index (RVI) die Standardabweichung über einen Zeitraum von zehn Tagen, um die grundlegende Volatilität des Wertpapiers zu ermitteln. Um die Dynamik in der Volatilitätsentwicklung zu berechnen, wendet er den Relative Strength Index (RSI) auf das Ergebnis der Volatilitätsberechnung an. Für die Berechnung der RSI verwendet er die üblichen 14 Tage.

Der RVI misst die Richtung der Volatilitätsentwicklung auf einer Skala zwischen 0 und 100. Die Anwendung des RSI auf die Volatilität sorgt dafür, dass die Schwankungen auf den Wertebereich zwischen 0 und 100 normiert werden und dadurch sowohl historisch als auch mit anderen Wertpapieren vergleichbar sind.

Beim RVI zeigen Werte von über 50 an, dass die Volatilität zugenommen hat, während Werte kleiner 50 auf eine nachlassende Volatilität hindeuten.

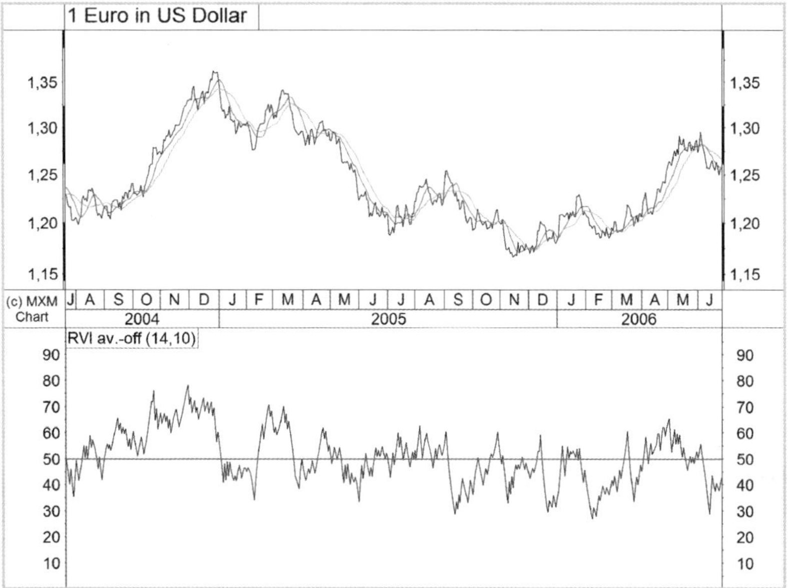

Abb. 52: Relative Volatility Index (RVI) als Filter für Signale durch Überkreuzen eines 10- und eines 20-Tage-Durchschnitts.

Donald Dorsey sieht das hauptsächliche Einsatzgebiet des Relative Volatility Index als Filter für Signale anderer Indikatoren. Der RVI muss die Signale eines anderen Indikators bestätigen, damit sie gültig werden.

Als signalgebender Indikator kann beispielsweise das Überkreuzen eines 10- und eines 20-Tage-Durchschnitts verwendet werden. Signale für steigende Kurse werden dann nur ausgeführt, wenn der RVI größer 50 ist, und Signale für fallende Kurse werden berücksichtigt, falls der RVI unter 50 liegt. Der Ausstieg aus einer Long-Position erfolgt, wenn der RVI unter 40 fällt, und eine Short-Position wird bei RVI-Werten über 60 verlassen. Ein ignoriertes Signal auf steigende Kurse wird nachgeholt, wenn der RVI über 60 steigt, während ein ignoriertes Signal auf fallende Kurse nachgeholt wird, falls der RVI unter 40 fällt.

Donald Dorsey verwendet in seinem Beispiel keine Berechnungen auf Tages-, sondern auf Stundenbasis.[31]

2.4.3.3 Historische-Volatilität-Ratio

Beim Historischen-Volatilität-Ratio (HVR) wird die historische Volatilität über einen kurzen und über einen langen Zeitraum berechnet und anschließend die kurze durch die lange Volatilität dividiert. In einen durch Toby Crabel bekannt geworden Ausbruchs-Handelsansatz wird dieser Indikator als Signalfilter eingesetzt, und Signale werden umgesetzt, wenn die HVR unter 0,5 liegt. Für die Berechnung der kurzfristigen historischen Volatilität werden sechs und für die langfristige 100 Tage verwendet.

Ein Wert von 1 beim Historischen-Volatilität-Ratio besagt, dass die kurz- und die langfristige Volatilität gleich hoch sind. Bei einem Wert von 0,5

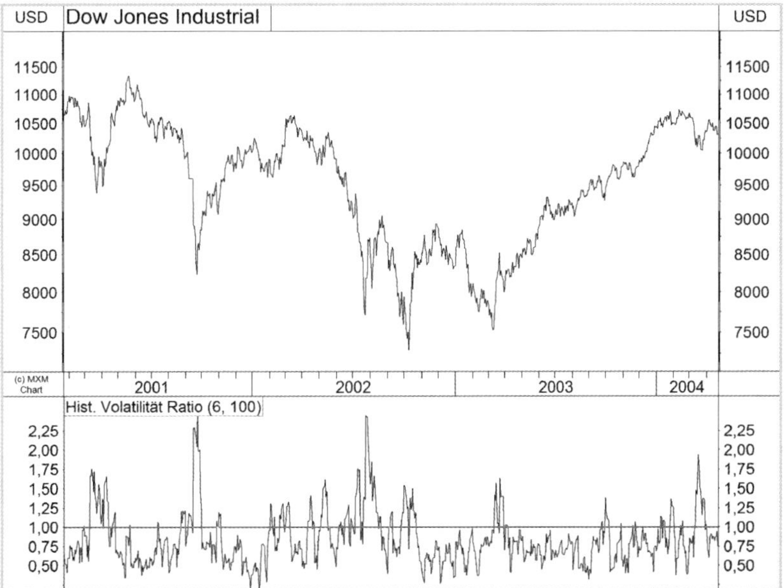

Abb. 53: Die Historische-Volatilität-Ratio des Dow Jones Industrial zeigt in den Tiefpunkten des Index einen starken Anstieg der kurzfristigen gegenüber der langfristigen Volatilität an.

31) Vgl.: Donald Dorsey, Technical Analysis of Stocks & Commodities, Juni 1993.

ist die kurzfristige Volatilität halb und bei einem Wert von zwei doppelt so hoch wie die langfristige Volatilität.

Da sich die Volatilität meist zyklisch verhält, deuten niedrige Werte im HVR auf einen baldigen Anstieg der kurzfristigen Volatilität hin, der meist zu einem Ausbruch der Kurse führt.[32]

2.4.3.4 Range Indicator (TRI)

Der Range Indicator (TRI) von Jack Weinberg wurde entwickelt, um signifikante Änderungen im Verhältnis zwischen der Tagesspanne (Intraday) und der Spanne zum Vortag (Interday) zu verdeutlichen. Der Indikator soll anzeigen, wann die Intraday-Spanne die Interday-Spanne signifikant überschreitet und so den Anfang und das Ende eines Trends signalisiert. Jack Weinberg geht davon aus, dass auf Märkten die meiste Zeit in relativ festen Spannen gehandelt wird und eine größere Änderung der Handelsspanne auf einer fundamentalen Änderung im Angebots-/ Nachfrage-Gleichgewicht beruht.

Die Berechnung des TRI erfolgt, indem das Verhältnis zwischen der True Range und der Differenz aus heutigem Schlusskurs und dem Vortagsschlusskurs gebildet wird. Auf das Ergebnis dieser Berechnung wird der Stochastic-%K-Indikator angewendet, und man erhält die Stochastic Range. Die Stochastic Range wird noch mit einem exponentiellen Durchschnitt geglättet.

Jack Weinberg gibt zehn Tage für die Berechnung der Stochastic Range und drei Tage für die Glättung mit dem exponentiellen Durchschnitt als Richtwerte an. Der TRI ist aufgrund der Anwendung der Stochastic-Formel auf den Wertebereich von 0 bis 100 normiert. Jack Weinberg verwendet Werte unter 20 und über 70, um signifikante Extrema zu erkennen. Niedrige Werte im TRI deuten auf den Anfang eines Trends hin, während hohe Werte das Ende eines Trends signalisieren. Jack Weinberg empfiehlt den Einsatz des TRI im Zusammenspiel mit anderen Indikatoren und zeigt am Beispiel eines Handelssystems auf der Basis von zwei exponentiellen gleitenden Durchschnittslinien, wie die Systemperformance durch den Einsatz des TRI erhöht werden kann.[33]

---

32) Vgl.: Erich Florek, Neue Trading-Dimensionen, S. 253-254.
33) Vgl.: Jack L. Weinberg, Technical Analysis of Stocks & Commodities, Juni 1995.

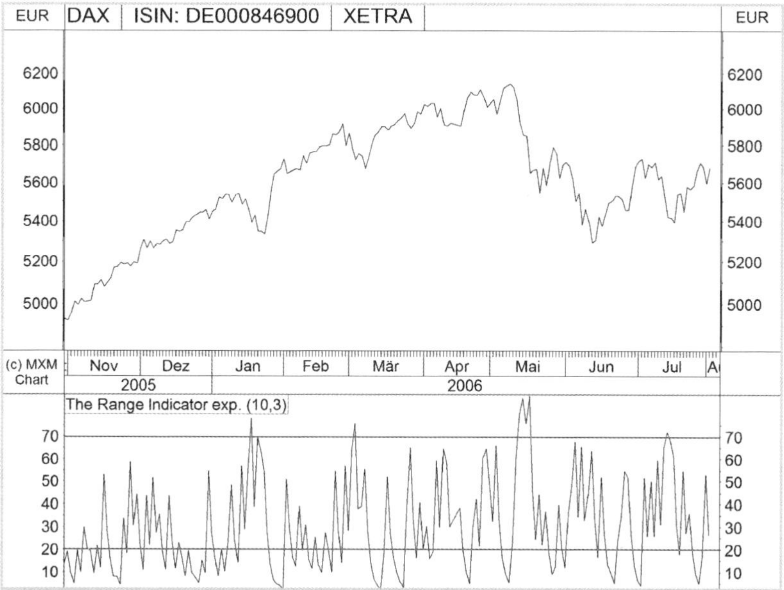

Abb. 54: The Range Indicator mit zwei Linien bei 70 und 20, die signifikante Extremwerte anzeigen sollen.

2.5 Quantitative Candlestick-Indikatoren

Mit Hilfe von quantitativen Candlestick-Indikatoren werden grundlegende Methoden der Candlesticktechnik quantitativ als Indikatoren visualisiert und für weiterführende Auswertungen verfügbar gemacht.

Die Candlestickcharts oder zu Deutsch: Kerzencharts gehören zu den ältesten Methoden der Technischen Analyse und sind im Japan des achtzehnten Jahrhunderts zur Prognose des Reispreises entwickelt worden. Nachdem die Candlesticktechnik in jüngster Zeit viele Anhänger in den USA gefunden hat, stößt sie auch in Deutschland verstärkt auf Interesse.

Im Kerzenchart werden die gleichen Informationen (Eröffnungs-, Höchst-, Tiefst- und Schlusskurs) wie beim Balkenchart dargestellt. Allerdings wird durch die Farbgebung des Kerzenkörpers die Tendenz der Kursentwicklung innerhalb des Tages besonders hervorgehoben.

Liegt der Schlusskurs über dem Eröffnungskurs, wird der Kerzenkörper weiß und im umgekehrten Fall schwarz dargestellt. »Down days are dark« ist eine einfache Methode, um sich diese Systematik einzuprägen. Die Höchst- und Tiefstkurse werden als dünne schwarze Linien eingezeichnet und zeigen die tägliche Handelsspanne an. Die obere dünne Linie, die auch upper shadow oder oberer Schatten genannt wird, zeigt wie beim Balkenchart den Höchstkurs an. Die untere dünne Linie (lower shadow oder unterer Schatten) zeigt den Tiefstkurs an.

Bei der Analyse von Candlestickcharts wird hauptsächlich auf das Erkennen von Chartformationen gesetzt. Im Laufe der Jahre ist eine Vielzahl von Formationen entstanden. Allerdings ist die Interpretation von Formationen mit einem erheblichen Maß an Subjektivität behaftet. Aus diesem Grund haben Tushar Chande und Stanley Kroll in ihrem Buch *The New Technical Trader* eine Reihe von Indikatoren vorgestellt, mit deren Hilfe die Analyse von Candlestickcharts quantitativ erfassbar gemacht werden soll. Mit den nachfolgend erläuterten Indikatoren sollen die grundlegenden Ideen, die hinter der Candlesticktechnik stehen, in Form von Indikatoren visualisiert werden.

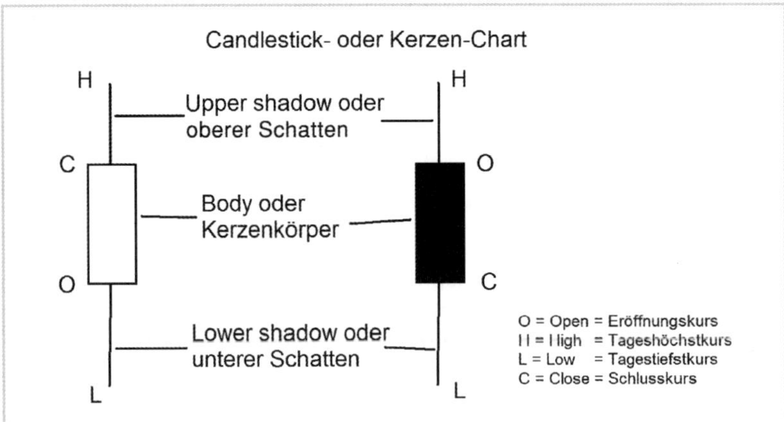

Abb. 55: Aufbau von Kerzen und Bezeichnungen von Kerzenteilen.

Die meisten Analysten betrachten beim Einsatz von Candlestickcharts zwei Dinge:

Als Erstes wird eine neue Kerze isoliert betrachtet und dabei auf die Spanne zwischen Eröffnungs- und Schlusskurs sowie auf die Position und die Relation des Kerzenkörpers zu seinen Schatten geachtet. Aber erst der Überblick über einen längeren Zeitraum mit vielen Kerzen ermöglicht die richtige Einordnung der einzelnen Kerze im Gesamtkontext. Als zweites Element werden Formationen beachtet, die aus zwei oder mehr Kerzen gebildet werden.

Die Spanne zwischen Eröffnungs- und Schlusskurs zeigt die Verteilung der Kräfte von Käufern und Verkäufern an. Eine große Spanne deutet auf eine Dominanz einer der beiden Gruppen hin. Auch die Länge der Schatten ist wichtig. Dabei deuten lange Schatten auf eine hohe Unsicherheit und keinen eindeutigen Trend im Tagesverlauf hin.

Die vorgestellten Indikatoren können als eigenständige Analyseverfahren, aber auch zur Unterstützung bei der Suche nach Candlestickformationen eingesetzt werden. Für ein besseres Verständnis der Preisbewegungen sollte der Intraday Momentum Index zusammen mit dem Qstick-Indikator und den beiden Indikatoren Lower Shadow und Upper Shadow verwendet werden.

2.5.1 Qstick

Der Qstick-Indikator ist ein Trendfolgender Indikator, der die Spanne zwischen Eröffnungs- und Schlusskurs misst. Diese Spanne ist eines der wichtigsten Elemente der Candlestick-Analyse und bestimmt sowohl die Farbe als auch die Größe des Kerzenkörpers.

Bei der Berechnung von Qstick wird ein Gleitender Durchschnitt über die Differenz aus dem täglichen Schluss- und Eröffnungskurs gebildet.

Tushar Chande verwendet in seinem Buch einen arithmetischen Durchschnitt und schlägt, bei der Berechnung von Qstick auf Tagesbasis, fünf Tage für einen kurzfristigen und 20 Tage für einen mittelfristigen Analysehorizont vor. Zur Interpretation des Qstick-Indikators werden folgende Vorschläge gemacht:

Eine mehrere Tage andauernde Divergenz zwischen Qstick und dem Kursverlauf deutet auf eine bevorstehende Trendwende hin. Dies geschieht, weil das Intraday Momentum (Eröffnungs- zu Schlusskurs) oftmals vor dem Interday Momentum (Schlusskurs zu Vortagsschlusskurs) die Richtung wechselt.

Mit Hilfe eines Gleitenden Durchschnitts, der über den Qstick-Indikator gelegt wird, kann festgestellt werden, ob sich der Qstick über oder unter seinem Durchschnitt befindet. Nach einer starken Kursbewegung zeigt sich oftmals ein Nachlassen des Momentums, wenn der Qstick seinen gleitenden Durchschnitt kreuzt. Als Beispiel für eine mittelfristige Analyse verwendet Tushar Chande in seinem Buch einen 20-Tage-Qstick mit einem 20-Tage arithmetischen Durchschnitt.

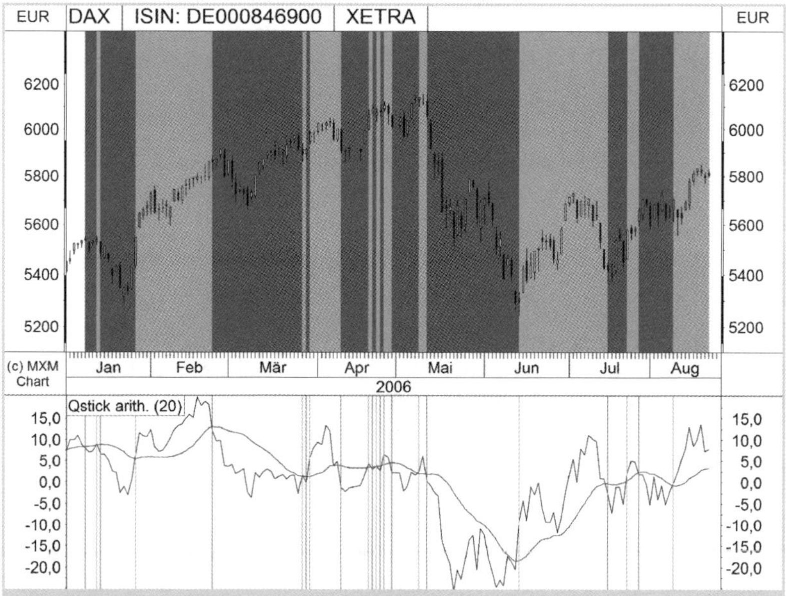

Abb. 56: Qstick mit einem 20-Tage-Durchschnitt. Befindet sich der Qstick über seinem Durchschnitt, ist der Hintergrund des Kursverlaufs hellgrau und dunkelgrau, wenn der Qstick unter seinem Durchschnitt liegt.

Mit Hilfe eines kurzen und eines langen gleitenden Durchschnitts, die über den Qstick-Indikator gebildet werden, können Kauf- und Verkaufssignale erzeugt werden. Steigt der kurze Durchschnitt über den langen Durchschnitt, dann wird ein Kaufsignal erzeugt. Fällt der kurze Durchschnitt hingegen unter den langen, so ergibt sich ein Verkaufssignal. Als längerfristiger, Trendfolgender Ansatz wird vorgeschlagen, zu kaufen, wenn der Qstick positiv wird, und zu verkaufen, wenn der Qstick negativ wird. Ein Wechsel des Vorzeichens beim Qstick geht oftmals einher mit einem Trendwechsel am Markt.

2.5.2 Intraday Momentum Index (IMI)

Der Intraday Momentum Index zeigt an, ob schwarze ($C < O$) oder weiße ($C > O$) Kerzen die jeweilige Marktsituation dominieren. Dieser Indikator wird von Perry Kaufman in seinem Buch *Trading Systems and Methods* als »Body Momentum« bezeichnet und drückt damit sehr gut aus, was dieser Indikator misst. Der IMI ist ein Oszillator, der Extremwerte im Intraday Momentum anzeigen soll.

Genau wie beim Qstick steht auch beim IMI die Differenz aus Eröffnungs- und Schlusskurs und damit der Kerzenkörper im Mittelpunkt der Betrachtung. Tushar Chande bezeichnet den Kerzenkörper als das Herz der Candlestick-Analyse und hebt damit dessen zentrale Bedeutung hervor.

Die Berechnung des Intraday Momentum Index erfolgt analog der Berechnung des Relative Strength Index (RSI) nach Welles Wilder. Nur mit dem Unterschied, dass der heutige Schlusskurs nicht mit dem Schlusskurs des Vortags verglichen wird, sondern mit dem heutigen Eröffnungskurs. Des Weiteren wird beim IMI nicht das Average-off-Verfahren zur Durchschnittsbildung eingesetzt. An dessen Stelle verwendet Tushar Chande eine einfache Summe. In der Formel im Anhang wird anstelle der Summe ein arithmetischer Durchschnitt angegeben, da beide Verfahren austauschbar sind und zu identischen Ergebnissen führen. Die Verwendung des Durchschnitts anstelle der Summe soll verdeutlichen, dass man auch andere Durchschnittsverfahren wie beispielsweise das Average-off-Verfahren, das beim RSI eingesetzt wird, verwenden kann.

Analog zum RSI werden auch beim Intraday Momentum Index 14 Tage für die Bildung des Durchschnitts empfohlen. Der IMI schwankt zwischen seinen theoretischen Extremwerten 0 und 100. Werte über 70 zeigen an, dass die weißen Kerzen vorherrschend sind, und deutet damit auf einen Aufwärtstrend hin. Bei Werten unter 20 sind die schwarzen Kerzen dominierend, was einen Abwärtstrend anzeigt. Während einer Seitwärtsbewegung des Marktes befindet sich der IMI meist in einer neutralen Zone zwischen 40 und 60. Wenn der Markt nach einem starken Rückgang einen Boden bildet, nehmen allmählich die Kerzen mit weißem Körper zu, und der IMI steigt wieder in Richtung der 80er-Marke an. Dreht der Markt nach einem Anstieg, nimmt die Anzahl der schwarzen Kerzen wieder zu, und der IMI fällt wieder in Richtung der 20er-Marke.

Abb. 57: Intraday Momentum Index mit seinen Extremzonen bei 80 und 20.

2.5.3 Upper Shadow und Lower Shadow

Bei den beiden Indikatoren Upper Shadow und Lower Shadow werden die beiden Schatten (Shadow) einer Kerze getrennt dargestellt und analysiert.

Während Qstick und Intraday Momentum Index den Körper einer Kerze quantitativ erfassen, sind Upper Shadow und Lower Shadow für die wertmäßige Darstellung des oberen und unteren Schattens einer Kerze zuständig. In der Candlestick-Analyse ist eine Reihe von Umkehrformationen, wie »Hammer« oder »Hanging Man«, durch ihren langen Schatten gekennzeichnet. Die beiden Indikatoren Upper Shadow und Lower Shadow heben Tage mit ungewöhnlich langen oberen beziehungsweise unteren Schatten hervor und deuten somit auf bevorstehende Umkehrpunkte hin.

Um den Trend zu verdeutlichen, können der Upper Shadow und der Lower Shadow mit einem arithmetischen oder einem exponentiellen Durchschnitt geglättet werden. Bewegt sich der Markt in eine bestimmte Richtung, so ist diese Phase meist durch kurze Schatten und damit einen niedrigen Wert im Indikator gekennzeichnet. Phasen mit großer Unsicherheit sind dagegen durch lange Schatten mit dementsprechend hohen

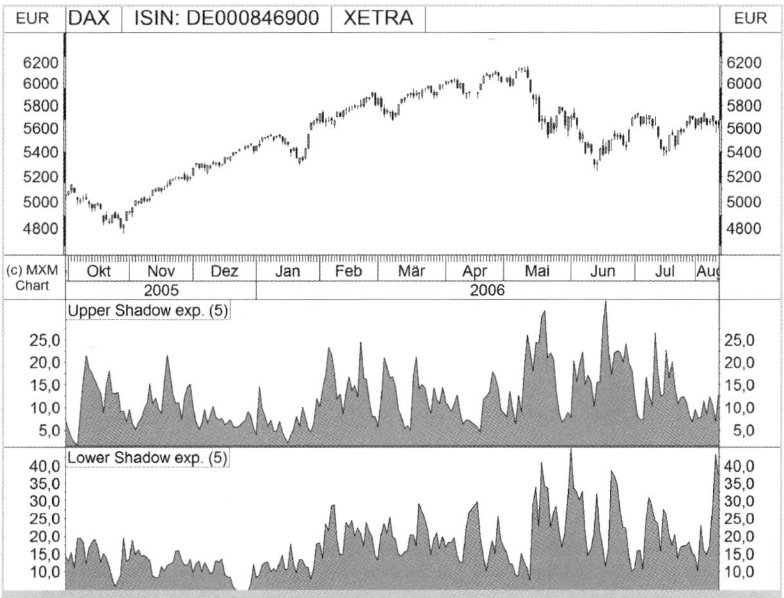

Abb. 58: Entwicklung des oberen und unteren Schattens jeweils mit einem 5-Tage exponentiellen Durchschnitt geglättet.

Indikatorwerten gekennzeichnet. Die Messung und grafische Darstellung des oberen und unteren Schattens ermöglicht Ihnen einen Vergleich mit der Vergangenheit. Lange obere Schatten und damit ein hoher Wert des Upper-Shadow-Indikators deuten auf einen lokalen Widerstand hin, während lange untere Schatten und damit ein hoher Wert des Lower-Shadow-Indikators auf eine lokale Unterstützung hinweisen.

2.6 Bänder

Für die im Folgenden beschriebenen Indikatoren gibt es viele passende Namen. Sie werden Bänder, Umhüllungen oder Kanallinien genannt. Häufig werden auch die englischen Bezeichnungen Bands, Envelopes oder Channels verwendet. Die Namen geben ein wichtiges Merkmal dieser Art von Indikatoren wieder. Diese Indikatoren bestehen aus mindes-

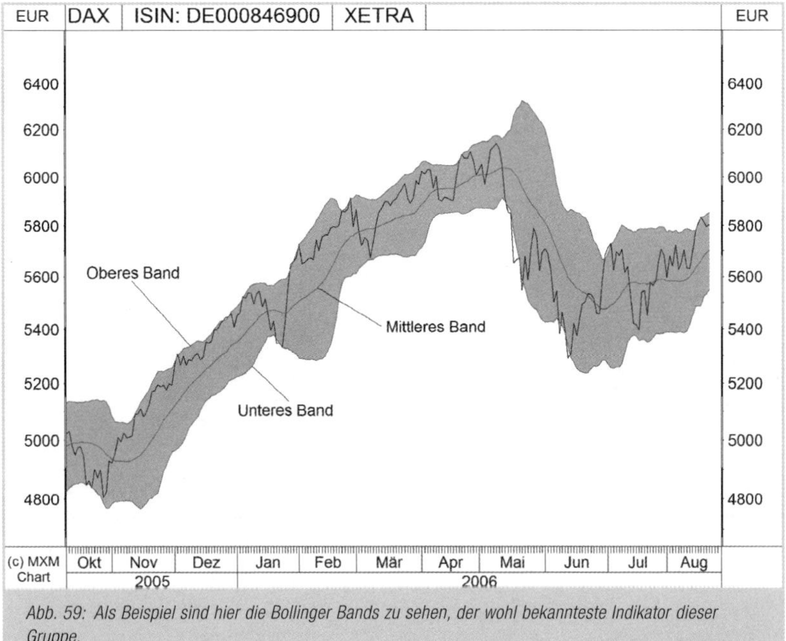

Abb. 59: Als Beispiel sind hier die Bollinger Bands zu sehen, der wohl bekannteste Indikator dieser Gruppe.

tens zwei Linien, die oberhalb und unterhalb des Kursverlaufs gezeichnet werden. Sie umhüllen den Kursverlauf, der in den beiden Bändern wie in einem Kanal verläuft. Einige dieser Indikatoren verfügen noch über eine dritte Linie, die meist in die Mitte zwischen den beiden Bändern eingezeichnet wird. Der Bereich zwischen dem oberen und dem unteren Band wird teilweise in Hellgrau oder einer anderen Farbe hinterlegt. Dies ist allerdings nicht zwingend erforderlich und dient ausschließlich der anschaulicheren Darstellung.

Die meiste Zeit befinden sich die Kurse zwischen den Bändern, jedoch kann der Kurs den ihn umhüllenden Kanal auch verlassen. Befindet sich der Kurs in der Nähe des oberen oder unteren Bands oder gar außerhalb der Bänder, deutet dies auf ein ungewöhnliches Ereignis hin.

Ein Vorteil der Bänder-Indikatoren ist der direkte Bezug zur Kursentwicklung. Dadurch kann die Beziehung zwischen dem Kurs und den ihn umhüllenden Bändern sehr anschaulich dargestellt werden. Aus dieser Beziehung lassen sich auch weitere Indikatoren ableiten, die meist die relative Position des Kurses innerhalb der beiden Bänder darstellen. Diese Indikatoren werden dann wieder unter dem Kursverlauf in einem separaten Bereich dargestellt.

Grundsätzlich lassen sich mit Bändern zwei grundlegende Handelsstrategien definieren:

Zum einen handelt man einen Ausbruch aus der Umhüllung trendfolgend. Dabei wird das Erreichen oder Überschreiten des oberen Bands als Signal für die Etablierung eines Aufwärtstrends angesehen und auf weiter steigende Kurse gesetzt. Umgekehrt verhält es sich beim Erreichen des unteren Bands, wo weiter fallende Kurse erwartet werden.

Zum anderen wird das Erreichen der Umhüllung als ungewöhnliche Abweichung von der »normalen« Kursentwicklung gesehen und als Übertreibung aufgefasst. Bei dieser Überlegung positioniert man sich gegen den Trend und erwartet eine baldige Korrektur der Übertreibung. Wenn sich also der Kursverlauf dem oberen Band nähert oder gar nach oben ausbricht, wird auf eine Korrektur und damit auf zumindest kurzfristig fallende Kurse gesetzt. Umgekehrt wird auf kurzfristig steigende Kurse gesetzt, wenn sich der Kurs am unteren Band befindet.

Wie Sie sehen, können Sie einen Indikator genau entgegengesetzt interpretieren. Einmal bedeutet das Erreichen des oberen Bands steigende und einmal fallende Kurse. Dieses Paradoxon versuche ich in den folgenden Abschnitten aufzulösen. Aber vorab schon mal so viel: Ein wichtiger Punkt ist die Frage der Parametereinstellung, die bestimmt, wie weit die Bänder auseinander liegen. Und der zweite wichtige Punkt ist die Marktphase, in der wir uns befinden. Dazu habe ich Ihnen ja schon einiges im Kapitel über die Trendbestimmung erläutert. Die trendfolgende Interpretation von Bändern funktioniert besser in ausgeprägten Trendphasen, während die gegen den Trend gerichtete Strategie ihre Stärken in volatilen Seitwärtsphasen hat.

Persönlich verwende ich bevorzugt die trendfolgende Variante, die zwar schwerer zu traden, dafür aber auf lange Sicht profitabler ist. Mit »schwerer zu traden« meine ich, dass die Strategie eine geringere Trefferquote aufweist, dafür aber größere Gewinne einfährt, wenn einmal getroffen wurde. Aber für viele Anleger ist die Trefferquote aus psychologischer Sicht wichtig, da sie nach drei Fehlsignalen in Folge die Geduld verlieren, aufgeben und dann den Gewinn verpassen.

2.6.1 Donchian Channel

Der Donchian Channel wurde ursprünglich in den 60er-Jahren als 4-Wochen-Regel von Richard Donchian populär gemacht. Richard Donchian gilt als Vater der Trendfolge und ist Ihnen mit seiner 5- und 20-Tage-Regel mit zwei Gleitenden Durchschnitten schon in diesem Buch begegnet. Bereits 1949 eröffnete Richard Donchian einen Fonds, der sein Geld an Terminmärkten anlegte, und ist damit der Begründer der Terminmarktfonds.

Dunn & Hargitt untersuchten 1970 mit einem der ersten Computermodelle die damals bekannten mechanischen Handelssysteme und kamen zum Ergebnis, dass Donchians 4-Wochen-Regel die erfolgreichste war.[34] Aber auch John Hill, der Herausgeber des *Futures-Truth*-Magazins, einer Publikation die sich mit der Beurteilung von Handelssystemen beschäftigt, wählte den Donchian Channel zu den fünf besten Handelsansätzen,

34) Vgl.: Traders, November 2005, S. 68.

die als Grundlage von erfolgreichen Systemen bei *Futures Truth* je getestet wurden.[35]

Und dabei funktioniert die 4-Wochen-Regel ganz einfach: Eine Long-Position wird eröffnet, wenn der aktuelle Kurs den Höchstkurs der letzten vier Wochen überschreitet. Wenn eine Short-Position besteht, wird diese gleichzeitig geschlossen.

Fällt der Kurs unter den Tiefstkurs der letzten vier Wochen, wird eine Long-Position geschlossen und eine Short-Position aufgebaut.

Richard Donchian definierte seinen Handelsansatz als klassisches Umkehrsystem und wendete seine 4-Wochen-Regel auf den Rohstoffmärkten an. Rohstoffmärkte weisen nach seiner Meinung ausgeprägte Trends auf, die für das Funktionieren seiner Methode unbedingt erforderlich sind.

Donchians Handelsansatz ist ein Trendfolge-System in Reinkultur und setzt das Prinzip »Bei Stärke kaufen und bei Schwäche verkaufen« direkt um.

Bei dem heute als Donchian Channel bekannten Indikator werden die Höchst- und Tiefstkurse der letzten n-Tage als Linien über und unter den Kursverlauf gezeichnet. Richard Donchian verwendete damals Wochendaten, da er nicht mit einem Computer arbeitete. Auf Tagesbasis entsprechen die vier Wochen 20 Handelstagen.

Richtig bekannt wurde die Methode durch die »Turtles«, eine berühmte Gruppe von Tradern, die sehr erfolgreich an den Rohstoff- und Devisenmärkten agierten und zum Teil noch immer aktiv sind. Die »Turtles« sind aus einem Experiment entstanden, bei dem es um die Frage ging, ob man erfolgreiches Handeln an der Börse erlernen kann oder ob es eine angeborene Gabe ist. Für ihr Experiment wählten die beiden erfolgreichen Trader Richard Dennis und William Eckhard eine Gruppe von Menschen aus, denen sie das Traden beibringen wollten. Der Name »Turtles«, zu Deutsch: Schildkröten, stammt von einem Ausspruch von Richard Dennis, der nach einer Asien-Reise sagte: »Wir wollen Trader züchten, so wie sie in Singapur Schildkröten züchten.« Die »Turtles« wurden mit Handels-

35) Vgl.: John Hill, George Pruitt, Lundy Hill, Der ultimative Trading-Guide, S. 228.

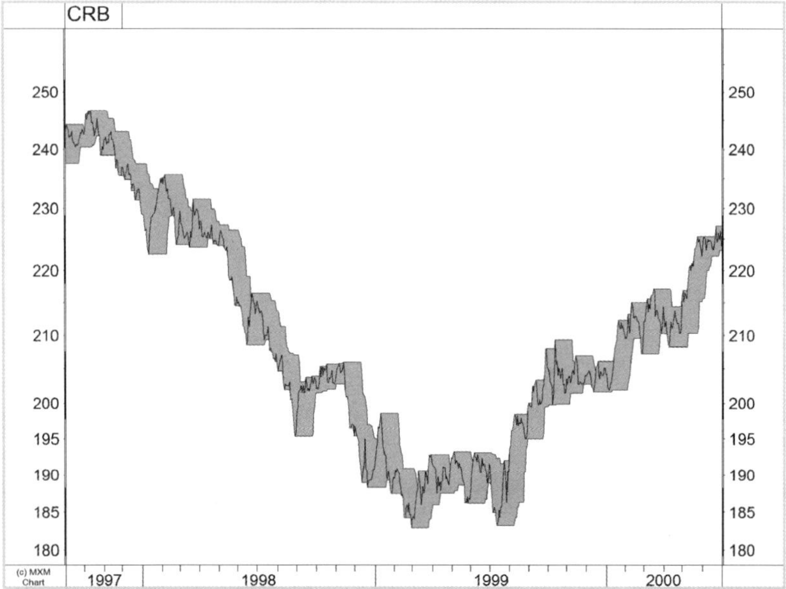

Abb. 60: Rohstoffindex CRB mit einem 20-Tage-Donchian-Channel.

regeln und Kapital ausgestattet, und der Erfolg dieser Gruppe zeigte deutlich, dass Trading erlernbar ist.

Die Mitglieder mussten eine Geheimhaltungserklärung unterzeichnen, die 1993 ablief. Die »Turtles« verwendeten ein kurz- und ein langfristiges System, die beide vom Donchian Channel abgeleitet waren. Beim kurzfristigen System verwendeten sie für den Einstieg in eine Long-Position das Überschreiten des 20-Tage-Höchst-Kurses und für den Ausstieg das Unterschreiten des 10-Tage-Tiefst-Kurses. Umgekehrt gingen sie bei einer Short-Position vor, hier erfolgte der Einstieg bei einem 20-Tage-Tief und der Ausstieg bei einem 10-Tage-Hoch.

Beim langfristigen System verwendeten sie anstelle der 20 Tage beim Einstieg 55 Tage, und anstelle von zehn Tagen benutzten sie 20 Tage für den Ausstieg. Durch die Verwendung unterschiedlicher Parameter für den Ein- und für den Ausstieg handelt es sich nicht mehr um ein Umkehrsystem, vielmehr wurde eine neutrale Zone geschaffen, in der das System nicht im Markt ist. Zusätzlich verwendeten die »Turtles« noch volatilitätsbasierte Stopps und eine ebenfalls volatilitätsbasierte Methode zur Positionsgrößenbestimmung.[36]

Neuere Forschungsergebnisse zeigen, dass heute die langfristigen Ausbrüche zwischen 40 und 100 Tagen besser funktionieren als die kurzfristigen.[37] Der Turtle-Ansatz ist besonders im kurzfristigen Bereich zu populär geworden, sodass Gegen-Strategien entwickelt wurden, die das Verhalten der vielen Turtle-Anhänger ausnutzen. Eine bekannte Strategie dieser Art stammt von Connors und Raschke und wurde scherzhaft Schildkrötensuppe (Turtle Soup) genannt.

Heute wird der Donchian Channel nicht mehr ausschließlich auf Rohstoffmärkte angewendet, und es hat sich eine Reihe von Abwandlungen entwickelt. Viele Handelssysteme, die zum Teil als »Blackbox« für viel Geld verkauft werden, beruhen auf der Anwendung dieses einfachen Prinzips.

Der Donchian Channel besticht eben durch seine Einfachheit. Aber oft sind es gerade die einfachen Dinge die den Erfolg bringen.

2.6.1.1 Stochastic und Handelsspanne

Bei vielen Umhüllungs-Indikatoren werden häufig ein Indikator, der die relative Position des Schlusskurses zwischen den Bändern, und ein Indikator, der die Breite der Bänder angibt, abgeleitet. Auch wenn diese Indikatoren in der Literatur nicht im Zusammenhang mit dem Donchian Channel genannt werden, sind diese doch vorhanden.

Der Stochastik %K, der bereits in diesem Buch beschrieben wurde, stellt die relative Position des Schlusskurses im Verhältnis zum Höchst- und Tiefstkurs der ausgewählten Periode dar. Damit gibt er auch die relative Position des Schlusskurses innerhalb des Donchian Channels an und kann somit ebenfalls zur Signalerzeugung mit den Parametern des Donchian Channels eingesetzt werden.

---

36) Vgl.: The Original Turtle Trading Rules, die Sie als pdf-Datei in englischer Sprache von der Website www.OriginalTurtles.org kostenlos herunterladen können. Absolut lesenswert!

37) Vgl.: Van K. Tharp, Clever Traden mit System, S. 238.

Die Handelsspanne und die High/Low-Ratio, die Sie bereits als Maß für die Beweglichkeit kennen gelernt haben, sind Indikatoren, die den Abstand zwischen den beiden Bändern angeben. Dabei ist die Handelsspanne ein absolutes und die High/Low-Ratio ein relatives Maß für den Abstand der Bänder und auch für die Beweglichkeit in der Vergangenheit.

2.6.2 Envelopes

Bei den Envelopes handelt es sich ebenfalls um einen recht einfachen Indikator, der von den Gleitenden Durchschnitten abgeleitet ist.

Envelopes sind Bänder, die in einem festen prozentualen Verhältnis oberhalb und unterhalb eines gleitenden Durchschnitts konstruiert werden. Der Gleitende Durchschnitt wird also um x% nach oben und nach unten verschoben. Envelopes werden auch als Prozentbänder oder, einfach ins Deutsche übersetzt, als Umhüllungen bezeichnet. In der Literatur werden beispielsweise 14 oder 21 Tage für die Ermittlung des Durchschnitts und drei Prozent für den Abstand der Bänder vom gleitenden Durchschnitt genannt.[38] Aber grundsätzlich lassen sich alle gängigen Einstellungen von Gleitenden Durchschnitten auch auf die Berechnung des Durchschnitts bei Envelopes übertragen.

Die Höhe der prozentualen Verschiebung hängt von der Art der Interpretation ab. Wird eine kleine prozentuale Verschiebung (drei bis fünf Prozent) gewählt, handelt es sich bei den Envelopes um eine andere Darstellungsform, des klassischen Gleitenden Durchschnitts mit einem Schwellwert. Wie ich bereits bei der Erörterung der Gleitenden Durchschnitte ausführte, kann die Häufigkeit von Fehlsignalen beim Einsatz eines Gleitenden Durchschnitts durch die Einführung eines prozentualen Schwellwerts gesenkt werden. Erst wenn der Kursverlauf den Durchschnitt +/– den Schwellwert durchbricht, ist ein Signal gegeben. Und genau so können Envelopes interpretiert werden, die ja nichts anderes sind als ein um den prozentualen Schwellwert verschobener Durchschnitt. Es wird auf weiter steigende Kurse gesetzt, wenn das obere Envelopes-Band überschritten wurde. Und von weiter fallenden Kursen wird ausgegangen, wenn das untere Envelopes-Band unterschritten wird.

38) Vgl.: John J. Murphy, Technische Analyse, S. 212

Neben dieser trendfolgenden Interpretation können die Envelopes auch zum Auffinden von übertriebenen Abweichungen eingesetzt werden. Dabei wird argumentiert, dass mit einer baldigen Korrektur zu rechnen ist, wenn sich der Kurs zu weit von seinem Durchschnitt entfernt hat. Hier wird der Durchschnitt meist erheblich weiter nach oben und unten verschoben, und die %-Verschiebung steht quasi für die Grenze, ab der die Abweichung als zu weit angesehen wird. Bei dieser gegen den Trend gerichteten Interpretation wird beim Erreichen eines Bandes mit einer Korrektur in Richtung des Durchschnitts gerechnet.

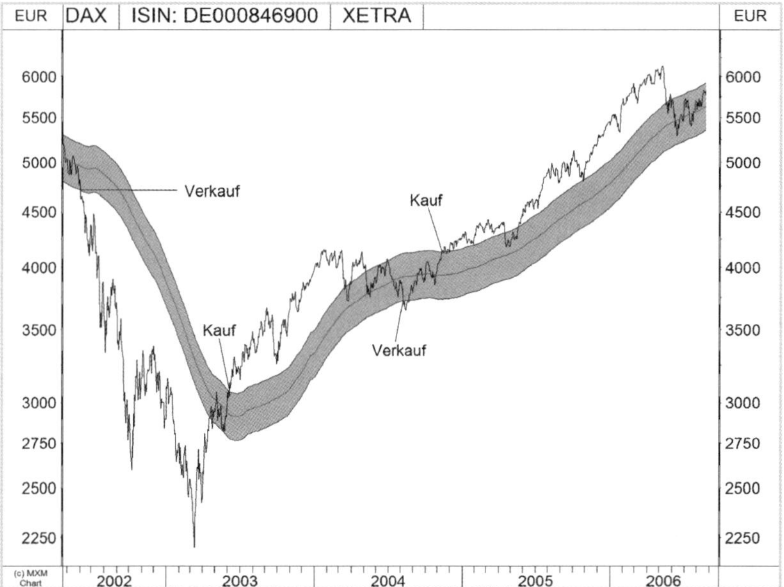

Abb. 61: Im Chart sehen Sie den DAX und Envelopes, bei deren Konstruktion ein 200-Tage-Durchschnitt um fünf Prozent nach oben und nach unten verschoben wurde. In der Mitte zwischen den Envelopes befindet sich der 200-Tage-Durchschnitt, der normalerweise nicht eingezeichnet wird. Es wurde eine trendfolgende Interpretation gewählt, anhand derer Kauf- und Verkaufssignale eingezeichnet wurden. Man erkennt, dass der Handel von Überkreuzungen der 200-Tage-Linie mit dem Kursverlauf zu deutlich mehr Fehlsignalen geführt hätte.

2.6.3 Bollinger Bands

Bei den Bollinger Bands verbindet der Entwickler John Bollinger das Konzept der Trends mit dem Konzept der Beweglichkeit. Der Trend wird durch einen Gleitenden Durchschnitt berücksichtigt, und die Beweglichkeit geht durch den Einsatz der Standardabweichung in die Konstruktion der Bollinger Bands ein.

Den Ausgangspunkt der Konstruktion bildet ein Gleitender Durchschnitt, der auch das mittlere Band ist. Das obere Band erhalten Sie, indem Sie die Standardabweichung mit einem konstanten Faktor multiplizieren und anschließend zum Wert des Durchschnitts addieren. Das untere Band wird durch eine Subtraktion der mit dem Faktor multiplizierten Standardabweichung erstellt.

Der Faktor ist dafür verantwortlich, wie viel Prozent der Kurse statistisch gesehen innerhalb des oberen und unteren Bandes liegen. Statistisch gesehen liegen ca. 68 Prozent der Kurse in einem Bereich von +/– einer Standardabweichung um den Durchschnitt verteilt. In einem Bereich von zwei Standardabweichungen sind es schon ca. 95 Prozent und bei drei Standardabweichungen ca. 99 Prozent der Kurse.

Allerdings sollte man vorsichtig sein, wenn man im Zusammenhang mit Bollinger Bands statistische Aussagen vornimmt. Zum einen ist der Stichprobenumfang häufig zu klein, um im statistischen Sinne von einer Standardabweichung zu sprechen, hier sind mindestens 30 Werte erforderlich. Zum anderen wird bei statistischen Aussagen im Zusammenhang mit der Standardabweichung eine Normalverteilung der Daten vorausgesetzt, die bei Kursdaten nur selten gegeben ist.

John Bollinger schlägt als Standardeinstellung 20 Tage für die Berechnung des Durchschnitts und der Standardabweichung vor. Dazu empfiehlt er, den Faktor 2 zu verwenden.

Zur Erstellung von Bollinger Bands werden in der Praxis meist Schlusskurse verwendet, John Bollinger hält jedoch den Typischen Preis (Tageshöchstkurs + Tagestiefstkurs + Schlusskurs) / 3) für besser geeignet.

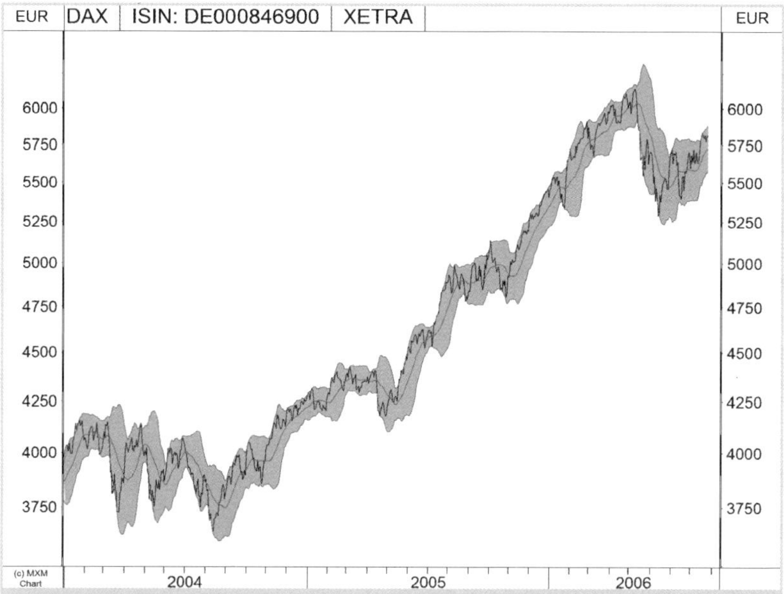

Abb. 62: Bollinger Bands mit der von John Bollinger empfohlenen Standardeinstellung von 20 Tagen und einem Faktor von 2.

Bei einer Änderung der Anzahl an Tagen, die für die Berechnung von Durchschnitt und Standardabweichung verwendet wird, empfiehlt er auch eine Anpassung des Faktors. John Bollinger gibt in seinem Buch bei einer 10-Tage-Einstellung einen Faktor von 1,9 und bei einer 50-Tage-Einstellung einen Faktor von 2,1 an.[39] Die Anpassung des Faktors bei der Änderung des Berechnungszeitraums fällt damit geringer aus, als dies in früheren Zeiten angegeben wurde. So wurde früher beispielsweise bei einer 10-Tage-Einstellung ein Faktor von 1,5 empfohlen. Die Anpassung seiner empfohlenen Werte begründet John Bollinger mit der Veränderung der Märkte. Die ursprünglichen Parameter wurden vor mehr als 20 Jahren festgelegt, wo Futures auf Aktienindizes neue Instrumente waren.

39) Vgl.: John Bollinger, Bollinger-Bänder, S. 83.

John Bollinger verwendet einen arithmetischen Durchschnitt, weil dieser auch bei der Ermittlung der Standardabweichung benutzt wird und sich dadurch eine in sich konsistente Konstruktion um den mittleren Bezugspunkt ergibt. Grundsätzlich können Bollinger Bands auch auf der Basis anderer Durchschnittsarten, wie zum Beispiel einem exponentiellen Durchschnitt, berechnet werden. Allerdings konnte John Bollinger bei seinen Tests keinen klaren Vorteil durch die Verwendung eines anderen Durchschnittstyps feststellen.

Bei der Bestimmung der Länge des verwendeten Durchschnitts hält John Bollinger es für wichtig, dass der Durchschnitt den mittelfristigen Trend gut beschreibt. Das muss nicht unbedingt der Durchschnitt sein, der beim Kreuzen mit dem Kursverlauf die besten Ergebnisse liefert. Für die jeweilige Position der Bänder ist der Beweglichkeit – gemessen durch die Standardabweichung – ohnehin ein größerer Einfluss zuzumessen als der genauen Lage des Durchschnitts.

Eine Zunahme der Volatilität drückt sich in einem Ausweiten der Bänder aus. Andererseits ziehen sich die Bänder zusammen, wenn die Volatilität der Kurse zurückgeht.

Nach Meinung von John Bollinger bedeutet das Berühren des oberen oder unteren Bands durch den Kursverlauf nicht zwangsläufig ein Kauf- oder Verkaufssignal. Vielmehr beantworten Bollinger Bands »lediglich« die Frage, ob der Kurs, auf relativer Basis, hoch oder tief ist. Das jeweilige Signal wird von anderen Indikatoren erzeugt. John Bollinger empfiehlt dazu Volume-, Stimmungs- und Momentum-Indikatoren. Indikatoren, die auf der Glättung des Trend (zum Beispiel Gleitende Durchschnitte) oder auf der Volatilität beruhen, hält er für weniger geeignet, da beide Konzepte schon Bestandteil der Bollinger Bands sind. Wer an weiterführenden Informationen zur Anwendung der Bollinger Bands interessiert ist, sei auf das deutschsprachige Buch *Bollinger-Bänder* von John Bollinger verwiesen, das ich als sehr lesenswert erachte.

Auch wenn der Entwickler der Bollinger Bands immer wieder darauf hinweist, dass seine Bänder keine konkreten Handelssignale liefern, werden sie doch gern und zum Teil auch sehr erfolgreich dazu eingesetzt.

So lassen sich recht einfach trendfolgende Ausbruchssysteme definieren. Dabei wird eine Long-Position aufgebaut, wenn das obere Bollinger Band vom Kursverlauf überschritten wurde. Zum Schließen der Long-Position bieten sich nun mehrere Alternativen in Zusammenhang mit den Bändern an: Wenn der Kurs wieder zwischen die Bänder zurückkehrt, oder wenn der Kurs das mittlere Band, also den Durchschnitt, unterschreitet, oder wenn der Kursverlauf das untere Band unterschreitet. Für den Aufbau einer Short-Position sind die Regeln umgekehrt anzuwenden.

Emilio Tomasini und Urban Jaekle stellen im Traders-Magazin ein System vor, das 60 Tage und einen Faktor von 2 zur Berechnung der Bollinger Bands einsetzt. Der Long-Einstieg erfolgt bei einem Ausbruch über das obere Bollinger Band. Die Position wird geschlossen, wenn die mittlere Durchschnittslinie unterschritten wurde. Umgekehrt erfolgte der Short-Einstieg bei Unterschreiten des unteren Bands. Auch die Short-Position wurde beim Kreuzen mit dem Durchschnitt geschlossen. Diese Systemlogik erwies sich in Tests über verschiedene Märkte als profitabel und sehr robust.[40] Auch bei eigenen Tests mit dem Captimizer zeigte sich diese Systemlogik auf anderen Märkten und lieferte mit Stoppmarken und Money-Management versehen brauchbare Ergebnisse, auf die sich aufbauen lässt.

Natürlich lässt sich mit den Bollinger Bands auch ein gegen den Trend gerichtetes System definieren. In diesem Fall geht man von einer Übertreibung des Marktes aus, wenn der Kursverlauf das obere oder untere Band erreicht, und rechnet mit einer baldigen Korrektur in Richtung des Durchschnitts. Hier wird eine Long-Position eingegangen, wenn das untere Band vom Kursverlauf unterschritten wurde. Zum Schließen der Position kann dann das Erreichen des Durchschnitts oder des oberen Bands verwendet werden. Auch hier kann man wieder die umgekehrte Variante für eine Short-Position definieren. Diese Methode sieht auf den ersten Blick meist sehr Erfolg versprechend aus, und wenn es klappt, trifft man sehr schön die Wendepunkte. Doch sehr teuer kann es in ausgeprägten Trendphasen sein, wenn sich der Kurs entlang eines Bandes bewegt. Der Kursverlauf umarmt quasi das Band.

40) Vgl.: Emilio Tomasini und Urban Jaekle, Traders, Februar 2006, S. 44-50.

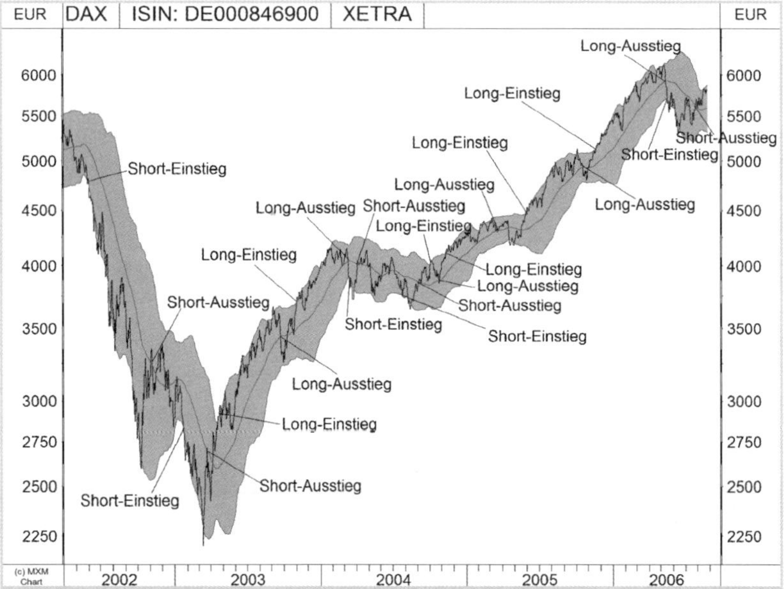

Abb. 63: Trendfolgende Interpretation der Bollinger Bands (60 Tage, Faktor 2) als Ausbruchssystem, Einstieg beim Erreichen des oberen Bands (Long) oder des unteren Bands (Short) und Ausstieg beim Kreuzen der mittleren Durchschnittslinie. Es wird nur eine Position gleichzeitig gehalten.

Bei dieser Interpretationsart der Bollinger Bands ist eine effektive Trendbestimmung eine entscheidende Voraussetzung. Auch wenn viele Anleger die Bollinger Bands nutzen um Überkauft- und Überverkauft-Situationen zu finden, sind mir keine Systeme bekannt, die diese Systemlogik dauerhaft erfolgreich umsetzen können. Auch John Bollinger äußert sich zu dieser Methode sehr skeptisch, indem er schreibt: »Das größte Märchen über die BBB ist, dass man am oberen Band verkaufen und am unteren kaufen soll.«[41]

Auch wenn Ausbruchssysteme wie oben beschrieben besser in Trendphasen funktionieren, gibt es eine Reihe von Ausbruchssystemen, die dauerhaft gute Ergebnisse zeigen und auch Seitwärtsmärkte mit dem richtigen Money-Management überstehen.

41) John Bollinger, Bollinger-Bänder, S. 168.

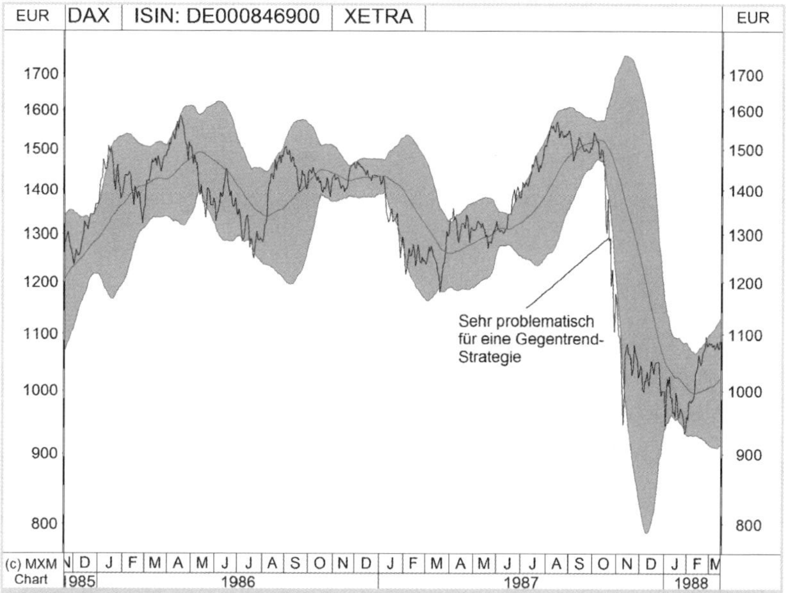

Abb. 64: Die Gegentrend-Strategie mit Bollinger Bands (50 Tage, Faktor 2,1) funktioniert von Ende 1985 bis Mitte 1987 recht gut. Aber im Oktober und November 1987 wird deutlich, dass ein Einstieg am unteren Bollinger Band und die Hoffnung auf eine baldige Trendwende nach oben zu hohen Verlusten führen.

2.6.3.1 Bollinger Bands %b und BandWidth

John Bollinger hat zwei weitere Indikatoren auf der Basis der Bollinger Bands definiert. Der Indikator %b gibt die relative Position des Schlusskurses zu den äußeren Bändern an. Der Indikator %b wurde in Anlehnung an den Stochastic-Indikator definiert, und bei seiner Berechnung wird die Differenz aus Schlusskurs und dem unteren Band durch die Differenz aus oberem und unterem Band geteilt. Der Wertebereich des %b ist jedoch nicht wie beim Stochastic auf den Bereich von 0 bis 100 normiert, da der Schlusskurs auch außerhalb der Bänder liegen kann. Wenn Sie den %b auf den Kursverlauf anwenden, ist dieser eine andere Darstellungsweise der Bollinger Bands. Ein Wert von 1 im %b zeigt das Schneiden des oberen Bands durch den Kursverlauf an, während ein Wert von 0 im %b den Schnittpunkt mit dem unteren Band angibt. Bei einem Wert von 0.5 befindet sich der Kurs auf dem mittleren Band. Der Kurs befindet sich um 10% der Bandbreite unterhalb des unteren Bands, wenn der %b bei –0,1 liegt. Bei einem Wert von 1,2 im %b befindet sich der Kurs um 20% der Bandbreite oberhalb des oberen Bands.

Die BandWidth gibt die Breite der Bänder im Verhältnis zum Gleitenden Durchschnitt an und ist damit ein Indikator, der die Volatilität anzeigt. Die BandWidth berechnet sich, indem die Differenz aus dem oberen und dem unteren Band durch das mittlere Band (den Durchschnitt) geteilt wird. John Bollinger verwendet die BandWidth, um einen steigenden oder fallenden Trend zu erkennen. Viele Trends haben ihren Ursprung in einer seitwärtsgerichteten Kursbewegung, bei der die Volatilität und damit auch der BandWidth-Indikator niedrig sind. Wird ein Ausbruch aus dieser seitlichen Schiebezone durch ein plötzliches Ansteigen der BandWidth begleitet, deutet dies auf den Beginn eines nachhaltigen Trends in Richtung des Ausbruchs hin.[42]

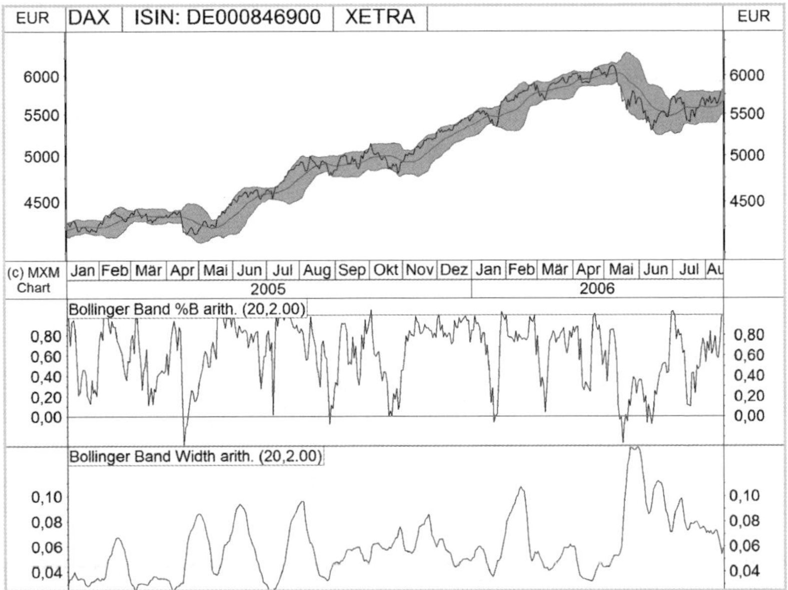

Abb. 65: Bollinger Bands und die beiden abgeleiteten Indikatoren %b und BandWidth.

42) Vgl.: John Bollinger, Bollinger-Bänder, S. 94.

Die BandWidth ist ein normierter Maßstab für die Volatilität und nicht von der Höhe des Kursniveaus abhängig. Störend wirkt jedoch, dass die absolute Höhe des Indikators von dem Faktor beeinflusst wird, mit dem der Wert der Standardabweichung bei der Konstruktion der Bollinger Bands multipliziert wird. Verwenden Sie beispielsweise einen Faktor von eins ist der Abstand der Bänder zwei Standardabweichungen breit, bei einem Faktor von zwei beträgt der Abstand vier Standardabweichungen. Wenn Sie die Volatilität messen wollen, empfehle ich Ihnen, den Variationskoeffizienten zu verwenden, den ich Ihnen bereits im Kapitel über die Beweglichkeit vorgestellt habe. Der Variationskoeffizient ist nichts anderes als der Quotient aus der Standardabweichung und dem Durchschnitt. Der Variationskoeffizient bietet vergleichbare Messergebnisse für die Volatilität wie die BandWidth, die jedoch unabhängig von dem bei den Bollinger Bands verwendeten Faktor sind. Bei der Verwendung von 0,5 als Faktor sind BandWidth und Variationskoeffizient identisch.

John Bollinger geht davon aus, dass sich die Volatilität zyklisch verhält, auch wenn es die Kurse selbst nicht tun. Niedrige Volatilität sorgt für hohe Volatilität und hohe für niedrige.[43]

2.6.3.2 Normalisieren von Indikatoren mit %b

Bollinger Bands und damit auch der %b-Indikator können nicht nur auf die Kurse von Aktien und Indizes, sondern auch auf Zeitreihen mit fundamentalen Daten, Volumendaten von Aktien und auf andere Indikatoren angewendet werden. Immer dann, wenn es interessant zu wissen ist, ob ein Wert relativ hoch oder niedrig ist, kann der %b-Indikator eine neue Perspektive eröffnen. Wenn Sie wissen möchten, ob das Volumen einer Aktie relativ hoch oder niedrig liegt, können Sie die Bollinger-Bänder oder %b auch auf die Volumendaten anwenden.

John Bollinger sieht in der Anwendung der %b auf andere Indikatoren eines der wichtigsten Einsatzgebiete des %b. Wenn Sie einen Indikator mit %b normalisieren, berechnen Sie zuerst den Indikator, zum Beispiel den RSI, und nutzen bei der Berechnung des %b die Daten des RSI anstelle der Kursdaten. Sie wenden also den %b auf den RSI an, wie es auch schon beim StochRSI, StochMACD und StochMomentum mit dem Stochastic %K getan wurde. Da zeigt sich die enge Verwandtschaft des %b

43) Vgl.: John Bollinger, Bollinger-Bänder, S. 106-107.

mit dem Stochastic %K. Die Anwendung des %b auf einen Indikator wirkt genauso, als würden Sie Bollinger Bands über den Verlauf des Indikators legen, und die Schnittpunkte der Bänder mit dem Indikator entsprechen folglich den Werten 1 und 0 eines mit %b normalisierten Indikators. Der mit %b normalisierte Indikator stellt die relative Position des Ursprungsindikators zu seinem oberen und unteren Band dar. Damit werden die starren Grenzen durch die Berücksichtigung der Beweglichkeit des Ursprungsindikators aufgehoben. John Bollinger formuliert es sehr treffend: »Sie definieren einen Hoch- oder Tiefstand auf einer relativen Basis. Dies kann oft zu tiefen Einblicken und Erkenntnissen führen, die von den traditionellen Richtlinien und Regelwerken nicht zu erwarten sind.«[44]

Wenn man %b auf Indikatoren anwendet, ist der Parametersatz nicht einheitlich. Man kann also nicht für alle Indikatoren eine Einstellung von

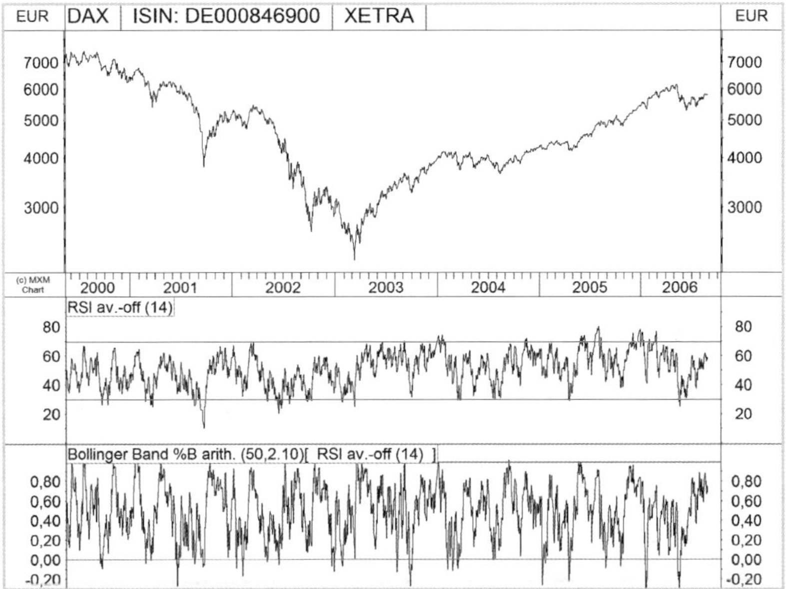

Abb. 66: Der mittlere Bereich zeigt den RSI mit seiner Standardeinstellung von 14 Tagen. Im unteren Bereich ist der mit %b normalisierte RSI dargestellt.

44) John Bollinger, Bollinger-Bänder, S. 219.

50 Tagen und einen Faktor von 2,1 wie beim RSI verwenden. Die Parameter für %b variieren so stark, weil die einzelnen Indikatoren unterschiedliche Verteilungen besitzen, die zum Teil stark von der Normalverteilung abweichen. Wie Sie bereits oben erfahren haben, spielt die Verteilung der Daten aus statistischer Sicht bei Bollinger Bands und damit auch bei %b eine Rolle.

John Bollinger gibt für einige Indikatoren die Parameter für die %b-Berechnung an. Für einen 9-Tage-RSI verwendet er 40 Tage und einen Faktor 2,0, und für einen 14-Tage-RSI nutzt er 50 Tage und einen Faktor von 2,1 zur Berechnung des %b. Für den über zehn Tage berechneten Volumenindikator Money Flow Index (MFI) gibt er für %b 40 Tage und einen Faktor von 2,0 an.[45]

Die Anwendung des %b auf andere Indikatoren wurde in der Literatur bisher selten erwähnt, dennoch halte ich die dadurch entstehenden neuen Möglichkeiten bei der Auswertung von Indikatoren für sehr interessant. Es lohnt sich sicher, mit diesem Konzept zu experimentieren und zu prüfen, ob damit die Ergebnisse von Indikatoren verbessert werden können.

2.6.4 Keltner Channel

Der von Chester Keltner vorgestellte Keltner Channel[46] kombiniert einen Durchschnitt mit einen Maß für die Beweglichkeit. Von seinen Grundgedanken ähnelt der Keltner Channel den wesentlich bekannteren Bollinger Bands.

Beim Keltner Channel wird im ersten Schritt ein Gleitender Durchschnitt auf der Basis des »Typischen Preises« ermittelt. Beim »Typischen Preis« wird die Summe aus Tageshöchstkurs, Tagestiefstkurs und Schlusskurs gebildet und durch drei geteilt, um einen durchschnittlichen Kurs eines Tages zu bestimmen. Im zweiten Schritt wird ein Durchschnitt über die tägliche Handelsspanne, also die Differenz aus Tageshöchst- und Tagestiefstkurs, ermittelt. Dieser Durchschnitt über die Handelsspanne stellt ein Maß für die Beweglichkeit dar und kann mit einem Faktor multipli-

45) Vgl.: John Bollinger, Bollinger-Bänder, S. 221.
46) Vgl.: Chester Keltner, How to Make Money in Commodities, 1960.

ziert werden. Der Faktor ist in der Originalformel von Chester Keltner nicht enthalten und wurde nachträglich eingeführt, um eine bessere Anpassungsfähigkeit des Keltner Channel auf unterschiedliche Anwendungsbereiche zu erreichen. In der Literatur und in Chartprogrammen wird der Faktor meist berücksichtigt. Wenn Sie den Faktor auf 1 setzen, ergibt sich eine Anwendung nach der Originalformel. Die ggf. faktoradjustierte durchschnittliche Handelsspanne wird zum Durchschnitt des Typischen Preises addiert, um das obere Band, und subtrahiert, um das untere Band zu erhalten.

Chester Keltner verwendet zehn Tage für die Berechnung des Gleitenden Durchschnitts und ebenfalls zehn Tage, um die tägliche Handelsspanne zu glätten.

Die traditionelle Interpretation des Keltner Channel erfolgt trendfolgend, beim Überschreiten des oberen Bands durch den Kurs wird dies als Si-

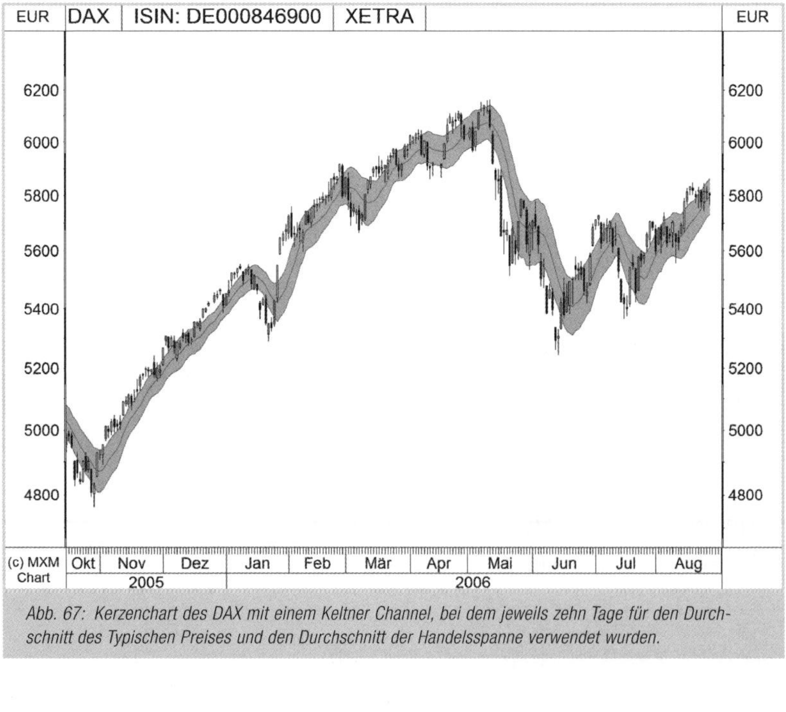

Abb. 67: Kerzenchart des DAX mit einem Keltner Channel, bei dem jeweils zehn Tage für den Durchschnitt des Typischen Preises und den Durchschnitt der Handelsspanne verwendet wurden.

gnal für weiter steigende Kurse gewertet. Umgekehrt deutet das Unterschreiten des unteren Bands auf weiter fallende Kurse hin.

Normalerweise gilt der Schlusskurs als maßgebliches Beurteilungskriterium, ob eines der Bänder überschritten wurde. Alternativ kann der Durchbruch auch auf Basis des Tageshöchst- beziehungsweise Tagestiefstkurs bewertet werden. Neben der traditionellen Interpretationsweise lassen sich grundsätzlich auch gegen den Trend gerichtete Varianten definieren.

Die Volatilität des Wertpapiers wird in Form der täglichen Handelsspanne in die Berechnung einbezogen. Wenn die Volatilität steigt, führt dies zu einem Auseinanderlaufen der Bänder und umgekehrt. Bei hoher Volatilität wird also mehr Platz gelassen, und ein Signal erfolgt später als bei niedriger Volatilität. Im Grunde handelt es sich bei der traditionellen Interpretationsweise um die Anwendung der Durchbruchsregel mit einer Gleitenden Durchschnittslinie, die um einen volatilitätsgesteuerten Schwellwert erweitert wurde.

Eine Berechnung des Keltner Channel ist nur möglich, wenn alle benötigten Kursarten, also Tageshoch-, Tagestief- und Schlusskurs, verfügbar sind. Zur Berechnung von Bollinger Bands reicht es hingegen aus, wenn nur eine Kursart, beispielsweise der Schlusskurs, zur Verfügung steht. Auf dieses Problem stoßen Sie, wenn Sie beispielsweise einen Index analysieren möchten, der nur einmal täglich berechnet wird, oder auch bei Devisen, wo häufig nur auf den Mittelkurs zurückgegriffen werden kann.

Grundsätzlich könnte man auch für den Keltner Channel zwei Indikatoren, einen für die relative Position des Schlusskurses innerhalb der Bänder und einen für die Bandbreite, berechnen. Einen Hinweis auf derartige Indikatoren habe ich in der Literatur bisher nicht entdeckt.

2.6.5 STARC Bands

Die Bezeichnung STARC steht für Stoller Average Range Channel und gibt schon einen Hinweis auf die Berechnungsmethodik. Bei der Berechnung der STARC Bands wird die Average True Range (ATR) mit einem Faktor multipliziert und anschließend auf einen Gleitenden Durchschnitt der Schlusskurse addiert, um das obere Band »STARC + « zu erhalten.

Das untere Band »STARC–« entsteht folglich durch eine Subtraktion vom Gleitenden Durchschnitt.

Für die Berechnung der Average True Range werden 15 Tage und für den Gleitenden Durchschnitt sechs Tage in der Literatur vorgeschlagen. Normalerweise wird die ATR verdoppelt (Faktor 2), bevor sie zum Durchschnitt addiert beziehungsweise subtrahiert wird.

Es ist ungewöhnlich, wenn sich der Kurs außerhalb der STARC Bands befindet, und deutet auf eine extreme Situation am Markt hin, die zumindest eine technische Gegenreaktion erwarten lässt. Bewegt sich der Kurs über beziehungsweise in der Nähe des oberen STARC + -Bands, so signalisiert dies ein erhöhtes Rückschlagsrisiko, und der Anleger sollte vorerst keine Käufe tätigen und ggf. über einen Verkauf nachdenken, wenn er das Wertpapier im Depot hat. Befindet sich der Kurs nahe oder unter dem unteren STARC-Band, so besteht die Chance auf eine Kurserholung, und der Zeitpunkt zum Aufbau einer neuen Position ist günstig. Andererseits sollten geplante Verkäufe bis zur erwarteten Erholung zurückgestellt werden. Der Einsatz von STARC Bands ist ein gut geeignetes Hilfsmittel, um den Anleger davor zu bewahren, dem Markt nachzulaufen, was meist mit schlechten Einstandspreisen verbunden ist. Andererseits ergeben sich wie bei der Gegentrend-Strategie mit Bollinger Bands in starken Trendphasen, wo die Kurse entlang eines Bandes laufen, Probleme. Daher möchte ich vor einer allzu mechanischen Anwendung der STARC Bands warnen, und auch hier empfiehlt sich analog den Bollinger Bands, die Signale mit anderen Indikatoren zu verifizieren.

Stuart Evens beschreibt folgende Handelsregeln für STARC Bands:

Kaufen, wenn sich der Schlusskurs unterhalb des unteren STARC-Bands befindet. Verkaufen, wenn sich der Schlusskurs über dem oberen STARC + -Band befindet.[47]

Die STARC Bands werden traditionell als Gegentrend-Strategie interpretiert. Jedoch halte ich auch hier einen trendfolgenden Einsatz für denkbar, schließlich sind die Unterschiede in der grundlegenden Berechnung zwischen STARC Bands und Keltner Channel gering. Wenn Sie für die

47) Vgl.: Stuart Evens, Technical Analysis of Stocks & Commodities, Dezember 1999.

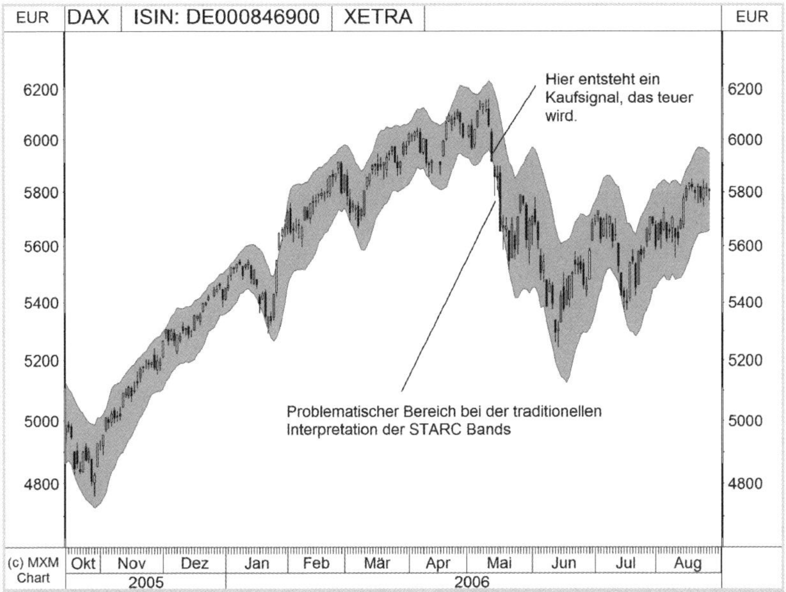

Abb. 68: STARC Bands mit einer Einstellung von sechs Tagen für die Durchschnittsberechnung, 15 Tagen für die Berechnung der ATR und einem Faktor von 2.

STARC Bands einen Faktor von 1 verwenden und den Berechnungszeitraum übereinstimmend wählen, erhalten Sie einen nur geringfügig vom Keltner Channel abweichenden Verlauf.

Die STARC Bands wurden zwar von einem Rohstoffspezialisten entwickelt, finden jedoch auch im Aktienbereich Anwendung.

Wie auch beim Keltner Channel wäre die Berechnung der oben beschriebenen Indikatoren bei STARC Bands ebenfalls möglich; es ist jedoch nicht üblich, da es dafür in der Literatur keine Hinweise darauf gibt.

2.6.6 Projection Bands

Mel Widner hat die Überlegungen zum Raff Channel, einem Trendkanal auf Basis der linearen Regression, aufgegriffen und mit den Projection Bands einen Umhüllungsindikator, ähnlich den Bollinger Bands oder

Envelopes, entwickelt. Allerdings basieren die Projection Bands auf einem Regressions-Trendkanal über eine konstante Zeitperiode, der automatisch über die Kurshistorie bewegt wird. Die Berechnung der Projection Bands führt also ebenfalls über eine Regressionsgerade, die über einen festen Zeitraum ermittelt wird. Die ermittelte Regressionsgerade wird anschließend, wie beim Raff Channel, so weit parallel nach oben und nach unten verschoben, dass kein Kurs im Betrachtungszeitraum außerhalb der verschobenen Regressionsgeraden liegt. Die Endpunkte der verschobenen Regressionsgeraden bilden das obere und untere Projections Band. Anders als bei den Bollinger Bands befindet sich der zugrunde liegende Kursverlauf immer innerhalb der Bänder.

Die Berechnung der Projection Bands kann auf der Basis von Schlusskursen erfolgen, allerdings empfiehlt Mel Widner die Verwendung von täglichen Höchst- und Tiefstkursen, wenn diese verfügbar sind. In den Formeln im Anhang wird aus Gründen der Übersichtlichkeit die Berechnung auf Basis der Schlusskurse angegeben. Bei der Verwendung von täglichen Höchst- und Tiefstkursen wird das obere Projection Band mit den Höchstkursen und das untere Band mit den Tiefstkursen berechnet. Mel Widner verwendet in seiner Beschreibung 14 Tage als Berechnungszeitraum für die Steigung der Regressionsgeraden.[48] Befindet sich der Kurs nahe oder auf dem oberen Band, wird davon ausgegangen, dass extremer Optimismus herrscht und damit die Gefahr für einen Rückschlag auf ein rationaleres Niveau besteht. Extremer Pessimismus wird angezeigt, wenn sich der Kurs nahe oder auf dem unteren Band befindet – dann ist mit einer Aufwärtsbewegung zu rechnen. Die erzeugten Signale sollten von anderen Indikatoren bestätigt werden, da sich der Kurs während einer starken Trendphase über einen längeren Zeitraum entlang eines Bandes bewegen kann. In trendstarken Märkten können die Bänder dazu verwendet werden, auf kurzfristige Reaktionen entgegen dem vorherrschenden Primärtrend zu spekulieren. In seitwärts gerichteten Märkten können die Bänder zur Anzeige von überkauften beziehungsweise überverkauften Marktsituationen eingesetzt werden. Zur Trendbestimmung können beispielsweise Indikatoren wie der r^2, ADX, VHF oder CTI verwendet werden.

48) Vgl.: Mel Widner, Technical Analysis of Stocks & Commodities, Juli 1995.

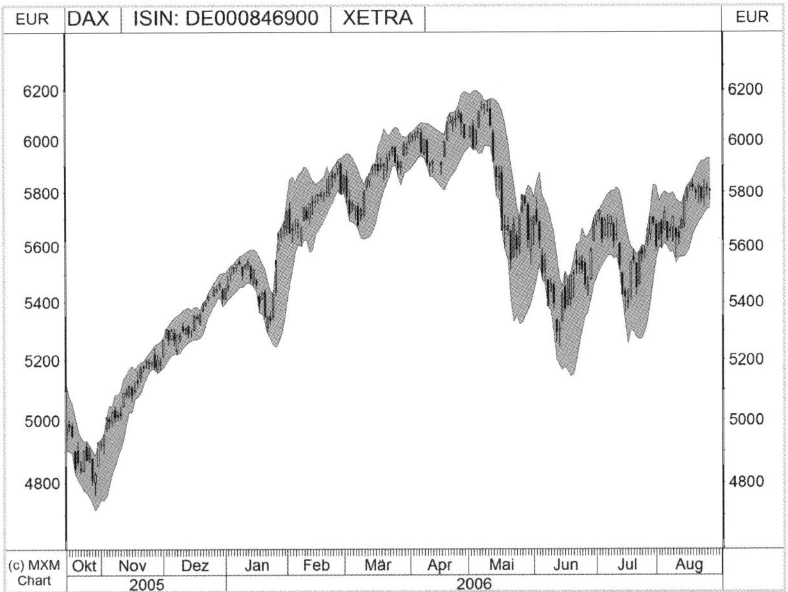

Abb. 69: Projection Bands über 14 Tage auf Basis von Höchst- und Tiefstkursen und linearer Berechnung; auch hier zeigen sich Probleme in Trendphasen, wenn die Kurse entlang eines Bandes laufen.

2.6.6.1 Projection Oscillator und Projection BandWidth

Mel Widner hat neben den Projection Bands mit dem Projection Oscillator und der Projection BandWidth zwei weitere Indikatoren eingeführt, die unmittelbar auf den Projection Bands aufbauen.

Der Projection Oscillator ist eine andere Darstellungsform der Projection Bands und gibt die relative Position des Schlusskurses innerhalb des oberen und unteren Bands an. Dabei schwankt der Projection Oscillator zwischen den Extremwerten 0 und 100. Der Wert von 0 besagt, dass sich der Schlusskurs auf dem unteren Projection Band befindet, während ein Wert von 100 anzeigt, dass der Schlusskurs auf dem oberen Projection Band liegt. Ein Wert von 50 bedeutet, dass sich der Schlusskurs genau in der Mitte der beiden Bänder befindet.

Vom Prinzip her gleicht der Projection Oscillator dem Stochastic %K, der die relative Position des Schlusskurses zum Höchst- und Tiefstkurs des Berechnungszeitraums anzeigt. Der Projection Oscillator ist ein um die Steigung der Regressionsgeraden adjustierter Stochastic. Wird bei der Berechung der zugrunde liegenden Regressionsgeraden des Projection Oscillator auf den Logarithmus der Kurse zurückgegriffen, sind die Abweichungen zum Stochastic %K nur geringfügig. Diese Berechnungsart wäre ja eigentlich zu verwenden, wenn halblogarithmische Charts eingesetzt werden. Mel Widner geht in seiner Beschreibung leider nicht darauf ein, ob der Logarithmus des Kurses oder der reine Kurs bei der Berechnung des Projection Oscillators verwendet wird. In der Praxis findet man meist die lineare (nicht logarithmische) Variante des Projection Oscillators: Diese zeigt eine wesentlich höhere Reaktionsgeschwindigkeit als die logarithmische Variante und auch als der Stochastic %K.

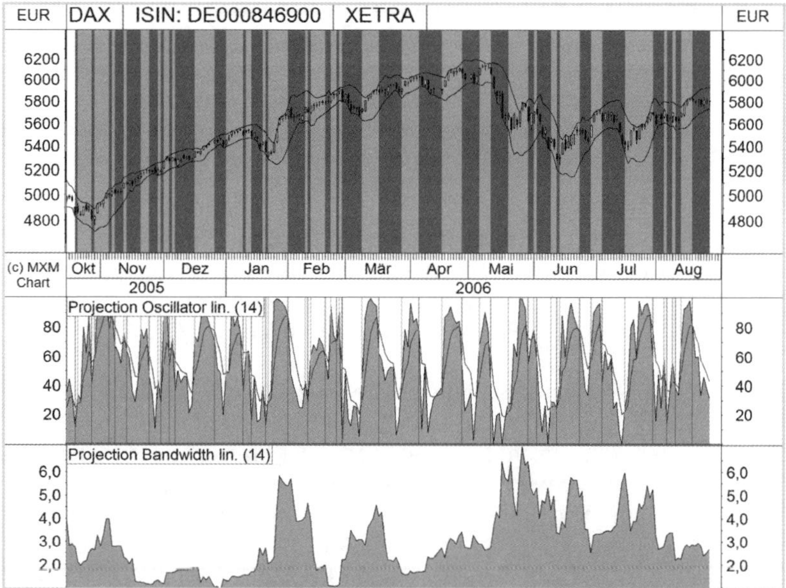

Abb. 70: Im mittleren Bereich befindet sich ein 14-Tage-Projection-Oscillator mit einem 5-Tage exponentiellen Durchschnitt zur Signalerzeugung. Hellgraue Bereiche im Kursverlauf zeigen Long-Positionen, und dunkelgraue Bereiche stehen für Short-Positionen, die auf Basis des Price Oscillator aufgebaut wurden. Im unteren Bereich ist die Bandbreite der Projection Bands zu sehen.

Mel Widner verwendet zur Generierung von Signalen das Kreuzen von Projection Oscillator mit seinem exponentiellen Gleitenden Durchschnitt. Für die Berechnung des Durchschnitts schlägt er drei bis fünf Tage vor. Eine weitere Möglichkeit der Signalgenerierung ist das Drehen des Projection Oscillator in den Extrembereichen. Als Extrembereiche werden in der Literatur 80 als überkaufter und 20 als überverkaufter Bereich angegeben. Diese Werte sind natürlich nur Anhaltspunkte und können für jedes Wertpapier individuell angepasst werden. Das Drehen des Projection Oscillator in einem Extrembereich bedeutet, dass sich der Kursverlauf einem Projection Band genähert und dann gedreht hat. Genau wie bei den Projection Bands ist auch beim Projection Oscillator die Bestätigung durch Trendstärke-Indikatoren sinnvoll.

Der Projection-BandWidth-Indikator zeigt die prozentuale Breite der Projection Bands im Vergleich zum Mittelwert der beiden Bänder an. Hohe Werte bei der Projection BandWidth signalisieren ein Auseinanderlaufen der Projection Bands und sind ein Anzeichen für ein bevorstehendes Ende des Trends. Niedrige Werte des Projection BandWidth zeigen an, dass sich die Projection Bands verengen, und sind oftmals Vorläufer einer trendstarken Marktsituation.

2.7 Selbstanpassung

Bein Einsatz von Technischen Indikatoren stellt sich immer wieder die Frage nach der »richtigen« Einstellung. Man steht vor der Frage: Wie lang wähle ich den Berechnungszeitraum, damit der Indikator möglichst auf alle Marktphasen passt? Die meisten Indikatoren versuchen, einen dynamischen Markt mit einem starren Konzept zu bewältigen.

Nehmen wir beispielsweise gleitende Durchschnitte, die eingesetzt werden, um volatile Kursbewegungen zu glätten. Dabei sollen unbedeutende Kursbewegungen eliminiert und nur die wesentlichen Kursinformationen erhalten bleiben. Die Schwierigkeit besteht nun darin zu erkennen, welche Kursschwankungen bedeutend und welche unbedeutend sind. In starken Trendphasen benötigt man einen Indikator, der sich schnell an die Kursentwicklung anpasst und damit dicht dem aktuellen Kurs folgt. In volatilen Seitwärtsmärkten benötigt man hingegen einen Indikator, der weit genug vom Kursverlauf entfernt ist, damit es nicht zu häufigen Fehlsignalen kommt. Ein schneller Durchschnitt mit einer kurzen Einstellung ist gut, wenn sich der Markt schnell in eine Richtung bewegt, andererseits ist ein langsamer Durchschnitt mit einer längeren Einstellung besser, wenn der Markt richtungslos umherdümpelt.

Bei herkömmlichen gleitenden Durchschnitten versucht man durch die Wahl eines passenden Glättungszeitraums einen Kompromiss zu finden.

Ein besser Lösungsansatz könnte darin bestehen, dass man die Marktbedingungen misst und zur Steuerung des Glättungszeitraums verwendet. Und da sind wir genau beim Thema, denn genau diese Idee wird bei adaptiven gleitenden Durchschnitten umgesetzt. Bei dieser speziellen Art von Durchschnitten wird die Glättungskomponente automatisch an die Marktbewegungen angepasst. Im ersten Schritt muss der Zustand des Marktes gemessen werden, und hier kommen meist Indikatoren zum Einsatz, die Sie im Kapitel über die Trendbestimmung oder im Kapitel über die Beweglichkeit kennen gelernt haben. In Abhängigkeit von einem dieser Indikatoren werden die Parameter des adaptiven Indikators an die gerade vorherrschenden Marktverhältnisse angepasst. Neben den gleitenden Durchschnitten lässt sich dieses Prinzip auf nahezu alle Indikatoren übertragen und diese damit in adaptive Indikatoren verwandeln. Alle nachfolgend vorgestellten Indikatoren gibt es auch ohne die nachträglich auf das ursprüngliche Indikatorkonzept aufgesetzte Adaptionskomponente.

Auch die bereits vorgestellten Bollinger Bands sind eine Art von adaptiven Indikatoren, denn sie passen die Breite der Bänder an die jeweils vorherrschende Volatilität an.

Wie genau die Anpassung wirken soll, ist immer von der jeweiligen neuen Anwendung abhängig, mal ist es günstiger, einen Indikator in Trendphasen zu beschleunigen, und mal zu verlangsamen.

2.7.1 KAMA

In seinem Buch *Smarter Trading*[49] beschreibt Perry Kaufman seinen adaptiven gleitenden Durchschnitt, den er KAMA nennt. KAMA steht für Kaufman‘s Adaptive Moving Average. Das Kapitel über den KAMA heißt »Smarter Trendfollowing«, womit schon klar wird, dass der KAMA als Trendfolge-Instrument konstruiert wurde.

Der KAMA beruht auf einem exponentiellen Durchschnitt, bei dem die Gewichtung des hinzukommenden Kurses über eine Trendeffizienz-Kennzahl, die Efficiency Ratio, gesteuert wird. Die Efficiency Ratio habe ich Ihnen bereits im Kapitel über die Trendbestimmung vorgestellt, da diese Kennzahl auch eigenständig gute Dienste leistet. Die Trendeffizienz ist definiert als das Verhältnis der absoluten Kursänderung vom Anfang bis zum Ende des Betrachtungszeitraums und der Summe der absoluten täglichen Kursänderungen.

Bei hoher Trendeffizienz, also bei einer geradlinigen Bewegung ohne starke Schwankungen, wird dem hinzukommenden Kurs ein hohes Gewicht eingeräumt, was einer kurzen Einstellung in Tagen entspricht.

Bei geringer Trendeffizienz, also bei einer stark schwankenden Bewegung, wird dem hinzukommenden Kurs ein geringes Gewicht eingeräumt, dies entspricht einer langen Einstellung in Tagen. Perry Kaufman definiert noch einen Maximal- und einen Minimalwert für die Berechnung der jeweiligen Glättungskomponente. Die Efficiency Ratio wird mit Hilfe des definierten Maximal- und Minimalwerts in den Faktor umgerechnet, mit dem ein neu zum exponentiellen Durchschnitt hinzugefügter Kurs gewichtet wird. Als Minimalwert werden zwei und als Maximalwert 30 Tage von Perry Kaufman verwendet. Die Tageanzahl für die Ermittlung der Efficiency Ratio ist der wichtigste Parameter beim KAMA. Für kurzfristige Strategien hält Perry Kaufman einen Wert um die zehn Tage für empfehlenswert. Ein Wert von kleiner 5 sorgt dafür, das die Efficiency Ratio zu schnell zwischen 0 und 1 hin und her springt. Für langfristiges Positionstrading kann auch ein viel längerer Zeitraum attraktiv sein, da dies zu stabilerem Verhalten bei Nebengeräuschen im Trend

49) Vgl.: Perry J. Kaufman, Smarter Trading, 1995, S. 139-153. Das Buch Smarter Trading gehört zu den Büchern, die ich sehr empfehlen kann.

führt. Für mathematisch interessierte Leser ist die komplette Formel des KAMA im Anhang angegeben.

Perry Kaufman sieht ein grundlegendes Signal für steigende Kurse, wenn der KAMA nach oben dreht, und ein grundlegendes Signal für fallende Kurse, wenn der KAMA nach unten dreht.

Um Fehlsignale in Seitwärtsphasen zu vermeiden, setzt Perry Kaufman einen Filter bei der Signalerzeugung ein. Auch beim Filter setzt Perry Kaufman auf die Selbstanpassung und definiert den Filter als Prozentanteil von einer Standardabweichung der Differenz des aktuellen Werts zum Vortagswert des KAMA.

Für Forex- und Futures-Märkte empfiehlt Perry Kaufman kleine prozentuale Filter von einem Prozent der Standardabweichung, und für Aktien- und Zinsmärkte hält er größere prozentuale Filter von 100 Prozent für

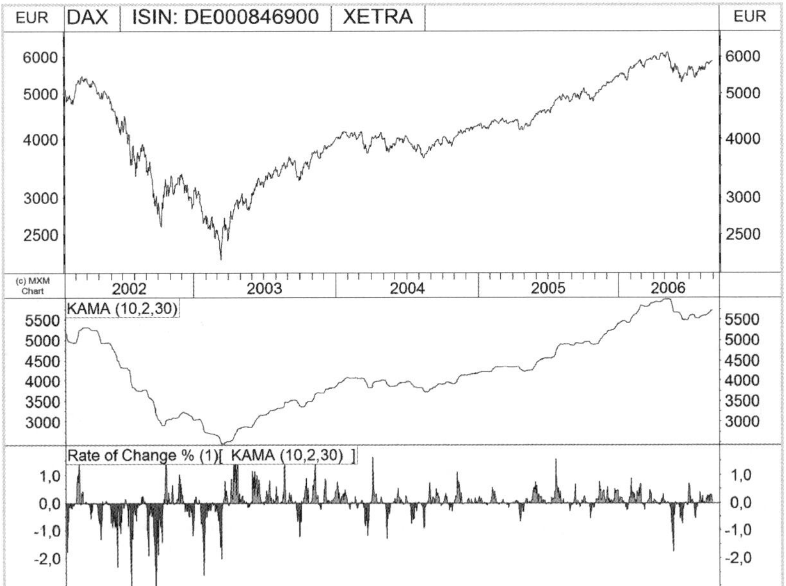

Abb. 71: Im mittleren Bereich befindet sich der KAMA, und im unteren Bereich ist die 1-Tage-Rate-of-Change des KAMA zu sehen. Ein Kreuzen der Nulllinie signalisiert Wendepunkte im KAMA.

sinnvoll. Normalerweise werden für die Berechnung der Standardabweichung 20 Tage verwendet.

Ein Signal für steigende Kurse wird nun gegeben, wenn die Differenz aus dem aktuellen KAMA-Wert und dem tiefsten Wert des KAMA der letzten n-Tage größer als der Wert des Filters ist.

Umgekehrt erfolgt ein Signal für fallende Kurse, wenn die Differenz aus dem höchsten KAMA-Wert der letzten n-Tage und dem aktuellen KAMA-Wert größer als der Wert des Filters ist.

Die Tageanzahl, über die der tiefste beziehungsweise höchste Wert gesucht wird, gibt Perry Kaufman nicht explizit an, er verwendet in einem Programmierbeispiel allerdings drei Tage.

In ausgeprägten Trendphasen mit einer hohen Trendeffizienz reagiert der KAMA schneller auf Richtungswechsel, als in volatilen Seitwärtsmärkten. Durch die Verwendung des Filters wird das Problem gemildert, dass bei einem seitwärts verlaufenden KAMA häufige kleine Richtungswechsel viele Fehlsignale erzeugen. Dieser Filteransatz lässt sich natürlich auch auf herkömmliche Durchschnitte übertragen. Insgesamt halte ich den KAMA für einen sehr interessanten Ansatz, den ich selbst gern verwende.

2.7.2 VIDYA

VIDYA steht für Variable Index Dynamic Average und wurde von Tushar Chande entwickelt. VIDYA ist, ähnlich den KAMA, ein sich automatisch an die Volatilität anpassender exponentieller Durchschnitt.

Die Anpassung erfolgt mit Hilfe eines Quotienten aus einer kurz- und einer langfristigen Standardabweichung. Weitere Varianten des VIDYA beruhen auf dem Korrelationskoeffizienten r^2, dem von Tushar Chande ebenfalls entwickelten Momentumindikator absCMO oder dem Verhältnis aus der Standardabweichung zu ihrem Durchschnitt.

Beim VIDYA wird eine feste Glättungskonstante vorgegeben, und die Anpassung erfolgt über einen Faktor, der auf der relativen Volatilität basiert. Ist der Faktor der relativen Volatilität gleich 1, entspricht der VIDYA einem exponentiellen Durchschnitt mit der festen Glättungskonstanten. Je größer die relative Volatilität ist und damit der Faktor größer 1 wird, desto größer ist auch das Gewicht des hinzukommenden Kurses, was gleichbedeutend mit einer Verkürzung der Einstellung in Tagen ist. Bei niedriger relativer Volatilität ist der Faktor kleiner 1, und das Gewicht für neue Kurse nimmt ab.

Dadurch reagiert der Durchschnitt schneller in Zeiten steigender Volatilität und langsamer, wenn die Volatilität abnimmt.

Tushar Chande gibt keine spezielle Art der Auswertung für den VIDYA vor, vielmehr können Sie alle bekannten Methoden, die auch bei herkömmlichen Durchschnitten eingesetzt werden, auf den VIDYA übertragen.

Abb. 72: Vergleich eines 9-Tage-exponentiellen Durchschnitts mit einem VIDYA mit einer festen Glättung von ebenfalls neun Tagen und einem relativen Volatilitätsquotienten aus einer 9-Tage- und einer 30-Tage-Standardabweichung.

2.7.3 Dynamic Momentum Index

Beim Dynamic Momentum Index (DMI) handelt es sich um eine spezielle Variante des Relative Strength Index (RSI) nach Welles Wilder, bei dem die Anzahl an Tagen zur Berechnung des RSI an die Volatilität angepasst wird. Steigt die Volatilität, wird der Berechnungszeitraum verkürzt, und bei sinkender Volatilität wird dieser entsprechend verlängert.

Der Entwickler des DMI Tushar Chande nutzt als Maßstab für die relative Volatilität das Verhältnis einer fünftägigen Standardabweichung auf Basis der Schlusskurse zu einem zehntägigen Durchschnitt über diese Standardabweichung. Tushar Chande verwendet eine Basiseinstellung, die genutzt werden soll, wenn der Volatilitätsquotient im Gleichgewicht ist und den Wert 1 aufweist. Als Basiseinstellung werden 14 Tage, wie bei der »normalen« Berechnung des RSI, vorgeschlagen. Tushar Chande teilt den Wert der Basiseinstellung durch den Volatilitätsquotienten und schneidet anschließend die Nachkommastellen ab. Die dadurch entstehende neue Tageanzahl wird noch mit einem Minimal- und einem Maximalwert verglichen und darf nicht außerhalb des Bereichs liegen. Die minimale Tageanzahl gibt Tushar Chande mit fünf und die maximale Tageanzahl mit 30 an.

Tushar Chande schlägt vor, den DMI mit einer gegen den Trend gerichteten Strategie einzusetzen, wenn Trendbestimmungsindikatoren wie r^2 oder absCMO trendlose Marktphasen anzeigen. Dann wird auf fallende Kurse gesetzt, wenn der DMI den Überkauftbereich erreicht. Auf steigende Kurse wird gesetzt, wenn der DMI den Überverkauftbereich erreicht.

In starken Trendphasen kann der DMI genutzt werden, um in Trendrichtung zu handeln. In einem Aufwärtstrend wird auf Überverkauftsituationen gewartet, um einzusteigen. Man kann davon ausgehen, dass es sich nur um eine Korrektur im Aufwärtstrend handelt und somit um eine Kaufgelegenheit mit wenig Risiko. Im Abwärtstrend wird eine gegenteilige Verhaltensweise vorgeschlagen.[50]

50) Vgl.: Tushar Chande/Stanley Kroll, The New Technical Trader, 1994, S. 134-141, und Tushar Chande/Stanley Kroll, Technical Analysis of Stocks & Commodities, Mai 1993.

Sie sollten beide vorgeschlagenen Strategien testen und prüfen, ob sie für die von Ihnen bevorzugten Märkte und Zeitrahmen Erfolg versprechen. Das sollten Sie natürlich bei allen in diesem Buch und auch anderswo vorgeschlagenen Strategien machen, denn nicht immer sind plausibel klingende Methoden auch wirklich profitabel.

Wo genau Tushar Chande den Überkauft- beziehungsweise Überverkauftbereich ansetzt, wird nicht beschrieben. Aufgrund der engen Verwandtschaft von RSI und DMI gehe ich davon aus, dass die Bereiche wie beim RSI bei 70 und 30 anzusetzen sind. In seinen Beispielcharts findet man die Bereiche bei 70/30 und 80/20.

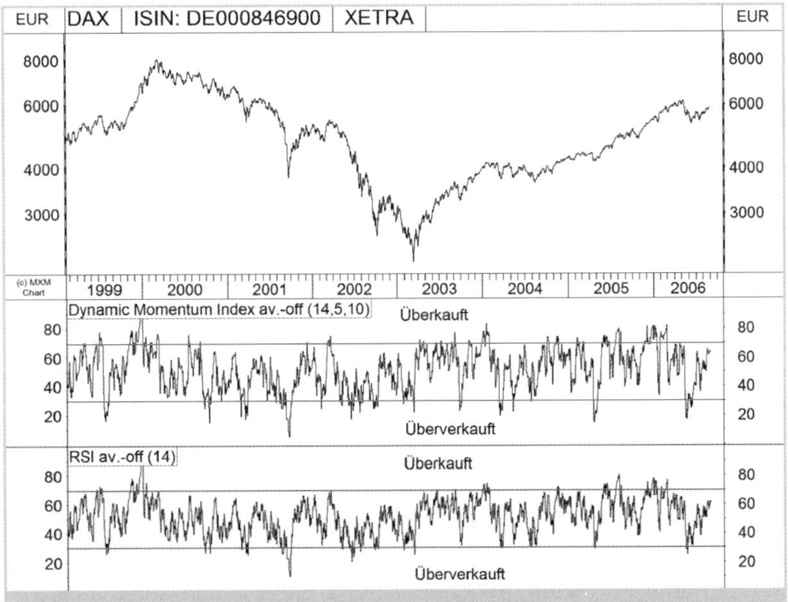

Abb. 73: Der Vergleich von DMI und RSI zeigt, dass sich der DMI häufiger und deutlicher in die Extremzonen bewegt.

2.8 Volumen

Das Volumen kennzeichnet die Höhe der Aktivität am Markt.

Immer wenn ein Handel zustande gekommen ist, zeigt dies, dass ein Käufer und ein Verkäufer aktiv eine Entscheidung getroffen haben und ein Wertkonsens zustande gekommen ist.

Mit jedem Geschäft steigt das Volumen, das normalerweise als kumulierte Stückzahl der gehandelten Wertpapiere eines Tages angegeben wird. Aber schon der Begriff Volumen wird nicht immer eindeutig in der Literatur verwendet, mal wird der Stückumsatz an Aktien eines Tages darunter verstanden und mal das Produkt aus Stückumsatz und Kurs. Ich werde im Nachfolgenden die am häufigsten zu findende Definition des Volumens als die gehandelte Stückzahl verwenden. In der englischspra-

Abb. 74: Der Chart zeigt den Kursverlauf der Volkswagen-Aktie mit den täglichen Stückumsätzen auf dem elektronischen Handelssystem Xetra der Deutschen Börse AG.

chigen Literatur steht der Begriff Volume meist für die Stückzahl und wird genauso ins Deutsche übertragen. Das Produkt von Kurs und Stückumsatz ist auch von Bedeutung, aber ich werde immer explizit darauf hinweisen, wenn ich das Produkt meine. Im Chart werden die Stückumsätze normalerweise als Säulen unter dem Kursverlauf angezeigt.

In der Praxis werden das Volumen und auf dem Volumen basierende Indikatoren häufig unterschätzt und sind nicht so verbreitet wie Indikatoren, die auf der Kursentwicklung aufsetzen. Ein Problem ist auch die verwirrende Namensvielfalt von Volumenindikatoren, häufig findet man die gleichen Indikatoren unter verschiedenen Namen.

Das Volumen ist unabhängig vom Preis und kann damit eine andere Perspektive auf den Markt aufzeigen. Der größte Teil der in der Praxis eingesetzten Indikatoren bereitet die Preisinformationen nach bestimmten Methoden auf, dadurch sind alle diese Indikatoren mehr oder weniger korreliert. Die Volumenindikatoren bieten nun eine weitere Sichtweise, die unkorreliert zu den Preisindikatoren ist.

Die Annahme, dass das Volumen den Kursen vorausläuft, ist die Basis der Volumenanalyse. Das Volumen wird seit langer Zeit benutzt, um die Gültigkeit von Kursbewegungen zu bestätigen, und ist aufgrund seiner Unabhängigkeit eine unkorrelierte Größe, die zur Verbesserung der Analyse verwendet werden kann.

In einem Aufwärtstrend sollte das Volumen in Phasen mit steigenden Kursen ansteigen und bei fallenden Kursen abnehmen. In einem Abwärtstrend soll das Volumen in Phasen mit fallenden Kursen zunehmen und in Phasen mit steigenden Kursen abnehmen.

Doch bei der Verwendung von Volumen zu Analysezwecken sind einige Einschränkungen zu beachten. So ist die Verfügbarkeit der Volumendaten bei einigen Instrumenten eingeschränkt. Bei Aktien sind die Daten meist problemlos zu bekommen, aber anders sieht es schon bei Devisen aus. Bei Devisen sind fast nur Kursdaten erhältlich. Auch bei Aktienindizes sucht man Volumenangaben oft vergeblich, und wenn diese angeboten werden, haben sie meist nur eingeschränkte Aussagekraft. Denn oft werden nur die täglichen Stückumsätze der im Index enthaltenen Aktien summiert. Da die einzelnen Aktien allerdings sehr unterschiedliche Kursniveaus aufweisen können, wird das Ergebnis verfälscht, da bei den Aktien mit niedrigem Kursniveau die Anzahl der umlaufenden Aktien größer ist. Die Aktien mit niedrigen Kursen dominieren das Ergebnis, wenn die Stückumsätze einfach summiert werden. Abhilfe könnte die Gewichtung der Umsätze mit dem Preis schaffen, also wenn die Stückzahl erst mit dem Kurs multipliziert wird, bevor die Ergebnisse der Einzelaktien addiert werden. Diese Daten sind allerdings nur für wenige, meist US-Indizes verfügbar. Einige Chartanalyseprogramme bieten jedoch die Möglichkeit, derartige Volumendaten für Indizes zu berechnen; die Funktion wird meist Total Volume genannt.

Ein weiteres Problem kann sich bei Auslandsaktien ergeben, denn bei diesen Werten benötigen Sie die Daten der Heimatbörse. Wenn Sie beispielsweise den Umsatz einer US-Aktie an einer deutschen Börse verwenden, hat eine Volumenanalyse nur eine geringe Aussagekraft, da die Kurse maßgeblich an der Hauptbörse gemacht werden. Ebenfalls problematisch ist die Tatsache, dass die Aktien eines Unternehmens an unterschiedlichen Börsen und Marktsegmenten gehandelt werden. Für die Analyse werden aber immer nur die Umsatzdaten zu den Kursen eines bestimmten Handelsplatzes geliefert.

Nicht dass Sie mich falsch verstehen, ich halte das Volumen für ein sehr interessantes Analyseinstrument, möchte Sie aber gleichzeitig auf mögliche Schwierigkeiten bei der Datenbeschaffung hinweisen. Das Volumen hat mich sogar so weit inspiriert, dass ich mit dem Price Level Profile einen eigenen volumenbasierten Indikator entwickelt habe, den ich Ihnen am Ende dieses Kapitels vorstellen möchte.

2.8.1 Einteilung von Volumenindikatoren

In seinem Buch »Bollinger-Bänder« verwendet John Bollinger eine sehr gelungene Einteilung von Volumenindikatoren. Er teilt Volumenindikatoren in fünf Gruppen ein, die ich Ihnen nachfolgend erläutern möchte.

In der ersten Gruppe wird das Volumen aufgrund der Kursänderung zum Vortag verteilt. In diese Gruppe fällt zum Beispiel der On Balance Volume (OBV), bei dem das Volumen zum Vortageswert des OBV addiert, wenn der Kurs gegenüber dem Vortag gestiegen ist und subtrahiert wird, wenn der Kurs gefallen ist. Der OBV gilt als Klassiker unter den Volumenindikatoren, und ich werde später noch weiter auf diesen Indikator eingehen. Der Price Volume Trend ist ebenfalls ein Vertreter aus der ersten Gruppe. Bei diesem Volumenindikator handelt es sich um eine Erweiterung des OBV, bei dem das Volumen mit der prozentualen Kursänderung multipliziert wird, bevor es zum Vortagswert des Indikators addiert oder subtrahiert wird.

Die zweite Gruppe orientiert sich bei der Verteilung des Volumen an der Kursentwicklung innerhalb eines Tages. Dabei spielt die, auch aus der Candlestick-Analyse bekannte, relative Position von Eröffnungs- und Schlusskurs sowie von Tageshöchstkurs und Tagestiefstkurs die entscheidende Rolle. Innerhalb eines Aufwärtstrends sollte der Schlusskurs dichter am Tageshoch liegen, während er in einer Abschwungphase näher am Tagestief liegen sollte. Beispiele für diese Gruppe sind der Chaikin Oscillator und die Williams Accumlation/Distribution.

In den ersten beiden Gruppen wurden zuerst die Kurse betrachtet und danach das Volume verteilt. In der dritten Gruppe wird die Sache umgedreht und die Kurse aufgrund der Volumenentwicklung verteilt.

Als Beispiel sei der Negative Volume Index (NVI) angeführt, der die Kursänderungen akkumuliert, wenn das Volumen im Vergleich zum Vortag zurückgeht. Das Gegenstück zum NVI ist der Positive Volumen Index (PVI), der die Kursänderungen akkumuliert, wenn das Volumen gegenüber dem Vortag angestiegen ist.

Die vierte Gruppe der Volumenindikatoren betrachtet ausschließlich das Volumen und nimmt keinen Bezug auf die Kursentwicklung. Dadurch werden Ursache (Volumen) und Wirkung (Kurs) getrennt dargestellt.

Diese Gruppe von Indikatoren beantwortet meist die Frage: Ist das Volumen relativ hoch oder niedrig? Als Beispiel sei hier der %V-Indikator genannt, der das aktuelle Volumen durch den Durchschnitt des Volumens teilt und mit 100 multipliziert. Weitere Indikatoren aus dieser Gruppe sind zum Beispiel der Volume Oscillator und die Volume Rate of Change. Die beiden vorgenannten Indikatoren sind nichts anderes als die Anwendung der Formel des Price Oscillator und der Rate of Change auf Volumendaten.

Grundsätzlich kann ein Großteil der Indikatoren, die eigentlich für die Analyse der Kursdaten bestimmt sind, auch für Volumendaten eingesetzt

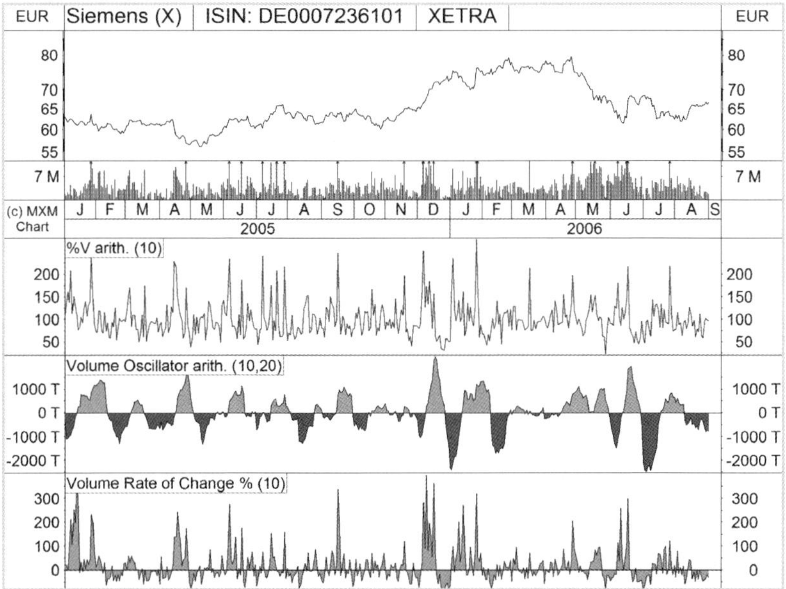

Abb. 75: Drei Indikatoren aus der Gruppe von Volumenindikatoren, die ausschließlich das Volumen betrachten.

werden. Ein weiteres Beispiel ist der %b, mit dem Sie feststellen können, ob das Volumen relativ hoch oder niedrig ist.

Bei der fünften Gruppe von Volumenindikatoren werden bereits existierende (Preis-)Indikatoren um eine Volumenkomponente erweitert. Der Money Flow Index (MFI) ist beispielsweise eine Erweiterung des Relative Strength Index (RSI) um eine Volumenkomponente. Ein weiteres Beispiel ist der Volume-gewichtete MACD oder ein Volume-gewichteter Durchschnitt.

2.8.2 On Balance Volume

Als Joseph Granville den On Balance Volume (OBV) bekannt machte[51], wurde der Ansatz am Anfang mit großer Skepsis betrachtet. Mittlerweile

51) Vgl.: Joseph E. Granville, A Strategy Of Daily Stockmarket Timing For Maximum Profit, 1976.

ist der On Balance Volume zu einem der grundlegenden Instrumente in der Technischen Analyse geworden, und man findet ihn in einer Vielzahl von Büchern und Softwareprodukten zum Thema Technische Analyse. Im Laufe der Jahre hat eine Reihe von Technischen Analysten versucht, diesen Volumenindikator zu verbessern. So beruhen beispielsweise der Williams A/D, der Chaikins Oscillator und der Klinger Volume Oscillator auf dem Grundkonzept des On Balance Volume.

Joseph Granville sieht in den Umsätzen die Kraft, die den Markt bewegt, und entwickelte mit dem On Balance Volume einen Indikator, der bedeutende Marktbewegungen widerspiegeln soll. Sein theoretischer Ansatz ist, dass bei einem Aufwärtstrend die Umsätze an Tagen mit steigenden Kursen höher sind als an Tagen mit fallenden Kursen. Umgekehrt verhält es sich in einem Abwärtstrend. Dort sind die Tage mit fallenden Kursen durch höhere Umsätze gekennzeichnet. Eine von Joseph Granvilles Prämissen ist, dass es eine Gruppe von Marktteilnehmern gibt, die besser informiert ist als die Allgemeinheit der Marktteilnehmer. Diese Gruppe der Besserinformierten ist in der Lage, Aktien zu niedrigeren Preisen zu akkumulieren als die Allgemeinheit der Anleger.

Die Berechnung des OBV ist relativ einfach. Wenn der heutige Schlusskurs höher ist als der Schlusskurs des Vortags, wird der Umsatz zum OBV-Wert des Vortags addiert. Der Umsatz wird subtrahiert, wenn der heutige Schlusskurs unter dem gestrigen Schlusskurs liegt.

Bei der Beurteilung des OBV wird der wertmäßigen Höhe dieses Indikators keine Bedeutung beigemessen, da dieser keinen festen Wertebereich aufweist und eine Abhängigkeit zum gewählten Startpunkt der Berechnung besteht.

Beim On Balance Volume wird in erster Linie auf Divergenzen zwischen dem Indikatorverlauf und dem Kursverlauf geachtet. Tendieren der Kursverlauf und der OBV in die gleiche Richtung, so wird der vorherrschende Trend durch den Indikator bestätigt. Eine Trendwende nach unten ist zu erwarten, wenn ein neuer Hochpunkt bei der Kursentwicklung nicht durch einen Hochpunkt des OBV bestätigt wird. Umgekehrt ist mit einer Trendwende nach oben zu rechnen, wenn ein neuer Tiefpunkt des Kursverlaufs nicht mehr durch einen neuen Tiefpunkt im Verlauf des On Balance Volume nachvollzogen wird.

Joseph Granville erklärt, dass mit einer baldigen Reaktion des Marktes zu rechnen ist, wenn eine Akkumulation oder Distribution des Volume ohne eine signifikante Kursbewegung erfolgt.

Eine weitere Möglichkeit der Auswertung ist die Verwendung eines gleitenden Durchschnitts, der über den OBV gelegt wird. Steigt der OBV über seinen Durchschnitt, werden steigende Kurse signalisiert. Fallende Kurse werden angezeigt, wenn der OBV unter seinen Durchschnitt fällt. Tom Aspray schlägt in seinem Artikel einen 21-Tage linear gewichteten gleitenden Durchschnitt vor.[52]

Der OBV kann auch als Trendfilter eingesetzt werden. Der OBV gewichtet die jeweilige Kursbewegung mit dem Volumen und kombiniert damit auf einfache Weise Informationen über den Kurs und das Volumen. Ein Trend wird mit Hilfe eines gleitenden Durchschnitts definiert, der über

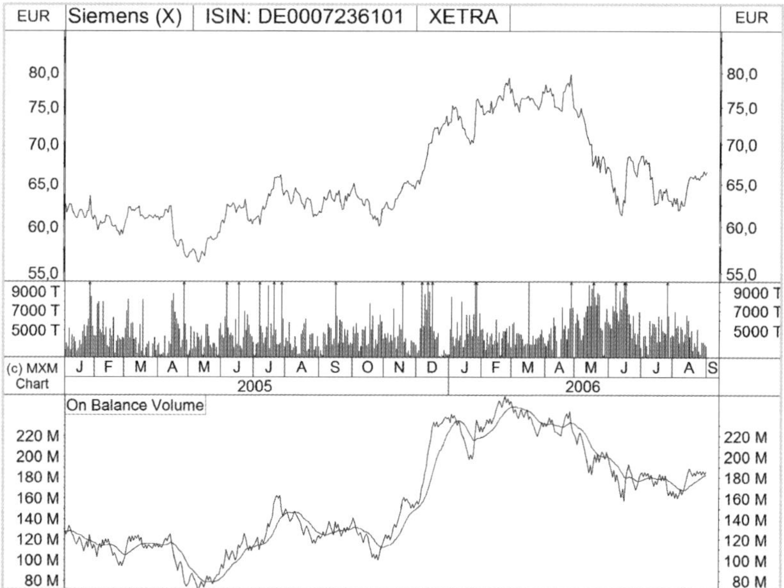

Abb. 76: Volumenindikator On Balance Volume mit seiner 21-Tage linear gewichteten Durchschnittslinie.

52) Vgl.: Tom Aspray, Technical Analysis of Stocks & Commodities, April 1988.

den OBV gelegt wird. Befindet sich der OBV oberhalb seines gleitenden Durchschnitts, wird ein Aufwärtstrend angezeigt. Ein Abwärtstrend ist dadurch gekennzeichnet, dass sich der OBV unterhalb seines gleitenden Durchschnitts befindet.[53] Die Signale eines anderen Indikators werden dann nur in Richtung der durch den OBV angezeigten Trendrichtung ausgeführt.

2.8.3 Chaikin Money Flow

Der Chaikin-Money-Flow-Indikator soll helfen, die starken und schwachen Marktphasen zu identifizieren. Das Grundkonzept des von Marc Chaikin entwickelten Indikators beruht auf der Überlegung, dass sich der Schlusskurs in einem Aufwärtstrend im oberen Bereich der täglichen Handelsspanne befindet und ein höherer Umsatz an Tagen mit steigenden Kursen vorherrscht. Im Abwärtstrend liegt der Kurs tendenziell im unteren Bereich der Handelsspanne, und das Volumen steigt an Tagen mit fallenden Kursen.

Die Berechnung des Chaikin-Money-Flow-Indikators erfolgt, indem die Summe des täglichen Accumulation/Distribution-Wertes durch die Summe der täglichen Umsätze dividiert wird. Bei der Ermittlung des Accumulation/Distribution-Wertes wird die relative Position des Schlusskurses zum Tageshöchst- und Tagestiefstkurs berechnet und mit dem Umsatz des Tages multipliziert. Liegt der Schlusskurs dichter am Tagestiefstkurs, dann ist der Accumulation/Distribution-Wert negativ. Liegt der Schlusskurs hingegen näher am Tageshöchstkurs, dann ist der Accumulation/Distribution-Wert positiv.

Für die Berechnung der Summen wird meist ein Zeitraum von 21 Tagen angegeben. Ist der Chaikin-Money-Flow-Indikator im positiven Bereich, ist dies ein Anzeichen für einen starken Markt. Ist er negativ, zeigt dies eine schwache Marktphase an.

Divergenzen zwischen dem Chaikin-Money-Flow-Indikator und dem Kursverlauf signalisieren eine bevorstehende Trendwende.[54]

---

53) Vgl.: Thomas Stridsman, Trading Systems that work, S. 229-231. Der Titel der deutschen Übersetzung dieses Buches lautet: „Handelssysteme, die funktionieren".

54) Vgl.: Tom Hartle/Marc Chaikin, Technical Analysis of Stocks & Commodities, Januar 1994.

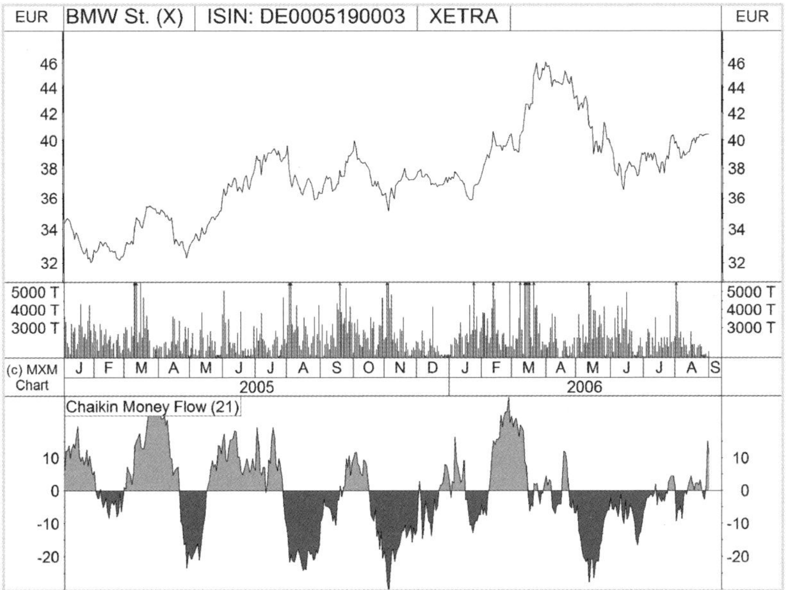

Abb. 77: Der Chaikin Money Flow zeigt starke Marktphasen mit Werten größer Null und schwache Marktphasen mit Werten kleiner Null an.

2.8.4 Force Index

Mit dem von Alexander Elder vorgestellten Force Index (Stärke-Index) soll die Kraft gemessen werden, die hinter einem Auf- beziehungsweise Abschwung steckt. Der Force Index kombiniert drei wichtige Marktinformationen. Diese sind die Richtung der Kursentwicklung, das Ausmaß der Kursänderung und der Umsatz.

Bei der Berechnung des Force Index wird einfach die Differenz zwischen dem heutigen und dem gestrigen Schlusskurs mit dem heutigen Stückumsatz multipliziert. Anschließend wird ein exponentieller gleitender Durchschnitt gebildet.[55]

55) Vgl.: Alexander Elder, Die Formel für Ihren Börsenerfolg, 3. Auflage 2000, S. 292-300.

Der Force Index kann auch ohne gleitenden Durchschnitt eingesetzt werden, doch funktioniert er mit diesem besser. Ist der Schlusskurs gegenüber dem Vortag gestiegen, ist die Kraft positiv. Ist der Schlusskurs im Vergleich zum Vortag gefallen, ist die Kraft negativ. Je größer die Kursänderung ist, desto größer ist auch die dahinter stehende Kraft. Der Umsatz zeigt den Grad der Entschlossenheit der Marktteilnehmer, die hinter einer Kursbewegung stehen. Ein großer Umsatz steht für eine große Stärke der Bewegung. Stehen hohe Umsätze hinter einer Kursbewegung, ist die Wahrscheinlichkeit hoch, dass sich die Kursbewegung fortsetzt. Geringer Umsatz deutet hingegen das Ende einer Kursbewegung an.

Elder empfiehlt 2-Tage als Glättung beim Force Index, um kurzfristige Ein- und Ausstiegspunkte zu bestimmen. Aufgrund der großen Sensibilität empfiehlt er die Kombination mit einem trendfolgenden Indikator und verwendet beispielhaft die Steigung eines 13-Tage exponentiellen Durchschnitt über den Kursverlauf, um die Trendrichtung zu bestimmen. Im Aufwärtstrend wird ein Kaufsignal gegeben, wenn der Force Index negativ wird. Die Kauforder sollte dann über den Tageshöchstkurs platziert werden, damit die Order nur ausgeführt wird, wenn der Markt wieder nach oben gedreht hat.

Ein starkes Kaufsignal wird angezeigt, wenn sich eine »bullish divergence« zwischen dem Force Index und dem Kursverlauf herausbildet. Der Kursverlauf bildet dabei einen weiteren Tiefpunkt aus, der unter dem letzten Tiefpunkt liegt. Der letzte Tiefpunkt des Force-Index liegt jedoch über dem vorherigen Tiefpunkt. Im Abwärtstrend wird ein Verkaufssignal gegeben, wenn der Force Index positiv wird. Die Verkaufsorder sollte dann unter dem Tagestiefstkurs platziert werden, damit die Order nur ausgeführt wird, wenn der Markt wieder nach unten gedreht hat.

Ein starkes Verkaufssignal wird signalisiert, wenn sich eine »bearish divergence« zwischen dem Force Index und dem Kursverlauf entwickelt. Dabei liegt der letzte Hochpunkt des Kursverlaufs über dem vorherigen Hochpunkt, und der letzte Hochpunkt des Force Index liegt unter dem vorherigen Hochpunkt. Elder will mit dieser Strategie kurzfristige Schwächephasen im Aufwärtstrend zum Einstieg und kurzfristige Stärkephasen im Abwärtstrend zum Ausstieg nutzen.

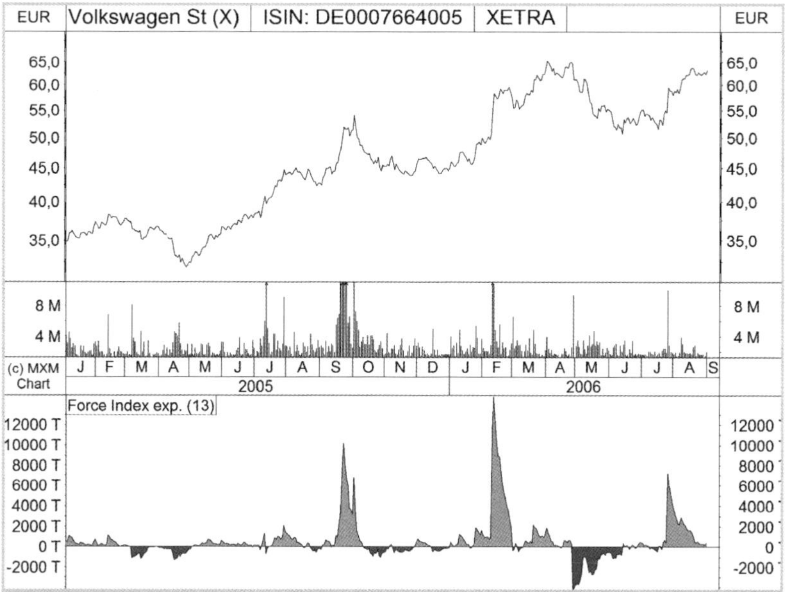

Abb. 78: Ein Force Index mit einer 13-Tage-Glättung zeigt an, ob die Bullen oder die Bären langfristig am Markt die Vorherrschaft haben.

Eine Glättung des Force Index mit einem 13-Tage exponentiellen Durchschnitt empfiehlt Elder, wenn man Erkenntnisse über die längerfristige Veränderung der Kräfteverhältnisse von Bullen und Bären erlangen will.

Liegt der Force Index im positiven Bereich, dann haben die Bullen am Markt die Vorherrschaft. Ein neues Hoch im Force Index zeigt an, dass die Kraft der Bullen (Käufer) groß ist und dass sich der Aufwärtstrend wahrscheinlich fortsetzen wird.

Durch eine »bullish divergence« zwischen dem Force Index und dem Kursverlauf wird ein starkes Kaufsignal angezeigt. Ein trendloser Markt liegt vor, wenn sich der Force Index in der Nähe der Nulllinie bewegt. In trendlosen Phasen wird vor der Anwendung von trendfolgenden Methoden gewarnt.

Befindet sich der Force Index im negativen Bereich, wird der Markt von den Bären kontrolliert. Ein anhaltender Abwärtstrend wird angezeigt, wenn der Force Index ein neues Tief erreicht.

Eine »bearish divergence« zwischen dem Force Index und dem Kursverlauf signalisiert ein starkes Verkaufssignal.

2.8.5 Money Flow Index

Der von Gene Quong und Avrum Soudack veröffentlichte Money Flow Index (MFI) ist eine Erweiterung des Relative Strength Index (RSI) um eine Volumenkomponente. Die beiden Entwickler des MFI gehen davon aus, dass markante Wendepunkte im Kursverlauf durch einen Anstieg im Volumen gekennzeichnet sind. Indikatoren, die nur die Preisänderungen berücksichtigen, zeigen nicht das gesamte Bild. Daher entschieden sich Gene Quong und Avrum Soudack, den allseits bekannten RSI durch die Einbeziehung des Volumens zu verbessern. Der MFI soll die Stärke des Geldes messen, die in den Markt hinein- und aus ihm herausfließt.

Die Berechnung des MFI erfolgt analog dem RSI mit dem Unterschied, dass nicht die Kurse an steigenden Tagen und an fallenden Tagen summiert, sondern diese vorher mit dem Volumen multipliziert werden.[56] Als Standardeinstellung werden beim MFI die auch vom RSI bekannten 14 Tage vorgeschlagen. Und auch die Auswertung erfolgt beim MFI analog dem RSI. Zum einen werden Überkauft- und Überverkauftzonen bei 70 und 30 eingesetzt, und zum anderen wird auf Divergenzen zum Kursverlauf geachtet.

Durch die Einbeziehung des Volumens erzeugt der MFI stärkere Ausschläge, wenn das Volumen in Trendrichtung ansteigt und bei Korrekturen das Volumen zurückgeht.

56) Vgl.: Gene Quong/Avrum Soudack, Technical Analysis of Stocks & Commodities, März 1989.

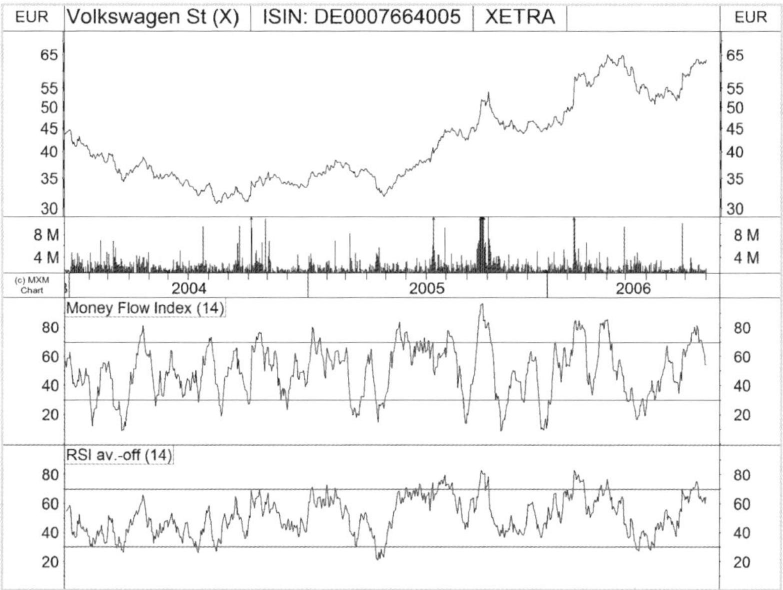

Abb. 79: Der Vergleich zwischen dem Money Flow Index (MFI) und dem Relative Strength Index (RSI) zeigt, dass der MFI durch die Einbeziehung des Volumens zu deutlicheren Ausschlägen neigt.

2.8.6 Price Level Profile

Das Price Level Profile ist ein Volumenindikator den ich auf der Basis von Erkenntnissen aus dem Behavioral Finance, der verhaltensorientierten Kapitalmarktforschung, entwickelt habe. Ich versuche immer, die Analysemethoden aus der Technischen Analyse durch Erkenntnisse über das menschliche Verhalten zu verifizieren. Mir reicht es nicht aus, wenn ich weiß, dass etwas funktioniert, sondern ich möchte auch wissen, warum es funktioniert. Ansonsten sieht man viel zu leicht Zusammenhänge, wo es eigentlich keine Zusammenhänge gibt.

Nachfolgend möchte ich Ihnen die Hintergründe und die Anwendung des Price Level Profile ausführlich erläutern und Ihnen Information aus erster Hand geben. Als Grundlage des Price Level Profile dient die Einstandspreisorientierung vieler Anleger. Dabei wird davon ausgegangen, dass sich die Masse der Anleger nicht rational verhält und den Einstandspreis als besondere Bezugsgröße betrachtet. Die Verteilung der Einstiegspunkte wird mit dem Price Level Profile visualisiert und für Analysezwecke anwendbar gemacht.

2.8.6.1 Einstandspreisorientierung

Die theoretischen Grundlagen des Price Level Profile beruhen auf Erkenntnissen der Verhaltensorientierten Kapitalmarktforschung, der Behavioral Finance. Die Vertreter der Behavioral Finance gehen davon aus, dass die Marktteilnehmer nur beschränkt rational handeln. Dabei wird versucht, das Verhalten der Menschen aus psychologischer und ökonomischer Sicht zu erklären. Im Rahmen der Behavioral Finance sind einige Thesen zur Einstandspreisorientierung aufgestellt worden, die nachfolgend kurz dargestellt werden sollen.

Bei der Einstandspreisorientierung geht man davon aus, dass der Anleger jedes Engagement für sich betrachtet und ein so genanntes »mentales Konto« für jede Position im Depot führt. Der Anleger kennt den Einstiegspreis jeder Position genau und will jede Position für sich betrachtet mit Gewinn abschließen. Der Einstandspreis ist für den Anleger so wichtig, weil er die Basis für die Gewinn- beziehungsweise Verlustermittlung bildet.

Anleger bewerten folglich ihre Aktienengagements in Abhängigkeit davon, ob die Aktie nach dem Kauf gestiegen oder gefallen ist.

Ist der Anleger mit seinem Engagement im Gewinn, so empfindet er Freude, und bei Verlust empfindet er Leid. Empirische Untersuchungen zeigen jedoch, dass der Zuwachs an Freude mit zunehmenden Gewinnen abnimmt und auch der Zuwachs von Leid mit ansteigenden Verlusten abnimmt. Ist der Verlust relativ hoch, so ist bei einem weiteren Verfall der Kurse oftmals zu hören: »Darauf kommt es jetzt auch nicht mehr an.« Die Sensibilität des Anlegers verläuft S-förmig um den so genannten Bezugspunkt, hier den Einstandspreis. Im Verlustbereich wird von einem steileren Verlauf der Wertfunktion ausgegangen. Dies besagt, dass ein Verlust stärker als ein Gewinn in gleicher Höhe wahrgenommen wird. Dieses Phänomen bezeichnet man auch als Verlustaversion (loss aversion).

2.8.6.2 Die Umsetzung der Idee im Price Level Profile

Das Price Level Profile stellt das akkumulierte Volumen für das jeweilige Kursniveau als horizontale Säule dar. Dabei werden die Umsätze der Vergangenheit für jedes Kursniveau summiert und als Säule am rechten Chartrand aufgetragen. Die Säulen werden von rechts nach links aufgebaut. Je weiter sich eine Säule nach links erstreckt, desto größer ist ihr Wert. Das Price Level Profile stellt somit eine Häufigkeitsverteilung von Umsätzen auf dem jeweiligen Kursniveau dar.

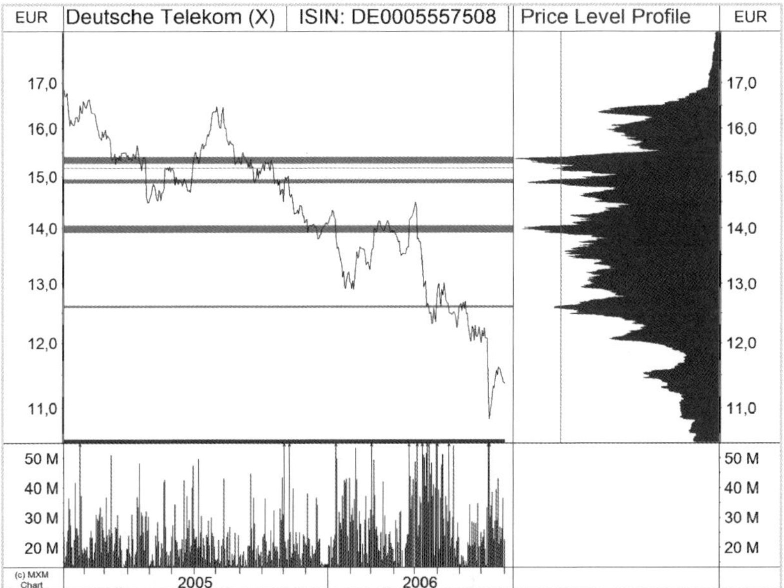

Abb. 80: Das Price Level Profile zeigt die Häufigkeitsverteilung der Aktienumsätze auf dem jeweiligen Kursniveau.

Der Anleger kann daran auf einen Blick erkennen, bei welchem Kursniveau viele neue Marktteilnehmer eingestiegen sind. Der Einstandskurs ist ja, wie oben ausgeführt, für viele Anleger ein wichtiger Bezugspunkt, der das Verhalten beeinflusst. Extreme Spitzen des Price Level Profile zeigen auf anschauliche Weise, wo sich Widerstands- und Unterstützungszonen im Chart befinden.

Der Faktor Zeit spielt im Zusammenhang mit der Bedeutung des Einstandspreises eine wichtige Rolle. Es ist davon auszugehen, dass die Bedeutung des Einstandskurses abnimmt, desto weiter der Einstandskurs in der Vergangenheit liegt. Einerseits lässt die Erinnerung an den Kauf nach, je weiter dieser zurückliegt, und andererseits nimmt die Anzahl der Anleger zu, die den Markt wieder verlassen haben.

Der Zeitfaktor kann im Price Level Profile auf zwei Arten berücksichtigt werden: Zum einen kann durch eine Zeitgewichtung die abnehmende Bedeutung simuliert werden, die einem Umsatz zukommt, je weiter dieser in der Vergangenheit liegt. Zum anderen können über die Definition eines fixen Zeitfensters die eingehenden Werte gezielt beschränkt werden.

Eine weitere Möglichkeit, die Zeitkomponente zu visualisieren, sind die so genannten Zeitebenen, die die Struktur der zeitlichen Herkunft der

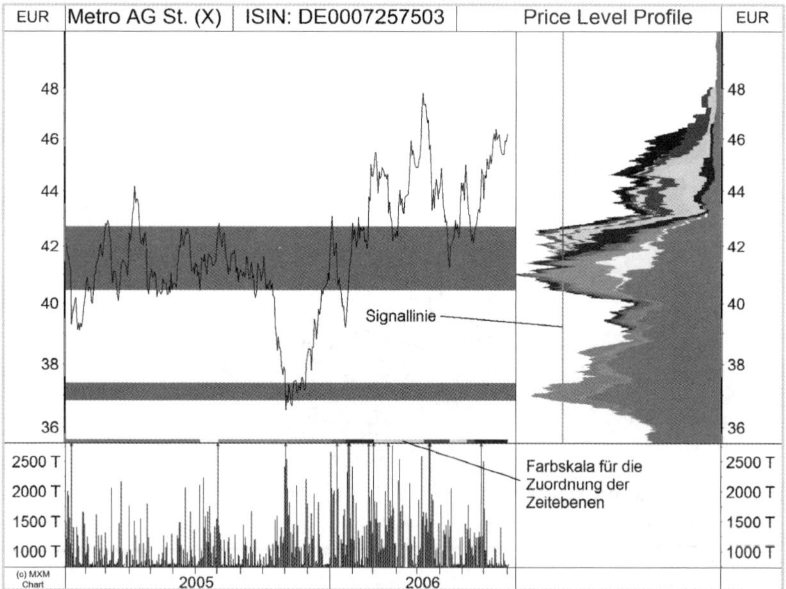

Abb. 81: Die farbigen Zeitebenen im Price Level Profile zeigen die zeitliche Herkunft der Umsätze an. Im Original sind die Ebenen farbig dargestellt, was im Schwarz-Weiß-Druck dieses Buches leider nicht so gut wiedergegeben werden kann.

Einstandspreise verdeutlichen. Die Zuordnung der einzelnen Farben kann über jeweils gleich große Zeitintervalle von beispielsweise einem Monat erfolgen. Weiteren Aufschluss bringt die Verwendung variabler Zeitintervalle, die sich nach der jeweiligen Länge eines Trends richten. Dabei wird den letzten zwölf markanten Aufwärts- und Abwärtsbewegungen jeweils eine separate Farbe zugeordnet. So lässt sich erkennen, wie hoch die Anteile der Einstandspreise aus den jeweiligen Trends sind. Der Aufbau erfolgt dabei schichtweise von rechts nach links, sodass die ältesten Einstandspreise am rechten Rand beginnen. Am unteren Rand des Charts kann man mit Hilfe einer Farbleiste genau ablesen, woher der jeweilige Einstandspreis stammt. Im Bonusmaterial im Internet finden Sie einen Artikel zum Price Level Profile, in dem farbige Grafiken enthalten sind. Dort ist die Farbleiste besser zu erkennen.

2.8.6.3 Das Price Level Profile im Einsatz

Grundsätzlich können die extremen Häufungen im Price Level Profile wie herkömmliche Widerstands- und Unterstützungslinien angewendet werden. Durch das Anlegen einer Signallinie können extreme Spitzen im Verlauf des Price Level Profile zum Einblenden von Widerstands- und Unterstützungszonen im Chart verwendet werden. Die Vergangenheit zeigt, dass derartige Zonen oft den Umkehrpunkt eines bestehenden Trends darstellen.

Durchbricht der Trend jedoch ohne merkliche Konsolidierung eine Widerstands- beziehungsweise Unterstützungszone, so deutet dies auf eine besondere Stärke des vorherrschenden Trends hin und lässt eine weitere Trendfortsetzung erwarten.

Ein tiefes Tal im Price Level Profile zwischen zwei Spitzen gibt einen Hinweis auf einen Kursbereich, der ohne größeren Widerstand zurückgelegt werden kann.

Wird beispielsweise eine Aufwärtsbewegung durch einen externen Impuls ausgelöst, fühlen sich alle Anleger in ihrer Meinung bestätigt, die auf dem Ausgangskursniveau gekauft haben. Eine Reihe dieser Anleger kauft Wertpapiere nach, um noch mehr von ihren positiven Anlageentscheidungen zu profitieren. Andererseits erkennen die Anleger, die auf dem Ausgangsniveau verkauft haben, dass ihnen möglicherweise ein Fehler unterlaufen ist und sie zu früh ausgestiegen sind. Hat sich der

Kurs noch nicht zu weit von ihrem Bezugspunkt, das ist in diesem Fall der Verkaufspreis, entfernt, so haben sie die Möglichkeit, ihre vermeintliche Fehlentscheidung zu korrigieren. Diese beiden Gruppen sorgen tendenziell für eine Erhöhung der Nachfrage und tragen damit zur Verstärkung des beginnenden Aufwärtstrends bei. Je größer der Umfang dieser beiden Gruppen ist, desto stärker ist auch ihre Wirkung auf den sich etablierenden Trend. Das Price Level Profile zeigt Ihnen den Umfang dieser beiden Gruppen für das jeweilige Kursniveau an. Die akkumulierten Umsätze geben ja schließlich an, wie viele Anleger auf einem bestimmten Kursniveau ein- aber auch ausgestiegen sind.

Andererseits nimmt das Angebot tendenziell ab, wenn sich der Kursverlauf durch ein tiefes Tal im Price Level Profile bewegt, da immer weniger Anleger ihre bisherigen Einstandspreise erreichen. Denn viele Anleger neigen dazu, ein Engagement, das sich als Fehlinvestition erwiesen hat, glattzustellen, sobald sie ohne Verlust aussteigen können. Wer gesteht sich schon gern einen Fehler ein. Man ist vielmehr froh, wenn man noch einmal mit einem »blauen Auge« davongekommen ist. Das potenzielle Angebot dieser Anlegergruppe nimmt tendenziell ab, je weiter sich der Kursverlauf dem lokalen Tiefpunkt im Verlauf des Price Level Profile nähert.

Ist der lokale Tiefpunkt durchschritten, so nimmt das Angebot wieder zu und findet seinen temporären Höhepunkt im Scheitelpunkt der nächsten Spitze im Verlauf des Price Level Profile. Jetzt ist die Stärke des Trends entscheidend. Ist dieser stark genug, die Hürden in Form eines steigenden Angebots zu überwinden, so steht der Fortsetzung des Trends erstmal nichts im Wege. Kann das wachsende Angebot jedoch nicht kompensiert werden, dann wird eine Trendwende eingeleitet.

Selbstredend kann mit diesen Überlegungen nur ein Teil der zukünftigen Angebots- und Nachfragestruktur des Marktes erklärt werden. Doch kann diese »Teilerkenntnis« ein sehr hilfreiches Instrument bei der Prognose des wahrscheinlichen zukünftigen Kursverlaufs sein. Das Price Level Profile ist somit ein hilfreiches Instrument, um das zukünftige Verhalten einer Vielzahl von Marktteilnehmern abzuschätzen.

Wechseln sich im Verlauf des Price Level Profiles extreme Höhen und tiefe Täler ab, so ist eine höhere Prognosequalität zu erwarten als bei einem gleichmäßigen Verlauf ohne stärkere Schwankungen. Das wird unmittelbar klar, wenn man sich überlegt, dass stärkere Schwankungen ja auch zu stärkeren Änderungen in der Angebots- und Nachfragestruktur führen können.

Schmale und hohe Spitzen signalisieren die Konzentration von Kraft auf dem dazugehörigen Preisniveau. In welche Richtung diese Kraft den Markt bewegt, hängt von der Austrittsrichtung ab.

2.8.6.4 Von Stoppern und Aussitzern

Grundsätzlich lassen sich Anleger, in Abhängigkeit von ihrem Verhalten im Verlustfall, in zwei Gruppen einteilen. Da sind einerseits die »Stopper«, die konsequent Verluste mit Hilfe eines Stopps begrenzen, und andererseits die »Aussitzer«, die einen Verlust laufen lassen und hoffen, dass sie den Einstandspreis irgendwann wieder sehen. Die Differenzierung in diese beiden Gruppen ist interessant, da jede der beiden Gruppen eine typische Verhaltensweise in Abhängigkeit von der Kursentwicklung an den Tag legt.

Der Stopper setzt sich bei der Öffnung einer Position eine feste Verlustobergrenze, die er mit einem Initial-Stopp absichert. Dabei wird die Stoppmarke meist in Abhängigkeit von der Beweglichkeit der Aktie, d.h. um einen bestimmten Prozentsatz unterhalb des Einstandspreises, positioniert. Eine starke Häufung der Einstandspreise, die durch eine Spitze im Price Level Profile angezeigt wird, birgt nun die Gefahr einer sich verstärkenden Abwärtsbewegung, wenn der Kurs stark genug unter die Spitze des Price Level Profile fällt. In diesem Fall werden die Stopps ausgelöst, und damit steigt das Angebot sprunghaft an. In der Praxis ist oft zu beobachten, dass eine Aktie ihre Abwärtstendenz verstärkt, wenn sie erst einmal eine kritische Schwelle unterhalb einer markanten Spitze im Price Level Profile durchbrochen hat. Auch die folgenden ein bis zwei Tage sind dann häufig durch stärkere Kursverluste gekennzeichnet. Die kritische Schwelle hängt von der täglichen Schwankungsbreite der Aktie ab – ein grober Richtwert liegt bei einer 10-Tage Average True Range (ATR).

Entscheidend für das Auftreten des beschriebenen Abwärtssogs ist, dass sich noch genügend Stopper im Markt befinden. Die genaue Zahl kann leider nicht ermittelt werden, aber man kann einige Hinweise aus der bisherigen Kursentwicklung gewinnen. Die Stopper verlassen den Markt

Abb. 82: Die Häufung von jungen Einstandspreisen zeigt auch eine Häufung von Stoppkursen an, die eine Abwärtslawine auslösen können, wenn die Stoppmarken ausgelöst werden.

automatisch, wenn ihre Stoppmarken erreicht wurden, und sie ziehen ihre Stoppmarken weiter nach oben, wenn die Kurse sich nachhaltig nach oben entwickeln. Daraus folgt, dass die Wirkung der Stopper durch starke Aufwärts- und Abwärtsbewegungen aufgehoben wird.

Hier kommen nun die in unterschiedlichen Farben dargestellten Zeitebenen ins Spiel. Denn anhand der Zeitebenen lässt sich erkennen, woher die Einstandspreise im Price Level Profile stammen und an der Struktur kann abgeschätzt werden, wie viele Stopper noch im Markt sind. Diese Überlegungen lassen sich in zweierlei Hinsicht nutzen. Einmal ist das Potenzial einer Abwärtsbewegung besser abschätzbar, sodass man ggf. erst dann einsteigt, wenn sich die Aktie ausreichend weit vom »Gefahrenpunkt« entfernt hat. Zum anderen kann die markante Spitze im Price Level Profile zur Positionierung eines Stopps verwendet werden. Dabei sollte der Stopp relativ dicht unter die Spitze gesetzt werden, damit der Stopp schon ausgeführt wird, bevor der Abwärtssog einsetzt.

Die Aussitzer verhalten sich grundsätzlich anders als die Stopper. Der Aussitzer begrenzt nicht seinen Verlust, sondern hofft und wartet ab. Dadurch verlassen die Aussitzer auch nicht den Markt, wenn sich ihre Erwartungen nicht erfüllen und die Aktie auf Talfahrt geht. Die Aussitzer neigen allerdings zum Verkauf, wenn die Aktie nach längerem und starkem Kursverfall wieder das Einstandsniveau erreicht. Jetzt können sie verkaufen, ohne sich einen Fehler eingestehen zu müssen. Aussitzer sind dann auch mit kleineren Gewinnen zufrieden und werden besonders nervös, wenn der Kurs wieder unter den Einstandspreis zu fallen droht.

Die farbigen Zeitebenen im Price Level Profile geben wichtige Anhaltspunkte, um das Verhalten der Aussitzer zu beurteilen. Bewegt sich der Kurs, nach einer starken Abwärtsbewegung, von unten auf eine markante Spitze im Price Level Profile zu, so ist es wichtig, dass die Einstandspreise aus Zeitintervallen stammen, die länger zurückliegen. Die

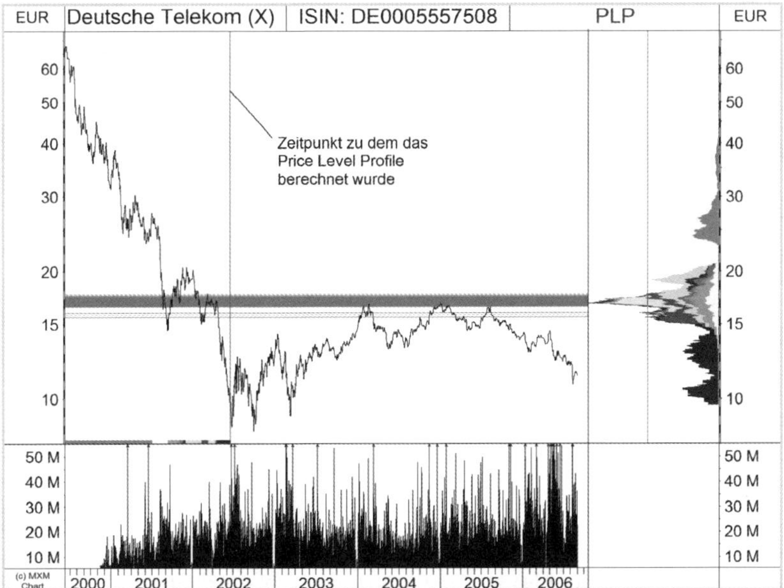

Abb. 83: Bei dieser Darstellung des Price Level Profile wurde der Berechnungszeitraum nach links in die Vergangenheit verschoben. Es wird deutlich, wie die damalige Häufung der Einstandspreise als Widerstand wirkt. Wahrscheinlich verkaufen dort Aussitzer beim Erreichen ihres Einstandspreises.

Aussitzer sollten schon ein oder zwei Abwärtsbewegungen mitgemacht und genug Leid erlebt haben. Dann werden sie die Aktie zum Einstandsniveau abgeben, und die Spitze im Price Level Profile erweist sich infolge des erhöhten Angebots als stärkerer Widerstand.

Mit dem Price Level Profile erhält der Anleger eine Art Psychogramm einer Aktie und kann erkennen, auf welchem Kursniveau am meisten gehandelt wurde. Diese Erkenntnisse sind sehr nützlich bei der Prognose von zukünftigen Angebots- und Nachfrageüberhängen, der Bestimmung von Kurszielen, dem Ermitteln von Widerstands- und Unterstützungsbereichen und bei der Positionierung von Stoppmarken. Im Bonusmaterial im Internet finden Sie auch einen ausführlicheren Artikel als pdf. Dort wird noch detaillierter auf die Anwendungs- und Einstellmöglichkeiten beim Price Level Profile eingegangen, und farbige Grafiken machen das Erkennen der Zeitebenen einfacher.

2.9 Sentiment und Marktbreite

An der Börse spielen die Fakten oft nur eine untergeordnete Rolle. Menschen werden unbewusst von ihren Gefühlen und Stimmungen beeinflusst. Und an dieser Stelle setzt die so genannte Sentimentanalyse an, bei der die vorherrschende Stimmung an der Börse mit speziellen Indikatoren gemessen und interpretiert wird. Die Sentimentanalyse liefert keine konkreten Einstiegs- oder Ausstiegszeitpunkte, sondern weist auf Übertreibungen hin. Allerdings können Übertreibungen an der Börse längere Zeit anhalten, sodass es nicht ratsam ist, sich zu früh gegen die Masse zu positionieren. Von der Grundrichtung der Interpretation gilt, dass auf Dauer Übertreibungen korrigiert werden und großer Optimismus als ein Warnsignal für eine zu erwartende Trendwende nach unten zu sehen ist. Umgekehrt gibt großer Pessimismus Hoffnung auf ein Ende der Baisse.

Ein oft zitierter »Stimmungsindikator« ist die »Boulevard-Presse«. Wenn dort etwas über einen Boom an der Börse geschrieben wird, nähert sich die Hausse meist dem Ende. Die Boulevard-Presse nimmt quasi die Stimmung der breiten Bevölkerung auf und gibt sie wieder. Wenn sich die breite Masse für die Börse interessiert, verkaufen sich auch Massenblätter mit Themen, die vorher nur in der Wirtschaftspresse zu finden waren. Allerdings liefert der »Boulevard-Presse-Stimmungsindikator« nur selten und bei extremen Übertreibungen einen Hinweis über den vorherrschenden Optimismus oder Pessimismus.

Ein direkter Weg, der Stimmung auf die Spur zu kommen, ist die Befragung der Marktteilnehmer. Dabei werden die Marktteilnehmer in regelmäßigen Abständen nach ihrer Meinung befragt, und somit wird ein aktuelles Stimmungsbild erzeugt. Ein gutes Beispiel für diese Art von Stimmungsindikatoren ist animusX-Investors Sentiment. Der Name ist vom lateinischen Animus abgeleitet, was so viel wie Stimmung oder Geist bedeutet.

Die Internetplattform animusX-Investors Sentiment nutzt neuartige und in Deutschland einmalige Analysemethoden zur Messung der Anlegerstimmung. Im Gegensatz zu herkömmlichen Sentimentumfragen legt der Entwickler von animusX, Thomas Theuerzeit, bewusst Wert auf die kausalen Zusammenhänge zwischen der Technischen Analyse, der Sentimentanalyse und den damit einhergehenden verhaltensorientierten Prozessen der Marktteilnehmer.

Jede Woche werden über tausend Marktteilnehmer, darunter viele institutionelle Investoren namhafter Banken, Brokerhäuser, Versicherungen und Vermögensverwalter, nach ihrer Einschätzung zu den Kapitalmärkten befragt. Die Befragung der Marktteilnehmer erfolgt dabei getrennt nach Privatanlegern und institutionellen Anlegern. Der interessierte Anleger kann an diesen Umfragen im Internet teilnehmen und erhält dann auch die Ergebnisse. Auf der Internetseite www.animusX.de finden Sie weitere Informationen zu diesem Thema.

Die Stimmungsindikatoren, die auf Befragungen basieren, sind klassische Sentimentindikatoren, die auf Erkenntnisse der Behavioral Finance zurückgreifen und in den letzten Jahren an Bedeutung gewonnen haben.

Ein Klassiker unter den Indikatoren, die die Stimmung widerspiegeln sollen, ist das Put/Call-Ratio. Das Put/Call-Ratio gibt das Verhältnis der Umsätze von Aktienoptionen am Terminmarkt an. Herrscht Pessimismus vor, steigt der Anteil der Verkaufoptionen (Put) gegenüber den Kaufoptionen (Call) an und gibt erste Hinweise auf eine Trendwende. Da die Daten sehr volatil sind, empfiehlt sich eine Glättung. Extremwerte im Put/Call-Ratio sind ein Anzeichen für »irrationale« Übertreibungen.

Eine weitere Gruppe von Indikatoren, die sich mit der Stimmung an der Börse beschäftigt, sind Marktbreite-Indikatoren. Marktbreite-Indikatoren werden auf der Basis einer Vielzahl von Aktien berechnet und beziehen sich nicht nur auf die Kurs- und Umsatzdaten eines Wertpapiers, wie es in den vorherigen Kapiteln üblich war.

Daher geben Marktbreite-Indikatoren auch immer nur ein Bild des gesamten Marktes wieder und können nur auf den Aktienmarkt angewendet werden.

Die Advance/Decline-Line gibt die Differenz aus den gestiegenen und gefallenen Aktien an. Dabei wird die Differenz aus gestiegenen und gefallenen Aktien zum Vortagswert der A/D-Line addiert.

Mit diesem Marktbreite-Indikator kann festgestellt werden, ob eine Auf- beziehungsweise Abwärtsbewegung von der breiten Masse der Aktien getragen wird. Während in den großen Aktienindizes wie dem DAX und dem Dow Jones Industrial nur die großen und bedeutenden Aktien enthalten sind, wird bei der Berechnung der A/D-Line ein Großteil der notierten Aktien berücksichtigt. Die A/D-Line eignet sich dazu, die Situation des Gesamtmarktes mengenmäßig zu erfassen. Die A/D-Line wird meist in Verbindung mit einem Aktienindex verwendet, wobei der parallele Verlauf von Index und A/D-Line auf eine Bestätigung des aktuellen Trends hindeutet.

Ein Indiz für eine Übertreibung an der Börse geben die Anzahl an Aktien, die neue Höchst- beziehungsweise Tiefststände erreicht haben. Normalerweise wird für die Berechnung der Höchst- und Tiefststände ein Zeitraum von einem Jahr verwendet. Als Indikatoren können der prozentuale Anteil an Aktien auf neuem Höchst- beziehungsweise Tiefstkurs oder auch die Differenz aus der Anzahl an Aktien auf neuem Höchst- und neuen Tiefstkurs gebildet werden. In Phasen mit hohem Optimismus erreichen viele Aktien immer wieder neue Höchststände, und es ist die Gefahr einer Übertreibung gegeben.

Ein weiterer Marktbreite-Indikator berechnet den prozentualen Anteil der Aktien eines Marktes, deren aktueller Kurs über dem gleitenden Durchschnitt liegt. Dabei wird für mittelfristige Analysen bevorzugt ein 200-Tage-Durchschnitt verwendet. Dieser Indikator gibt ein gutes Bild vom technischen Zustand eines Marktes. Befinden sich viele Aktien über ihrer gleitenden Durchschnittslinie, bedeutet dies, dass sich der Markt in einer Aufwärtsbewegung befindet und umgekehrt.

Ein Problem bei vielen Marktbreite-Indikatoren ist die Datenbeschaffung für den deutschen Markt. Für die US-Börsen sind diese Daten in der Regel verfügbar und werden von den dortigen Börsen angeboten. Für den deutschen Markt ist das Angebot allerdings beschränkt, und der Anleger muss sich die benötigten Daten mit einer Chartsoftware häufig selbst berechnen.

Abschließend soll noch der Additional Cycle Index (ACIX) vorgestellt werden. Dieser von Thomas Theuerzeit für den deutschen Markt entwickelte Indikator verfügt mit den ACIX-Color-Bars über ein außergewöhnliches Konzept, die Marktstruktur abzubilden. Der ACIX als solcher beruht auf dem von Walter Bresser vorgestellten Zyklusindikator »RSI3M3«, der wiederum ein 3-Tage-Relative Strength Index (RSI) darstellt, der mit einem 3-Tage exponentiellen Durchschnitt geglättet wurde.

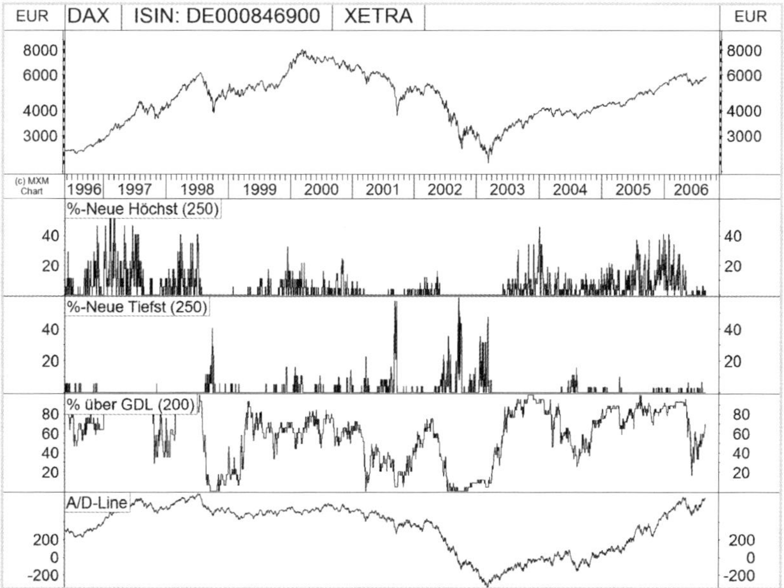

Abb. 84: Marktbreite-Indikatoren für den deutschen Markt.

Während Walter Bresser den Indikator auf Einzelaktien oder Indizes anwendet, nutzt Thomas Theuerzeit den RSI3M3, um einen Composite-Indikator zu erstellen. Um den ACIX zu berechnen, wird für jede Einzelaktie aus dem DAX der RSI3M3 berechnet und anschließend der Mittelwert gebildet. Um die ACIX-Color-Bars zu erstellen, werden die Einzelaktien anhand ihres RSI3M3-Werts in drei Kategorien eingeteilt. Liegt der Wert über 70, wird die Anzahl der Aktien in der Überkauft-Kategorie erhöht. Bei Werten unter 30 erhöht sich die Anzahl der Überverkauft-Kategorie. Die Anzahl der neutralen Kategorie wird erhöht, wenn die Werte zwischen 30 und 70 liegen.

Mit Hilfe der ACIX-Color-Bars kann man erkennen, wie viele Aktien sich in einer Extremzone befinden. Mit einem steigenden Markt ist zu rechnen, wenn der ACIX in der unteren Extremzone leicht nach oben dreht und die ACIX-Color-Bars einen hohen Anteil an überverkauften Aktien anzeigen.

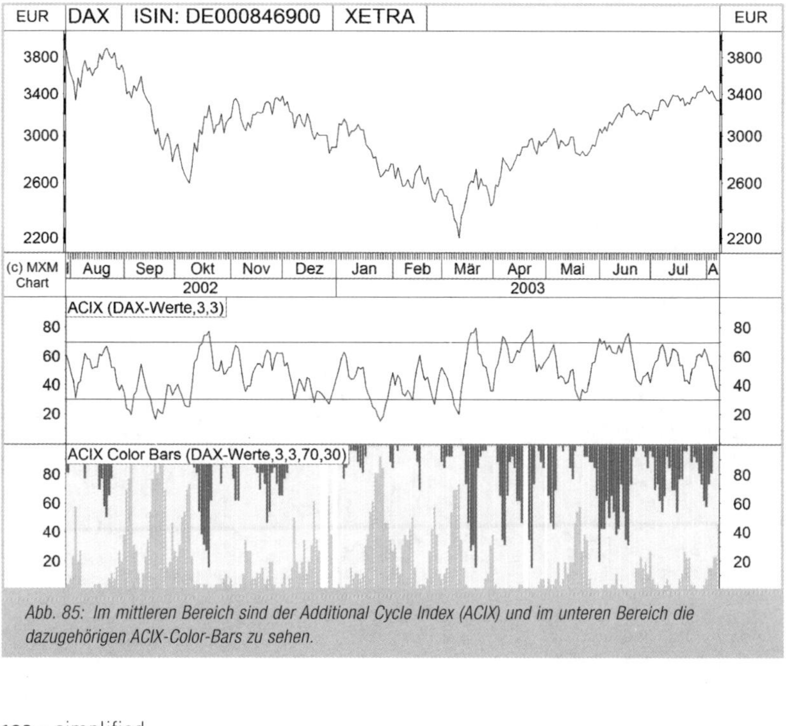

Abb. 85: Im mittleren Bereich sind der Additional Cycle Index (ACIX) und im unteren Bereich die dazugehörigen ACIX-Color-Bars zu sehen.

simplified

3 Zum Schluss

Zum Abschluss dieses Buchs möchte ich Ihnen noch einige Ratschläge und Überlegungen mit auf den Weg geben, die nicht nur für die Anwender von Technischen Indikatoren nützlich sind.

3.1 Gründe für den Misserfolg an der Börse

Die Gründe für den Misserfolg an der Börse sind vielfältig und sorgen häufig dafür, dass Menschen unbewusst »falsche« Entscheidungen treffen. Anleger lernen nicht systematisch aus ihren Fehlern. Dies ist auch ein Grund dafür, warum Technische Analyse funktioniert.

Die nachfolgend aufgeführten Gründe sind aus Erkenntnissen der Behavioral Finance, der verhaltensorientierten Kapitalmarktforschung, abgeleitet.

- Anleger lassen sich von ihren Emotionen (Gier und Angst) leiten und werden unbewusst von Urinstinkten (Herdentrieb) gesteuert.
- Einstandsorientierung und Dispositionseffekt sorgen dafür, dass die Gewinne begrenzt und die Verluste laufen gelassen werden.
- Die Selektive Wahrnehmung bewirkt, dass Informationen in Abhängigkeit von der eigenen Meinung gefiltert werden. Wenn Sie eine Aktie im Depot haben, sind Sie grundsätzlich positiv gegenüber dieser Aktie eingestellt und vernachlässigen negative Informationen.
- Anleger lernen nicht systematisch aus ihren Fehlern und neigen zur Selbsttäuschung.

- Die Risiken sind meist unbekannt oder werden falsch eingeschätzt. In Bezug auf ihr verfügbares Kapital riskieren viele Anleger zu viel.
- Anleger sind zu sehr auf den Einstieg fixiert und gehen ohne Strategie planlos an die Börse.

3.2 Drei Phasen eines Anlegers

Die drei Phasen eines Anlegers finde ich sehr bezeichnend und erkenne darin meine eigene Entwicklung sehr gut wieder. Van Tharp beschreibt diese Phasen in seinem Buch »Clever traden mit System« in ähnlicher Form und hat mich damit zum Nachdenken angeregt.

Drei Phasen eines Anlegers:

1. Fremdorientierung: Der Anleger richtet sich nach den Ratschlägen von so genannten Experten. Der Anleger kauft, was andere empfehlen.
2. Einstiegsorientierung: Der Anleger sucht nach dem magischen Geheimnis der Märkte. Er liest Fachbücher, besucht Seminare und sucht nach einer Methode, die ihm sagt wann er einsteigen soll.
3. Risikoorientierung: Der Anleger erkennt, dass der Ausstieg viel wichtiger ist als der Einstieg. Er wird sich der Risiken bewusst und überlegt, wie viel er einsetzen darf. Er lernt Verluste zu akzeptieren und diese konsequent zu begrenzen.

In welcher Phase befinden Sie sich?

3.3 Faktoren für dauerhaften Erfolg an der Börse

- Nutzen Sie die Vorteile des systematischen Handelns, und schalten Sie dadurch Ihre Emotionen aus. Es geht ums Geldverdienen und nicht darum, Ihr Ego zu befriedigen.
- Versuchen Sie nicht, zum Tiefstkurs einzusteigen und zum Höchstkurs auszusteigen. Das klappt nur durch Zufall und mit viel Glück. Einem Trend zu folgen ist auf Dauer viel aussichtsreicher, auch wenn Sie damit immer einen Teil der Kursbewegung verpassen.
- Kontrollieren Sie Ihr Risiko durch aktives Stoppmanagement.
- Riskieren Sie nicht zu viel! Nutzen Sie das Money-Management, um eine angemessene Positionsgröße zu ermitteln. Nur so bleiben Sie dauerhaft im Geschäft.
- Betrachten Sie die Performance immer in Abhängigkeit vom eingegangenen Risiko.
- Testen Sie Ihre Strategie, bevor Sie danach Ihr Geld investieren.
- Simulieren Sie, wie sich Ihr Depot/Handelsansatz bei einem Börsencrash verhält. Ein Crash kommt zwar selten, aber dann müssen Sie vorbereitet sein.
- Verwenden Sie nur Strategien mit positivem Erwartungswert, und achten Sie auf ausreichende Handelsfrequenz.
- Kombinieren Sie unterschiedliche Strategien und unabhängige Märkte, um den Verlauf Ihrer Vermögensentwicklung zu glätten.

Zu guter Letzt möchte ich Ihnen viel Erfolg sowie ausreichend Ausdauer und Disziplin wünschen; möge die Wahrscheinlichkeit auf Ihrer Seite sein.

Weiterführende Informationen

Wer sich intensiv mit dem Thema der Technischen Indikatoren beschäftigen möchte und sich auch vor der englischen Sprache nicht scheut, dem sei das US-Fachmagazin *Technical Analysis of Stocks and Commodities* empfohlen. In diesem Magazin werden viele Indikatoren als Erstes von den jeweiligen Entwicklern veröffentlicht, und Sie finden dort auch ausgefallene Indikatoren. Passend zur Zeitschrift wird eine CD-ROM mit allen Ausgaben seit 1982 angeboten. Weitere Informationen finden Sie im Internet unter www.traders.com

In deutscher Sprache sei Ihnen das *Traders-Magazin* empfohlen, das sich von den deutschsprachigen Publikationen am intensivsten mit dem Thema Technische Indikatoren und Handelssysteme auseinander setzt. Auf der Website www.traders-mag.com sind weitere Informationen zum *Traders-Magazin* zu finden.

Das Buch *Clever Traden mit System* von Van Tharp möchte ich Ihnen unbedingt ans Herz legen, auch wenn es sich nur am Rande mit Technischen Indikatoren beschäftigt. Dieses Buch vermittelt die Grundlagen für eine systematische Vorgehensweise an der Börse. Es geht auf viele Faktoren ein, die neben den »richtigen« Technischen Indikatoren Ihren Erfolg maßgeblich beeinflussen.

Wer Interesse an der Technischen Analyse hat und dabei den Kontakt zu Gleichgesinnten sucht, dem sei der VTAD e.V. empfohlen. Die Vereinigung Technischer Analysten Deutschlands (VTAD) ist der Berufsverband der Technischen Analysten. Natürlich sind neben den Profis auch Privatanleger willkommen. Der VTAD widmet sich der Weiterbildung und Wissensvermittlung auf dem Gebiet der Technischen Analyse. In den so genannten Regionalgruppen in Berlin, Chemnitz, Düsseldorf, Frankfurt, Hamburg, Hannover, München, Nordbayern und Stuttgart finden regelmäßige Treffen mit interessanten Fachvorträgen statt. Als Regionalmanager leite ich seit mehreren Jahren die Regionalgruppe Hannover und würde mich, genau wie meine Kollegen in den anderen Regionalgruppen, über interessierte neue Teilnehmerinnen und Teilnehmer freuen. Auf der Internetseite www.vtad.de finden Sie weitere Informationen zu diesem Verein.

Formelsammlung

Die Formelsammlung wurde in der gleichen Reihenfolge gegliedert, wie auch die einzelnen Indikatoren im Buch beschrieben wurden. Dies hat den Vorteil, dass Sie die Formeln von ähnlichen Indikatoren besser vergleichen können.

O	= Open	= Eröffnungskurs
H	= High	= Tageshöchstkurs
L	= Low	= Tagestiefstkurs
C	= Close	= Schlusskurs
V	= Volume	= Stückumsatz

GD = Gleitender Durchschnitt

Trenderkennung durch Glättung

Arithmetischer Durchschnitt

$$GD_t^{arith.,n} = \frac{\sum_{i=0}^{i<n} C_{t-i}}{n}$$

Average-Off

Das Average-Off-Berechnungsverfahren ist eine vereinfachte Möglichkeit, einen gleitenden Durchschnitt zu berechnen. Dieses Verfahren wurde früher häufig eingesetzt, weil es auch ohne Computer relativ einfach zu ermitteln ist. Dieses Verfahren wurde beispielsweise auch beim RSI zur Durchschnittsbildung von Welles Wilder eingesetzt.

Dabei wird der erste Wert des Durchschnitts wie beim arithmetischen Durchschnitt berechnet. Alle weiteren Werte werden nach der nachfolgenden Formel ermittelt.

$$GD_t^{av.-off,n.} = \frac{\sum_{i=0}^{i<n} C_{t-i}}{n}$$

Für alle weiteren Werte gilt nachfolgende Formel.

$$GD_t^{av.-off,n} = GD_{t-1}^{av.-off,n} - \frac{GD_{t-1}^{av.-off,n}}{n} + \frac{C_t}{n}$$

Exponentieller Durchschnitt

$$GD_t^{\exp.,n} = GD_{t-1}^{\exp.,n} + \left(\alpha \times \left(C_t - GD_{t-1}^{\exp.,n}\right)\right) = \alpha \times C_t + (1-\alpha) \times GD_{t-1}^{\exp.,n}$$

$$\alpha = \frac{2}{n+1}$$

n = Anzahl an Tagen die zur Ermittlung des Gewichtungsfaktor verwendet wird.

Linear gewichteter Durchschnitt

$$GD_t^{lin.-gew.,n} = \frac{\sum_{i=0}^{i<n}\left((n-i) \times C_{t-i}\right)}{\sum_{i=0}^{i<n}(n-i)}$$

Literatur: Thomas Hutchinson/Peter G. Zhang, Technical Analysis of Stocks & Commodities, Dezember 1993

Quadratisch gewichteter Durchschnitt

$$GD_t^{quad.-gew.,n} = \frac{\sum_{i=0}^{i<n}\left((n-i)^2 \times C_{t-i}\right)}{\sum_{i=0}^{i<n}(n-i)^2}$$

Literatur: Thomas Hutchinson/Peter G. Zhang, Technical Analysis of Stocks & Commodities, Dezember 1993

Price Oscillator

$$PO_t = GD_t^{arith.,m}(C) - GD_t^{arith.,n}(C)$$

Literatur: Bruce Faber, Technical Analysis of Stocks & Commodities, Dezember 1994

Trendbestätigungsindikator (TBI)

$$TBI_t = \frac{GD_t^{arith.,m}(C)}{GD_t^{arith.,n}(C)} \times 100$$

MACD (Moving Average Convergence Divergence)

$$MACD_t^{n,m} = GD_t^{\exp,n}(C) - GD_t^{\exp,m}(C)$$

MACD Histogram

$$MACD\,Hist_t^{n,m,x} = MACD_t^{n,m}(C) - GD_t^{\exp,x}\left(MACD^{n,m}(C)\right)$$

MACD Momentum Oscillator

$$MACDHistMom_t^{n,m,x,y} = MACD\,Hist_t^{n,m,x} - MACD\,Hist_{t-y}^{n,m,x}$$

$$MACDMO_t = GD_t^{arith.,z}\left(MACDHistMom^{n,m,x,y}\right)$$

Literatur: Alexander Elder, Die Formel für Ihren Börsenerfolg, 3. Auflage 2000, S. 167-170 und S. 285-292
Tom Aspray, Technical Analysis of Stocks & Commodities, August und September 1988
Barbara Star, Technical Analysis of Stocks & Commodities, Februar 1994

TRIX

Der TRIX Indikator berechnet eine prozentuale Rate Of Change eines dreifach exponentiell geglätteten, gleitenden Durchschnitts (Tt).

$$TRIX_t = \frac{T_t - T_{t-1}}{T_{t-1}} \times 100$$

wobei: $T_t = GDL^{\exp}_{Tage}\left(GDL^{\exp}_{Tage}\left(GDL^{\exp}_{Tage}\left(\log(C)\right)\right)\right)$

Literatur: Jack K. Hutson, Technical Analysis of Stocks & Commodities, Juli/August 1984
Joe Luisl, Technical Analysis of Stocks & Commodities, Juni 1997
Jongseon Kim, Technical Analysis of Stocks & Commodities, Januar 2004

Elder Ray – Bull und Bear Power

$$Bull\ Power_t = H_t - GD^{\exp,n}_t(C)$$
$$Bear\ Power_t = L_t - GD^{\exp,n}_t(C)$$

Literatur: Alexander Elder, Die Formel für Ihren Börsenerfolg, 3. Auflage 2000, S. 285-292

Geschwindigkeit und Trenddynamik

Momentum

$$M_t = C_t - C_{t-n}$$

Literatur: Stuart Evens, Technical Analysis of Stocks & Commodities, Juli 1999
Alexander Elder, Die Formel für Ihren Börsenerfolg, 3. Auflage 2000, S. 188-192

Rate of Change (RoC)

In der Literatur werden die drei nachfolgend dargestellten Berechnungsvarianten am häufigsten als Rate of Change bezeichnet.

$$a)\quad ROC_t = \frac{C_t}{C_{t-n}}$$

$$b)\quad ROC_t = \frac{C_t}{C_{t-n}} \times 100$$

$$c)\quad ROC_t = \frac{C_t - C_{t-n}}{C_{t-n}} \times 100$$

Literatur: Robert W. Colbe/Thomas A. Meyers, The Encyclopedia Of Technical Market Indicators, 1988, S. 414-426
Bruce Faber, Technical Analysis of Stocks & Commodities, Oktober 1994
Martin Prings, Börsentechniken, 1. Auflage, S. 60-83
Alexander Elder, Die Formel für Ihren Börsenerfolg, 3. Auflage 2000, S. 188-192

Coppock

$$Coppock_t = GD_t^{lin-gew.,k}\left(\left(\frac{C_t - C_{t-n}}{C_{t-n}} \times 100\right) + \left(\frac{C_t - C_{t-m}}{C_{t-m}} \times 100\right)\right)$$

Der Coppock-Indikator wird ursprünglich auf Monatsdaten berechnet, und als Parameter werden k = 10 Monate, n = 11 Monate und m = 14 Monate angegeben.

Literatur: Tim Hayes, Technical Analysis of Stocks & Commodities, März 1993
Elliott Middleton, Technical Analysis of Stocks & Commodities, November 1994

Coppock Annual

$$GD_t = GD_t^{arith.,k}(C_t)$$

$$RoCGD_t = \frac{GD_t - GD_{t-n}}{GD_{t-n}} \times 100$$

$$Coppock\ Annual_t = GD_t^{\exp.,m}(C_t)$$

Der Coppock Annual ist die modernisierte Variante des ursprünglichen Coppock-Indikator. Damit ist die Verwendung von Tagesdaten möglich, und man erhält vergleichbare Ergebnisse, wie wenn der ursprüngliche Coppock auf Monatsdaten berechnet wird.

Standardeinstellung: k = 22 Tage, n = 250 Tage, m = 150 Tage

Literatur: Elliott Middleton, Technical Analysis of Stocks & Commodities, November 1994

Steigung der Regressionsgrade

$$b_t^C = \frac{n \times \left(\sum_{i=0}^{i<n} \left(\left(t-i \right) \times C_{t-i} \right) \right) - \left(\sum_{i=0}^{i<n} \left(t-i \right) \right) \times \left(\sum_{i=0}^{i<n} C_{t-i} \right)}{n \times \left(\sum_{i=0}^{i<n} \left(t-i \right)^2 \right) - \left(\sum_{i=0}^{i<n} \left(t-i \right) \right)^2}$$

Literatur: Perry J. Kaufman, Trading Systems and Methods, Third Edition 1998, S. 38-42

Relative Strength Index (RSI)

$$RSI_t = 100 - \left(\frac{100}{1 + \left(\frac{GD_t^{av.-off,n}\left(u\right)}{GD_t^{av.-off,n}\left(d\right)} \right)} \right) = \frac{GD_t^{av.-off,n}\left(u\right)}{GD_t^{av.-off,n}\left(u\right) + GD_t^{av.-off,n}\left(d\right)} \times 100$$

$$C_t > C_{t-1} \rightarrow u_t = C_t - C_{t-1} \quad \text{und} \quad d_t = 0$$

$$C_t < C_{t-1} \rightarrow u_t = 0 \quad \text{und} \quad d_t = C_{t-1} - C_t$$

$$C_t = C_{t-1} \rightarrow u_t = 0 \quad \text{und} \quad d_t = 0$$

Literatur: Welles Wilder, Technical Analysis of Stocks & Commodities, Dezember 1986
Welles Wilder, New Concepts in Technical Trading Systems, S. 63-70
Erich Florek, Neue Trading-Dimensionen, S. 212-214
John J. Murphy, Technische Analyse, S. 239-248

Relative Momentum Index (RMI)

$$RMI_t = 100 - \left(\frac{100}{1 - \left(\frac{GD_t^{av.-off,n}(u)}{GD_t^{av.-off,n}(d)} \right)} \right)$$

$$C_t > C_{t-m} \rightarrow u_t = C_t - C_{t-m} \quad \text{und} \quad d_t = 0$$
$$C_t < C_{t-m} \rightarrow u_t = 0 \quad \text{und} \quad d_t = C_{t-m} - C_t$$
$$C_t = C_{t-m} \rightarrow u_t = 0 \quad \text{und} \quad d_t = 0$$

Literatur: Roger Altman, Technical Analysis of Stocks & Commodities, Februar 1993
Erich Florek, Neue Trading-Dimensionen, S. 205-207

Chande Momentum Oscillator (CMO)

$$CMO_t = \left(\frac{GD_t^{av.-off,n}(u) - GD_t^{av.-off,n}(d)}{GD_t^{av.-off,n}(u) + GD_t^{av.-off,n}(d)} \right) \times 100$$

$$C_t > C_{t-1} \rightarrow u_t = C_t - C_{t-1} \quad \text{und} \quad d_t = 0$$
$$C_t < C_{t-1} \rightarrow u_t = 0 \quad \text{und} \quad d_t = C_{t-1} - C_t$$
$$C_t = C_{t-1} \rightarrow u_t = 0 \quad \text{und} \quad d_t = 0$$

Literatur: Tushar S. Chande/Stanley Kroll, Technical Analysis of Stocks & Commodities, Mai 1993
Tushar S. Chande/Stanley Kroll, The New Technical Trader, 1994, S. 94-97
Erich Florek, Neue Trading-Dimensionen, S. 221-223

Stochastic

Stochastic %K

$$\%K_t^{Fast} = \frac{C_t - Min(L_t,...,L_{t-n})}{Max(H_t,...,H_{t-n}) - Min(L_t,...,L_{t-n})} \times 100$$

Stochastic %D

$$\%D_t^{Fast} = \%K_t^{Slow} = \frac{\sum_{i=0}^{i<m}\left(C_{t-i} - Min(L_t,...,L_{t-n-i})\right)}{\sum_{i=0}^{i<m}\left(Max(H_{t-i},...,H_{t-n-i}) - Min(L_{t-i},...,L_{t-n-i})\right)} \times 100$$

$$\%D_t^{Fast} = \%K_t^{Slow} = \frac{GD_t^{arith,m}\left(C_{t-i} - Min(L_t,...,L_{t-n-i})\right)}{GD_t^{arith,m}\left(Max(H_{t-i},...,H_{t-n-i}) - Min(L_{t-i},...,L_{t-n-i})\right)} \times 100$$

$$\%D_t^{Slow} = GD_t^{arith.,i}\left(\%K^{Slow}\right) = GD_t^{arith.,i}\left(\%D^{Fast}\right)$$

Literatur: George C. Lane, Technical Analysis of Stocks & Commodities, Mai/Juni 1984
Harry Schirding, Technical Analysis of Stocks & Commodities, Mai/Juni 1984
Cynthia Keel/Heidi Schmidt, Technical Analysis of Stocks & Commodities, Juli 1987
Erich Florek, Neue Trading-Dimensionen, S. 214-216
John J. Murphy, Technische Analyse, S. 247-249

Double Smoothed Stochastic

$$DSS_t = \frac{GD_t^{\exp,z}\left(GD_t^{\exp,y}\left(C_t - Min(L_t,...,L_{t-n})\right)\right)}{GD_t^{\exp,z}\left(GD_t^{\exp,y}\left(Max(H_t,...,H_{t-n}) - Min(L_t,...,L_{t-n})\right)\right)} \times 100$$

Literatur: William Blau, Technical Analysis of Stocks & Commodities, Januar 1991
Erich Florek, Neue Trading-Dimensionen, S. 225-227

Double Stochastic

$$S_t = \frac{C_t - Min(L_t,...,L_{t-n})}{Max(H_t,...,H_{t-n}) - Min(L_t,...,L_{t-n})} \times 100$$

$$DS_t = \frac{S_t - Min(S_t,...,S_{t-n})}{Max(S_t,...,S_{t-n}) - Min(S_t,...,S_{t-n})} \times 100$$

Relative Stärke (Levi)

$$RS_t = \frac{C_t}{\frac{1}{n}\sum_{i=0}^{n} C_{t-i}}$$

Trendbestimmung

ADX und Directional Movement

$$TH_t = Max(H_t, C_{t-1}) = True\ High$$
$$TL_t = Min(L_t, C_{t-1}) = True\ Low$$
$$TR_t = TH_t - TL_t = True\ Range$$

$$H_t - H_{t-1} < 0 \text{ und } L_{t-1} - L_t < 0 \rightarrow pDM_t = 0 \text{ und } mDM_t = 0$$
$$H_t - H_{t-1} > L_{t-1} - L_t \rightarrow pDM_t = H_t - H_{t-1} \text{ und } mDM_t = 0$$
$$H_t - H_{t-1} < L_{t-1} - L_t \rightarrow pDM_t = 0 \text{ und } mDM_t = L_{t-1} - L_t$$

+ Directional Indicator (pDI)

$$pDI_t = \frac{\sum_{i=0}^{i<n} pDM_{t-i}}{\sum_{i=0}^{i<n} TR_{t-i}}$$

–Directional Indicator (mDI)

$$mDI_t = \frac{\sum_{i=0}^{i<n} mDM_{t-i}}{\sum_{i=0}^{i<n} TR_{t-i}}$$

Die Glättung bei den beiden Directional-Indikatoren erfolgt in den oben angegebenen Formeln durch eine Summe, alternativ wird in der Literatur auch das Average-off-Verfahren zur Glättung eingesetzt.

Directional Movement Index (DX)

$$DX = \frac{|pDI_t - mDI_t|}{pDI_t + mDI_t}$$

Average Dirctional Index (ADX)

$$ADX_t = GD_t^{arith.,m}\langle DX\rangle$$

Literatur: Welles Wilder, New Concepts in Technical Trading Systems

Aroon

$$Aroon^{up} = \frac{(n - TsH)}{n} \times 100$$

n =Zeitraum in Tagen, über die das Hoch ermittelt wird

TsH =Tageanzahl seit dem Hoch

$$Aroon^{down} = \frac{(n - TsT)}{n} \times 100$$

n =Zeitraum in Tagen, über die das Tief ermittelt wird

TsT =Tageanzahl seit dem Tief

$$Aroon_t^{osc} = Aroon_t^{up} - Aroon_t^{down}$$

Literatur: Tushar S. Chande, Technical Analysis of Stocks & Commodities, Oktober 1995
Erich Florek, Neue Trading-Dimensionen, S. 247-249

Vertical Horizontal Filter (VHF)

$$VHF_t = \frac{Max(C_t,...,C_{t-n}) - Min(C_t,...,C_{t-n})}{\sum_{i=0}^{i<n} |C_{t-i} - C_{t-i-1}|}$$

Literatur: Tushar S. Chande, Technical Analysis of Stocks & Commodities, September 1993
Erich Florek, Neue Trading-Dimensionen, 1. Auflage, S. 257

Efficiency Ratio

$$ER_t = \frac{\left|C_t - C_{t-n}\right|}{\sum_{i=0}^{i<n}\left|C_{t-i} - C_{t-i-1}\right|}$$

Literatur: Perry J. Kaufman, Smarter Trading, 1995
Perry J. Kaufman, Trading Systems and Methods, Third Edition 1998, S. 437, 491, 613-614

Chande Trend Index (CTI)

$$CTI_t = \left|\frac{\ln\left(\frac{C_t}{C_{t-n}}\right)}{S_t \times \sqrt{n}}\right|$$

$$S_t = \sqrt{\frac{\sum_{i=0}^{i<n}\left(\ln\left(\frac{C_{t-i}}{C_{t-i-1}}\right) - \overline{X_t}\right)^2}{n}}$$

$$\overline{X_t} = \frac{\sum_{i=0}^{i<n}\ln\left(\frac{C_{t-i}}{C_{t-i-1}}\right)}{n}$$

Literatur: Tushar S. Chande, Beyond Technical Analysis, 2 Auflage 2001, S. 31

Polarized Fractal Efficiency (PFE)

$$FE_t = \frac{\sqrt{\left(\frac{C_t - C_{t-n+1}}{KF}\right)^2 + n^2}}{\sum_{i=0}^{i<n-1} \sqrt{\left(\frac{C_{t-i} - C_{t-i-1}}{KF}\right)^2 + 1^2}} \times 100$$

$$C_t < C_{t-n-1} \rightarrow FE_t = -1 \times FE_t$$

$$PFE_t = GD_t^{\exp,m}(FE)$$

$$KF = \text{Korrekturfaktor}$$

Der Korrekturfaktor wurde nachträglich in die Formel eingefügt, um eine Anpassung an das Kursniveau vorzunehmen.

Literatur: Hans Hannula, Technical Analysis of Stocks & Commodities, Januar 1994
Thomas Popetschnig, Börse Now, Juni 2001

Beweglichkeit

Standardabweichung

$$\sigma_t = \sqrt{\frac{\sum_{i=0}^{i<n}\left(C_{t-i} - \overline{X_t}\right)^2}{n}}$$

$$\overline{X_t} = \frac{\sum_{i=0}^{i<n} C_{t-i}}{n}$$

Variationskoeffizient

$$VK = \frac{\sigma_t}{\overline{X_t}} = Variationskoeffizient$$

Historische Volatilität

$$X_t = \log\left(\frac{C_t}{C_{t-1}}\right)$$

$$\overline{X_t} = \frac{\sum_{i=0}^{i<n} X_{t-i}}{n}$$

$$V_t = \sqrt{\frac{\sum_{i=1}^{n}\left(X_{t-i-1} - \overline{X_t}\right)^2}{n}} \times \sqrt{252}$$

Average True Range (ATR)

$$TH_t = Max(H_t, C_{t-1}) = True\ High$$

$$TL_t = Min(L_t, C_{t-1}) = True\ Low$$

$$TR_t = TH_t - TL_t = True\ Range$$

$$ATR_t = GD_t^{arith.,m}\left\langle TR\right\rangle = Average\ True\ Range$$

Normalisierte Average True Range (NATR)

$$NATR_t = \frac{ATR_t}{C_t}$$

Average Relative True Range (ARTR)

$$RTR_t = \frac{(TH_t - TL_t)}{(TH_t + TL_t) \times 0{,}5} = \text{Relative True Range}$$

$$ARTR_t = GD^{arith.}\langle RTR \rangle = \text{Average Relative True Range}$$

Literatur: Welles Wilder, New Concepts in Technical Trading Systems
Sharon Yamanaka, Technical Analysis of Stocks & Commodities, März 2002
John Forman, Technical Analysis of Stocks & Commodities, Mai 2006

Chaikins Volatility

$$GD_t = \frac{\sum_{i=0}^{i<n}(H_{t-i} - L_{t-i})}{n}$$

$$CV_t = \frac{(GD_t - GD_{t-m})}{GD_{t-m}} \times 100$$

Literatur: Erich Florek, Neue Trading-Dimensionen, S. 259
Thomas Müller/Harald Nietzer, Das große Buch der technischen Indikatoren, 3. Auflage, S. 59

Relative Volatility Index (RVI)

$$RVI_t = 100 + \left(\frac{100}{1 - \left(\frac{GD_t^{av.-off,n}(u)}{GD_t^{av.-off,n}(d)} \right)} \right) = \frac{GD_t^{av.-off,n}(u)}{GD_t^{av.-off,n}(u) + GD_t^{av.-off,n}(d)} \times 100$$

$$C_t > C_{t-1} \rightarrow u_t = \sigma_t \quad \text{und} \quad d_t = 0$$

$$C_t < C_{t-1} \rightarrow u_t = 0 \quad \text{und} \quad d_t = \sigma_t$$

$$C_t = C_{t-1} \rightarrow u_t = 0 \quad \text{und} \quad d_t = 0$$

$$\sigma_t = \sqrt{\frac{\sum_{i=0}^{i<m} \left(C_{t-i} - \overline{C_t} \right)^2}{m}}$$

$$\overline{C_t} = \frac{\sum_{i=0}^{i<m} C_{t-i}}{m}$$

Literatur: Donald Dorsey, Technical Analysis of Stocks & Commodities, Juni 1993

Range Indicator (TRI)

$$TH_t = Max(H_t, C_{t-1}) = True\ High$$

$$TL_t = Min(L_t, C_{t-1}) = True\ Low$$

$$TR_t = TH_t - TL_t = True\ Range$$

$$C_t > C_{t-1} \rightarrow W_t = \frac{TR_t}{(C_t - C_{t-1})}$$

$$C_t \leq C_{t-1} \rightarrow W_t = TR_t$$

$$SR_t = \frac{W_t - Min(W_t, \ldots, W_{t-n})}{Max(W_t, \ldots, W_{t-n}) - Min(W_t, \ldots, W_{t-n})} \times 100 = \text{Stochastic Range}$$

$$\text{TRI}_t = GD_t^{\exp,m}(SR)$$

Literatur: Jack L. Weinberg, Technical Analysis of Stocks & Commodities, Juni 1995

Quantitative Candlestick-Indikatoren

Qstick

$$B_t = C_t - O_t$$
$$Qstick_t = GD_t^{arith.,n}(B)$$

Literatur: Tushar S. Chande/Stanley Kroll, The New Technical Trader, 1994, S. 75-80

Intraday Momentum Index (IMI)

$$IMI_t = 100 - \left(\frac{100}{1 + \left(\frac{GD_t^{arith,n}(u)}{GD_t^{arith,n}(d)} \right)} \right) = \frac{GD_t^{arith,n}(u)}{GD_t^{arith,n}(u) + GD_t^{arith,n}(d)} \times 100$$

$$C_t > O_t \rightarrow u_t = C_t - O_t \quad \text{und} \quad d_t = 0$$
$$C_t < O_t \rightarrow u_t = 0 \quad \text{und} \quad d_t = O_t - C_t$$
$$C_t = O_t \rightarrow u_t = 0 \quad \text{und} \quad d_t = 0$$

Literatur: Tushar S. Chande/Stanley Kroll, The New Technical Trader, 1994, S. 80-81
Perry J. Kaufman, Trading Systems and Methods, Third Edition 1998, S. 234

Upper Shadow und Lower Shadow

Upper Shadow

$$C_t > O_t \rightarrow us_t = H_t - C_t \quad \text{(weißer Körper)}$$

$$C_t \leq O_t \rightarrow us_t = H_t - O_t \quad \text{(schwarzer Körper)}$$

$$US_t = GD_t^{arith.,n}\left(us\right)$$

Lower Shadow

$$C_t > O_t \rightarrow ls_t = O_t - L_t \quad \text{(weißer Körper)}$$

$$C_t \leq O_t \rightarrow ls_t = C_t - L_t \quad \text{(schwarzer Körper)}$$

$$LS_t = GD_t^{arith.,n}\left(ls\right)$$

Literatur: Tushar S. Chande/Stanley Kroll, The New Technical Trader, 1994, S. 82-84
Perry J. Kaufman, Trading Systems and Methods, Third Edition 1998, S. 234

Bänder

Envelopes

$$EV_t^{Oben} = GD_t^{arith.,n}(C) + \frac{GD_t^{arith.,n}(C) \times F}{100}$$

$$EV_t^{Unten} = GD_t^{arith.,n}(C) - \frac{GD_t^{arith.,n}(C) \times F}{100}$$

F = Prozentsatz

Literatur: Stuart Evens, Technical Analysis of Stocks & Commodities, Dezember 1999
John J. Murphy, Technische Analyse, S. 212

Bollinger Bands

$$\overline{C_t} = \frac{\sum_{i=0}^{i<n} C_{t-i}}{n} = Mittelwert$$

$$\sigma_t = \sqrt{\frac{\sum_{i=0}^{i<n} \left(C_{t-i} - \overline{C_t}\right)^2}{n}} = \text{Standardabweichung}$$

$$BB_t^{Oben} = \overline{C_t} + \sigma_t \times F$$

$$BB_t^{Mitte} = \overline{C_t}$$

$$BB_t^{Unten} = \overline{C_t} - \sigma_t \times F$$

Bollinger Bands %b

$$\%b_t = \frac{C_t - BB_t^{Unten}}{BB_t^{Oben} - BB_t^{Unten}}$$

Bollinger Bands BandWidth

$$BandWidth = BW_t = \frac{BB_t^{Oben} - BB_t^{Unten}}{BB_t^{Mitte}}$$

Literatur: John Bollinger, Bollinger-Bänder, 2003
John Bollinger, Technical Analysis of Stocks & Commodities, Februar 1992
John J. Murphy, Technische Analyse, S. 214-215

Keltner Channel

$$DR_t = H_t - L_t = \text{Daily Range}$$
$$ADR_t^m = GD_t^{arith.,m} \langle DR \rangle = \text{Average Daily Range}$$
$$TP_t = \frac{H_t + L_t + C_t}{3} = \text{Typical Price}$$
$$KC_t^{Oben} = GD_t^{arith.,n} (TP) + ADR_t^m \times F$$
$$KC_t^{Mitte} = GD_t^{arith.,n} \langle TP \rangle$$
$$KC_t^{Unten} = GD_t^{arith.,n} (TP) - ADR_t^m \times F$$

Der in der obigen Formel angegebene Faktor F wurde nachträglich eingefügt und ist auf eins zu setzen wenn man das Original unverändert einsetzen möchte (F = 1).

Literatur: Chester Keltner, How to Make Money in Commodities, 1960
Stuart Evens, Technical Analysis of Stocks & Commodities, Dezember 1999
John J. Murphy, Technische Analyse, S. 452-455

STARC Bands

$$TH_t = Max(H_t, C_{t-1}) = True\ High$$
$$TL_t = Min(L_t, C_{t-1}) = True\ Low$$
$$TR_t = TH_t - TL_t = True\ Range$$
$$ATR_t^m = GD_t^{arith.,m}\langle TR\rangle = Average\ True\ Range$$
$$STARC_t^+ = GD_t^{arith.,n}(C) + ATR_t^m \times F$$
$$STARC_t^- = GD_t^{arith.,n}(C) - ATR_t^m \times F$$

Literatur: Stuart Evens, Technical Analysis of Stocks & Commodities, Dezember 1999
John J. Murphy, Technische Analyse, S. 452-455

Projection Bands

$$b_t^C = \frac{n \times \left(\sum_{i=0}^{i<n}\left((t-i) \times C_{t-i}\right)\right) - \left(\sum_{i=0}^{i<n}(t-i)\right) \times \left(\sum_{i=0}^{i<n} C_{t-i}\right)}{n \times \left(\sum_{i=0}^{i<n}(t-i)^2\right) - \left(\sum_{i=0}^{i<n}(t-i)\right)^2}$$
$$PB_t^{Oben} = Max_{i=0}^{i<n}\left(C_{t-i} + b_t^C \times i\right)$$
$$PB_t^{Unten} = Min_{i=0}^{i<n}\left(C_{t-i} + b_t^C \times i\right)$$

Projection BandWidth

$$PBW_t = \frac{PB_t^{Oben} - PB_t^{Unten}}{PB_t^{Oben} + PB_t^{Unten}} \times 200 = \text{Projection Bandwidth}$$

Projection Oscillator

$$PO_t = \frac{C_t - PB_t^{Unten}}{PB_t^{Oben} - PB_t^{Unten}} \times 100 = \text{Projection Oscillator}$$

Literatur: Mel Widner, Technical Analysis of Stocks & Commodities, Juli 1995

Selbstanpassend

Kaufmann's Adaptive Moving Average (KAMA)

$$KAMA_t = KAMA_{t-1} + sc_t \times \left(C_t - KAMA_{t-1}\right)$$

$$sc_t = \left(ER_t \times \left(FK - FL\right) + FL\right)^2$$

$$ER_t = \frac{\left|C_t - C_{t-n}\right|}{\sum_{i=0}^{i<n} \left|C_{t-i} - C_{t-i-1}\right|} = \text{Efficiency Ratio}$$

$$FK = \frac{2}{K+1} \quad K = \text{Tageanzahl für kurzen Durchschnitt}$$

$$FL = \frac{2}{L+1} \quad L = \text{Tageanzahl für langen Durchschnitt}$$

Perry J. Kaufman verwendet in seinem Buch zwei Tage für den kurzen Durchschnitt (K = 2) und 30 Tage für den langen Durchschnitt (L = 30). Der Standardzeitraum zur Ermittlung der Efficiency Ratio (ER) wird mit zehn Tagen (n = 10) angegeben.

$$Filter_t = p \times StdAbw(KAMA_t - KAMA_{t-1})$$

Signal auf steigende Kurse wenn:

$$Filter_t < KAMA_t - Min(KAMA_t, \ldots, KAMA_{t-n})$$

Signal auf fallende Kurse wenn:

$$Filter_t < Max(KAMA_t, \ldots, KAMA_{t-n}) - KAMA_t$$

StdAbw = Standardabweichung 20 Tage als Standardeinstellung
p = Faktor für den Anteil an Standardabweichung für Aktien- und Zins-Märkte 1 (100 %) und für Forex- und Futures-Märkte 0.01 (1 %) als Standardeinstellung

Literatur: Perry J. Kaufman, Smarter Trading, 1995, S. 139-153
Perry J. Kaufman, Trading Systems and Methods, Third Edition 1998, S. 437
Van K. Tharp, Clever traden mit System, 2001, S. 264-267
Erich Florek, Neue Trading-Dimensionen, S. 203-205

Variable Index Dynamic Average (VIDYA)

$$VIDYA_t = v_t \times k \times C_t + (1 - v_t \times k) \times VIDYA_{t-1}$$

v_t = relative Volatilität zum Zeitpunkt t

$$k = \frac{2}{n+1} = \text{Konstante Glättungskomponente für n Tage}$$

Die Berechnung der relativen Volatilität v ist in der Literatur leider nicht eindeutig definiert. Tushar S. Chande definiert die relative Volatilität als Verhältnis der Standardabweichung über n-Tage zu einer Referenzstandardabweichung über einen längeren Zeitraum als n-Tage an. Nachfolgend werden einige alternative Berechnungsmethoden für die relative Volatilität v dargestellt.

VIDYA mit kurzfristiger/langfristiger Standardabweichung

$$v_t = \frac{\sigma_t^n}{\sigma_t^m}$$

σ^n = Standardabweichung über n-Tage

σ^m = Standardabweichung über m-Tage, $m > n$

VIDYA mit Standardabweichung/GD der Standardabweichung

$$v_t = \frac{\sigma_t^n}{GD_t^{arith.,m}(\sigma^n)}$$

σ^n = Standardabweichung über n-Tage

VIDYA mit absoluten CMO

$$v_t = \left| \frac{CMO_t^n}{100} \right|$$

CMO^n = Chande's Momentum Oscillator über n-Tage

Literatur: Tushar S. Chande/Stanley Kroll, The New Technical Trader, 1994
Tushar S. Chande, Technical Analysis of Stocks & Commodities, März 1992

Tushar S. Chande, Technical Analysis of Stocks & Commodities, Dezember 1992
Perry J. Kaufman, Trading Systems and Methods, Third Edition 1998, S. 438-439
Erich Florek, Neue Trading-Dimensionen, S. 196-198, 449

Dynamic Momentum Index

Beim Dynamic Momentum Index (DMI) handelt es sich um eine spezielle Variante des Relative Strength Index (RSI) nach Welles Wilder, bei dem die Anzahl an Tagen (T) zur Berechnung des RSI an die Volatilität angepasst wird. Der in der nachfolgenden Formel ermittelte Wert T gibt die Anzahl an Tagen an, die bei der endgültigen Berechnung des DMI nach der RSI-Formel jeweils verwendet wird.

$$V_t = \frac{StdAbw_t^n(C)}{GD_t^{arith.,m}(StdAbw^n(C))}$$

$$T_t = Int\left(\frac{K}{V_t}\right)$$

$$T^{Max} < T_t \rightarrow T_t = T^{Max}$$

$$T^{Min} > T_t \rightarrow T_t = T^{Min}$$

$StdAbw^n(C) =$ n-Tage Standardabweichung der Schlusskurse (C)

K = Konstanter Ausgangswert (normalerweise 14)

Literatur: Tushar S. Chande/Stanley Kroll, Technical Analysis of Stocks & Commodities, Mai 1993
Tushar S. Chande/Stanley Kroll, The New Technical Trader, 1994, S. 134-141
Perry J. Kaufman, Trading Systems and Methods, Third Edition 1998, S. 446
Erich Florek, Neue Trading-Dimensionen, S. 261-263

Volumen

On Balance Volume (OBV)

$$C_t > C_{t-1} \rightarrow OBV_t = OBV_{t-1} + V_t$$
$$C_t < C_{t-1} \rightarrow OBV_t = OBV_{t-1} - V_t$$
$$C_t = C_{t-1} \rightarrow OBV_t = OBV_{t-1}$$

Eine weitere Darstellungsform wird in der Literatur verwendet und führt zu identischen Ergebnissen.

$$OBV_t = OBV_{t-1} + \left(\frac{C_t - C_{t-1}}{\left| C_t - C_{t-1} \right|} \right) \times V_t$$

Durch den Ausdruck in Klammern wird festgelegt, ob der Tagesumsatz addiert oder subtrahiert wird. Indem die Kursdifferenz zum Vortag durch den absoluten Betrag der Kursdifferenz zum Vortag geteilt wird, entsteht entweder der Wert 1 oder –1.

Literatur: Joseph E. Granville, A Strategy Of Daily Stockmarket Timing For Maximum Profit, 1976
Perry J. Kaufman, Trading Systems and Methods, Third Edition 1998, S. 241
John Sweeney, Technical Analysis of Stocks & Commodities, Oktober 1997
John J. Murphy, Technische Analyse, S. 173-174

Positive Volume Index

$$V_t \leq V_{t-1} \rightarrow PVI_t = PVI_{t-1}$$

$$V_t > V_{t-1} \rightarrow PVI_t = PVI_{t-1} + \left(\frac{C_t - C_{t-1}}{C_{t-1}} \right) \times PVI_{t-1}$$

Literatur: Bruce Faber, Technical Analysis of Stocks & Commodities, Mai 1996
Robert W. Colbe/Thomas A. Meyers, The Encyclopedia Of Technical Market Indicators, 1988, S. 386-389

Chaikin Money Flow

$$AD_t = \frac{(C_t - L_t) - (H_{t-i} - C_{t-i})}{(H_t - L_t)} \times V_t$$

$$CMF_t = \frac{\sum_{i=0}^{i<n} AD_{t-i}}{\sum_{i=0}^{i<n} V_{t-i}}$$

Literatur: Tom Hartle/Marc Chaikin, Technical Analysis of Stocks & Commodities, Januar 1994
Tom Hartle, Technical Analysis of Stocks & Commodities, Juli 1994

Force Index

$$F_t = \left(C_t - C_{t-1}\right) \times V_t$$

$$FI_t = GD_t^{\exp.,n}\left(F\right)$$

Literatur: Alexander Elder, Die Formel für Ihren Börsenerfolg, 3. Auflage 2000, S. 292-300

Money Flow Index

$$TP_t = \frac{\left(H_t + L_t + C_t\right)}{3} = \text{Typical Price}$$

$$MF_t = TP_t \times V_t = Money\ Flow$$

$$PMF = Positve\ Money\ Flow$$

$$NMF = Negative\ Money\ Flow$$

$$TP_t > TP_{t-1} \rightarrow PMF_t = MF_t \ \text{ und } \ NMF_t = 0$$

$$TP_t < TP_{t-1} \rightarrow NMF_t = MF_t \ \text{ und } \ PMF_t = 0$$

$$TP_t = TP_{t-1} \rightarrow NMF_t = 0 \ \text{ und } \ PMF_t = 0$$

$$MR_t = \frac{\sum_{i=0}^{i<n} PMF_{t-i}}{\sum_{i=0}^{i<n} NMF_{t-i}} = \text{Money Ratio}$$

$$MFI_t = 100 - \frac{100}{\left(1 + MR_t\right)} = \text{Money Flow Index}$$

Literatur: Perry J. Kaufman, Trading Systems and Methods, Third Edition 1998, S. 147

Negative Volume Index

$$V_t \geq V_{t-1} \rightarrow NVI_t = NVI_{t-1}$$

$$V_t < V_{t-1} \rightarrow NVI_t = NVI_{t-1} + \left(\frac{S_t - S_{t-1}}{S_{t-1}}\right) \times NVI_{t-1}$$

Volume Oscillator

$$VO_t = GD_t^{arith.,m}\left(V\right) - GD_t^{arith.,n}\left(V\right)$$

Volume Rate of Change

$$VROC_t = \frac{V_t - V_{t-n}}{V_{t-n}} \times 100$$

DIE NEUE BUCHREIHE
simplified
In Zusammenarbeit mit
Investor Verlag
www.investor-verlag.de
www.simplified.de
RISIKO- UND MONEY-MANAGEMENT
Methoden, Strategien, Umsetzung
AKTIENFONDS FÜR JEDES ANLAGEZIEL
Erfolgreich die richtigen Anlageprodukte auswählen
BÖRSEN-LEXIKON
Börsenwissen von A–Z
CFDs
Contracts for Difference
Verstehen – Einsetzen – Gewinnen
TECHNISCHE INDIKATOREN
Das ideale Instrument für jeden erfolgsorientierten Anleger
CHART-TECHNIK
So analysieren Sie den Markt
ALLES, WAS SIE ÜBER DAY TRADING WISSEN MÜSSEN
DEVISEN-HANDEL
Geld verdienen mit Forex & Co.
DIE BESTEN DIVIDENDEN-STRATEGIEN
Mit den richtigen Werten Geld verdienen
EMERGING MARKETS
Von den aufstrebenden Märkten profitieren
DIE BESTEN CHARTMUSTER
7 Chartformationen, mit denen Sie beständig Geld verdienen
DERIVATE-LEXIKON
Derivate von A–Z
www.simplified.de